प्रत्येक शासन-व्यवस्था में शासन की आलोचना होती है। इस आलोचना का सामना करने का एक विज्ञान है, (उस विज्ञान का नामकरण अभी नहीं किया गया है)। उस विज्ञान के अनुसार आलोचना को समाप्त करने की तीन प्रणालियां हैं—पहली प्रणाली है कि जिस कार्य, संस्था, पद्धति अथवा व्यक्ति की आलोचना हो, उसे बन्द कर दिया जाये; दूसरी प्रणाली है कि पुलिस-शक्ति में वृद्धि की जाये तथा सिपाहियों को पहले से लम्बी एवं अधिक मजबूत लाठियां दे दी जायें; तीसरी प्रणाली है कि एक कमेटी बैठा दी जाये और उसकी रिपोर्ट पर विचार करने के लिए एक सब-कमेटी का निर्माण कर दिया जाये। ऐसी अवस्था में प्रशासक को कुछ नहीं करना पड़ता है। वह कमेटी की रिपोर्ट सब-कमेटी को और सब-कमेटी की रिपोर्ट कमेटी को भेजता रहता है; तथा आलोचना की जमना जी के किनारे एक सुन्दर समाधि बनवा देता है।

इसी पुस्तक से

AF520357

आश्रितों का विद्रोह

नरेन्द्र कोहली

डायमंड पाकेट बुक्स

ISBN–81-288-0312-3

प्रकाशक	:	**डायमंड पॉकेट बुक्स (प्रा.) लि.** X-30, ओखला इंडस्ट्रियल एरिया, फेज-II, नई दिल्ली-110020
फोन	:	011-8611861-65
फैक्स	:	011-6386124, 8611866
ई-मेल	:	mverma@nde.vsnl.net.in
वेबसाइट	:	www.diamondpocketbook.com
संस्करण	:	2003
मूल्य	:	रु. 60/-
लेजर टाइपसेटिंग	:	*टैक्ट कम्प्यूटर ग्राफिक्स*, कृष्णा नगर, फो.नं.: 56004414
प्रिंटर्स	:	आदर्श प्रिंटर्स, नवीन शाहदरा, दिल्ली

Aashirto Ka Vidhroh ***Price : 60/-***

Narender Kohli

आश्रितों का विद्रोह

राजधानी के एक बस-स्टाप पर बहुत भीड़ थी। प्रतीक्षा में खड़े रहनेवाले यात्रियों के लिए दिल्ली परिवहन के योग्य अधिकारियों ने लकड़ी का एक शेड बनवा रखा था। अपनी संस्कृति के समान ही, इस लकड़ी के शेड के बनवाये जाने के कारण के विषय में भी लोग एकमत नहीं हैं। एक स्वीकृत मत तो यह है कि यह शेड इसलिए बनवाया गया है कि बस की प्रतीक्षा के लिए अभिशप्त लोग, पंक्ति में खड़े रहकर सर्दियों में धूप तथा गर्मियों में खुली हवा से वंचित रहें। एक अन्य विचार इसका सम्बन्ध एक पुरानी घटना से जोड़ता है। पहले जब यहां यह शेड नहीं था तो सर्दियों में ठण्ड खा, गर्मियों में धूप से पीड़ित हो तथा बरसातों में भीगकर लोग बड़े उदार मन से बीमार पड़ जाया करते थे। उन लोगों के कारण पास के अप्रतिष्ठित डॉक्टर की प्रैक्टिस खूब चल निकली थी। एक दिन दिल्ली परिवहन के एक अधिकारी का उस डॉक्टर के साथ किसी बात पर झगड़ा हो गया। तब उस अधिकारी द्वारा डॉक्टर का काम ठप्प करने के लिए यह शेड बनवा दिया गया था। अपने यहां हानि पहुंचाने की दक्षता संसार भर में अद्वितीय है। कहते हैं कि डॉक्टर ने लोगों के बीमार पड़ने के मौलिक अधिकार के हनन के इस प्रयत्न के विरुद्ध मुकदमा भी किया था। पर बेचारा हार गया, क्योंकि मुकदमा अस्पताल में नहीं, कचहरी में लड़ा जाता है और कचहरी में डॉक्टर का नहीं वकील का राज होता है। एक तीसरा प्रचलित मत यह है कि यह शेड दिल्ली परिवहन के उस अधिकारी ने बनवायी थी, जो रिटायर्ड सैनिक अफसर था। वैसे, शेड के आकार को देखते हुए यह बात अधिक न्याय-संगत लगती है: शेड इतना कम चौड़ा है कि लोग वहां 'सिंगल फाइल' में ही खड़े हो सकते हैं। न दो लोग एक-साथ खड़े हो सकेंगे, न अनुशासन भंग होने की संभावना होगी।

सुबह सबसे पहले एक व्यक्ति यहां आया था। और निश्चित रूप से वह बस में चढ़ने के संकल्प के साथ ही यहां आया था--यह कोई ताजमहल तो है नहीं कि लोग इसे देखने के लिए आया करें। यद्यपि हमारे अधिकारी यही चाहते हैं कि लोग बस़-स्टाप को एक दर्शनीय-स्थान ही मानें। पर जनता को एक बुरी आदत है कि वह अधिकारियों की इच्छाओं का आदर नहीं करती और न उन्हें सहयोग देती है। इस संघर्ष का परिणाम यह हुआ है कि दिल्ली के बस-स्टाप न तो बस में चढ़ने का स्थान बन पाये हैं, न दर्शनीय वस्तु ही।

वह पहला व्यक्ति भले नागरिकों के समान आकर शेड में ही खड़ा हुआ था, और शेड के भी उस विशेष स्थल पर, जो शेड से बाहर निकलने का मार्ग माना जाता है और दिल्ली परिवहन के धार्मिक नियमों के अनुसार जहां बस को रुककर, शेड को दण्डवत करना ही चाहिए। यह दूसरी बात है कि बसें अब नास्तिक हो गयीं हैं और दण्डवत करना तो दूर, वे उनके सामने से इस फर्राटे से निकल जाती हैं, जैसे मन्दिर के सामने से कोई मुसलमान और मस्जिद के सामने से कोई हिन्दू सिर ताने अपना विद्रोह जताने के लिए अकड़कर गुजर जाता है।

पहले आनेवाले उसे भले नागरिक ने अपने भोले मन में यह सोच लिया था कि जब पहली बस आकर रुकेगी तो उसमें चढ़ने में उसे कोई असुविधा न होती। जैसे प्रेमचन्द्र के होरी के मन में अपने जीवन में ही गाय प्राप्त करने की चांद-हठ थी, वैसे ही उस भोले नागरिक के मन में समय पर दफ्तर पहुंच जाने की असम्भव साध थी। कुछ लोग इस असम्भव साध को क्रान्तिकारी विचार भी मानते हैं। देर से दफ्तर पहुंचने की अपनी पवित्र परम्परा को तोड़कर समय से दफ्तर पहुंचने का विचार अपने देश में उतना ही क्रान्तिकारी है जितना विदेशों की धमकियां सुनना बन्द कर अपने प्रतिरक्षा मंत्री का विदेशों को धमकियां देना। (हे प्रभु! हमें क्षमा कर, हम नहीं जानते कि हम क्या कर रहे हैं। यदि हम भी धमकियां देनी आरम्भ कर देंगे तो धमकियां सुननेवाला कौन रह जायेगा। फिर दुनियावाले भारतीय किसे कहेंगे। हे प्रभु! दुनिया को श्रोताओं के इस अकाल से उबार। नहीं तो धमकियों के साहित्य से भयंकर गतिरोध आ जायेगा।)

पर तभी वहां दूसरा व्यक्ति आ गया। पहले व्यक्ति को अपनी इच्छा पूरी होने में कुछ खतरा दीखने लगा। दूसरा व्यक्ति भी उसी देश का रहने वाला था, जहां क्यू-पद्धति जहालत और दुर्बलता का प्रतीक मानी जाती है। हमारे राष्ट्रीय कवि ने कहा है न, 'सिंहन्ह के लंहड़े नहीं, हंसन्ह की नहीं पांति।' तो अपने यहां एक-आध ही सिंह होता है जो दहाड़-वहाड़कर सो जाता है-शेष जनता हंस है, इसलिए पंक्ति में खड़ी नहीं होती। इसी कवि के दुष्प्रभाव से आज तक इस में 'क्यू-पद्धति' विकसित

नहीं हो पायी है। मेरा सुझाव यह है कि जहां कहीं अधिकारी लोग लिखकर लगायें, 'कृपया पंक्ति में खड़े हों,' वहां कोष्ठकों में यह भी लिख दिया जाना चाहिए, 'आप मनुष्य हैं, हंस नहीं'; अत: पंक्ति में खड़े होना आपके लिए कदापि लज्जाजनक बात नहीं है।'

तो पहले व्यक्ति ने दूसरे व्यक्ति के कान में डरते-डरते बड़ी शालीनता से फुसफुसाकर ''भाई साहब! लाइन यहां से शुरू होती है।'' वैसे ही कहा, जैसे कनॉट प्लेस में विदेशी हिप्पियों के कानों में अपने देश के भले-मानुष 'डॉलर-एक्सचेंज' या 'पाऊण्ड-एक्सचेंज' फुसफुसाते रहते हैं। दूसरे व्यक्ति ने पहले व्यक्ति को उसी 'यू ब्लडी इण्डियन' मार्का दृष्टि से देखा, जैसे वे विदेशी हिप्पी अपने देश के भद्र लोगों को देखते हैं। पर इतनी शराफत उसने अवश्य दिखायी कि वह पहले व्यक्ति के आगे खड़ा नहीं हुआ। उसका वहां खड़ा होना एक दार्शनिक समस्या थी। ब्रह्म के संबंध में आज तक जितनी जिज्ञासाएं हुई हैं, वे सारी जिज्ञासाएं एक-साथ ही उसके खड़े होने की समस्या पर लागू हो सकती थीं। संसार का कोई भी विशिष्ट दर्शक नहीं बता सकता था कि क्या वह 'क्यू' में खड़ा था? क्या वह 'क्यू' में पहले आदमी के आगे खड़ा था? क्या वह पहले आदमी के पीछे खड़ा था? क्या बस में पहले चढ़ने का अधिकार उस पहले व्यक्ति का था? इन सारी समस्याओं का समाधान केवल 'नेति-नेति' शैली में दिया जा सकता था; या फिर दूसरी शैली कुछ इस प्रकार हो सकती है: वह पंक्ति में खड़ा भी था और नहीं खड़ा भी था; वह पहले व्यक्ति के आगे भी खड़ा था, साथ भी और पीछे भी। उसका बस में पहले चढ़ने का अधिकार था भी, क्योंकि वह पहले व्यक्ति के आगे खड़ा था; उसका बस में पहले चढ़ने का अधिकार नहीं भी था, क्योंकि वह पहले व्यक्ति के पीछे खड़ा था। वह वहां था भी, वह वहां नहीं भी था।

उसका वहां खड़े होने का ढंग बड़ा अभिव्यक्तिवादी था, अत: बड़ा कलात्मक था (क्योंकि कला अभिव्यक्ति का ही दूसरा नाम है)। उसका उस कलात्मक शैली में खड़ा होना बार-बार यह प्रकट कर रहा था, जैसे पहला व्यक्ति बाद में आकर उसके मार्ग में खड़ा हो गया हो; और उसके निकल भागने में बाधा डाल रहा हो। दो-एक बार तो जैसे उसकी इस अभिव्यक्ति को ग्रहण कर कर उसका हाथ पहले व्यक्ति को मार्ग से हटाने के लिए आगे भी बढ़ा था, पर फिर उसके कन्धे को छूकर रुक गया था, जैसे हमारे मन्त्रीगण शत्रुओं को उनके घर तक खदेड़ने की घोषणा कर अपनी सेना को फिर अपनी सीमा के इधर ही रोक रखते हैं।

पहला व्यक्ति जीवन के व्यावहारिक तथ्यों का कुछ अधिक जानकार निकला। वह जानता था यह संकल्प नहीं संकेत है; और जीवन में संकेतों को न समझने का

अभिनय ही सबसे अधिक सुविधाजनक है, जैसे बड़े से बड़े चौराहे पर ट्रैफिक पुलिस के सुपरिण्टेण्डेण्ड की उपस्थिति में संकेत न समझने का बहाना कर लाल बत्ती के सामने से भैंसें सड़क पार कर जाती हैं। उन्हें कोई नहीं रोकता। कोई रोकेगा भी तो वे 'बे-एं-एं-एं' कहती हुई सिर झुकाकर आगे बढ़ जायेंगी। तो इस भैंसनीति का आश्रय ग्रहणकर पहला व्यक्ति, दूसरे व्यक्ति के उसे हटाने के प्रयत्नों की उपेक्षा करता रहा। दूसरे व्यक्ति ने अधिक बल नहीं दिया; और पहला व्यक्ति मनु-स्मृति के अनुसार नहीं, भैंस-स्मृति के अनुसार, पंक्ति में दूसरे व्यक्ति के आगे खड़ा रहने में सफल रहा। इसी से कहा भी है 'सत्यमेव जयते।' अर्थात् जो विजयी हो, वही सत्य है!

थोड़ी-सी देर में वहां तीसरा व्यक्ति आ गया, फिर चौथा, फिर पांचवां। अब लोग भीड़ की ओर खिंचने की अपनी सहज-वृत्ति के अन्तर्गत वहां आते जाते थे, और पहला व्यक्ति बार-बार उन्हें "और बादल, और बादल, और बादल आ रहे हैं" शैली में देख लेता था। वह पहला व्यक्ति था इसलिए ऐसे देख रहा था। वहां अकस्मात् आ खड़ा हुआ दिल्ली परिवहन का एक कण्डक्टर उन्हें इस शैली में नहीं देख रहा था। उसकी दृष्टि में कुछ फर्क था। (माइण्ड यू! वह भैंगा नहीं था)। उसकी दृष्टि में "और पागल, और पागल, और पागल आ रहे हैं?" का-सा भाव था।

बहुत सारे लाग आ गये थे, और भीड़ हो गयी थी। पर भीड़ 'क्यू' में खड़ी थी, इसलिए सब 'भीड़ में अकेले' ही लग रहे थे। 'भीड़ में अकेले' का फॉर्मूला उस व्यक्ति ने निकाला है, जो बहुत अनुशासनप्रिय था। वस्तुतः वह फॉर्मला 'क्यू-पद्धति' के लिए संसार की सर्वश्रेष्ठ साहित्यिक अभिव्यक्ति है।

थोड़ी देर में उस पंक्ति ने एक साम्प्रदायिक रूप ग्रहण कर लिया, क्योंकि उसमें 'आफिस-गोअर' नामक एक सम्प्रदाय-विशेष के लोगों की बहु-संख्या हो गयी थी। वे सब आयु की दृष्टि से अधेड़ थे। 'यूनिफॉर्म' या साम्प्रदायिक-चिह्न के नाम पर उनके सिर गंजे थे और वे लोग अपने सिर के मध्य भाग में स्थित 'सरस तामरस गर्भ विभा' को उतनी ही ममता से सहला रहे थे, जितनी ममता से मां अपनी पहली सन्तान के गालों को सहलाती है। अपवादस्वरूप कुछ चंचल लोग इस सिर-अंगुली-खिलवाड़ से पोलो ग्राउण्ड में दौड़ते घोड़ों का दृश्य भी प्रस्तुत कर रहे थे। उसकी साम्प्रदायिक यूनिफार्म की कुछ और विशेषताएं भी थीं—उन सब की आंखों पर ऐनक कुछ इस अन्दाज में रखी हुई थी जैसे किसी महल की बैठक के शोभा-गवाक्ष में कोई शरारती बच्चा अपना कोई टूटा हुआ खिलौना अड़ा दे। उनकी कमीजों के कालर उधड़े हुए थे और 'जाहि निकारो गेह तें, कस न भेद कहि देय' शैली में उसकी पारिवारिक सूचनाएं दे रहे थे। निश्चित रूप से उनके कोई सुपुत्र विश्वविद्यालय में 'थर्ड-इयर-इन-फार्स्ट-इयर- पद्धति' में पिछले कई वर्षों से पढ़ रहे

थे और स्वयं नयी कमीजें खरीदने पर अपनी पुरानी घिसी हुई कमीजें पिता-श्री को उपहार दे देते थे, जो इनके गले पड़ी हुई थीं। उनकी कमीजों का कोई-कोई टूटा हुआ बटन यह भी बताता था कि सुपुत्र-सुपुत्रियों के पश्चात् अब उनकी सुपत्नी भी उनके हाथ से निकल चुकी थी; और स्वयं अपने बटन टांकने में वे दक्ष नहीं थे। उनके हाथों में चमड़े के बड़े-बड़े बैग थे, जो सरकारी और गैर-सरकारी कागजों से उसी प्रकार भरे पड़े थे, जैसे रद्दी के अखबारवाले कबाड़ी की साइकिल से लटकता हुआ बोरा ठुंसा होता है।

वे सब लोग अपने शरीर को उसी प्रकार पंक्ति में लगाते जा रहे थे जैसे वे अपनी मेज पर फाइलों को आगे-पीछे जमा करते जाते हैं। और अपनी आदत के अनुसार उस प्रेमिका के समान एक भी बस अभी तक नहीं आयी थी, जो वचन देकर भूल जाती है। दिल्ली में लोगों को बसों ने वचन-भंग का इतना अभ्यासी बना दिया है कि यहां वचन-भंग करनेवाली प्रेमिका की इस अदा की ओर किसी का ध्यान ही नहीं जाता। बाहर की प्रेमिकाओं को दिल्ली के प्रेमी बहुत सहनशील लगेगें और दिल्ली की प्रेमिकाओं को बाहर के प्रेमी अत्यन्त कठोर। प्रेम के संसार में बसों का इतना महत्वपूर्ण स्थान ग्रहण करना एक ऐतिहासिक घटना है, पर कमबख्त इतिहासवालों ने इधर ध्यान ही नहीं दिया।

जब से पहला व्यक्ति आया था तब से अब तक तीन बसों के आने और आकर जाने का समय होकर बीत चुका था। चौथी का समय होनेवाला था। बस-स्टाप पर खड़ा कण्डक्टर-नुमा असिस्टेण्ट ट्रैफिक इन्स्पैक्टर बार-बार अपनी घड़ी देख रहा था और फिर बार-बार वह कागज देख रहा था, जिस पर बसों के आने का समय लिखा हुआ था।

''क्यों साहब! बस नहीं आयेगी?'' थोड़ी-थोड़ी देर बाद कोई जिज्ञासा हवा में उड़ते किसी आवारा मच्छर के समान उसके कानों से आ टकराती थी।

''नहीं जनाब! आयेगी कैसे नहीं।'' वह मच्छर को झटक देता था।

''अभी तक आयी तो कोई नहीं।' घाव से उड़ायी गयी मक्खी के समान जिज्ञासा फिर आकर उसके कान पर बैठ जाती थी।

''आ रही हैं साहब! सब आ रही हैं।'' वह मन्त्री शैली में आश्वासन देता हुआ मक्खियां उड़ाता जाता था, ''तीसरी बस दस मिनट लेट है, दूसरी पच्चीस मिनट और पहली चालीस मिनट। चौथी जब लेट होने लगेगी तो वह भी बता दूंगा।''

तभी वहां एक और व्यक्ति आया। वह पहले आनेवालों से कुछ भिन्न प्रकार की चीज था। वह एक पूर्ण युवक था। उसका सिर काले पौधों से हरा-भरा था, जैसे उस खोपड़ी में खासी खाद भरी हो—उसकी आंखों पर ऐनक भी नहीं थी अर्थात्

जीवन का अनुभव उसे विशेष नहीं था। उसके ठीक-ठाक कॉलर और बटन बता रहे थे कि उसने अपनी पत्नी को अभी अधिक सिर नहीं चढ़ाया था और शायद सन्तान-सुख ने उसकी नयी कमीजें अभी उससे नहीं छीनी थीं। उसके हाथ में चमड़े का बैग भी नहीं था, अर्थात् वह नयी पीढ़ी के उस वर्ग का सदस्य था, जिसने रेलवेवालों की हल्के सफर करने की सलाह मान ली थी। उसके हाथ में एक लंच-बॉक्स था, जो 'मिनि-एज' में मिनि-हैण्डबैग कहला सकता है। वह भी दफ्तर जा रहा था।

वह आकर पहले आदमी के पीछे बन गयी उस लम्बी-सी 'क्यू' में खड़ा नहीं हुआ। उसने एक बार देखा अवश्य कि पहले बहुत सारे लोग आये खड़े हैं और वे पंक्तिबद्ध होकर अनुशासित रूप में खड़े हैं। पर उसके कदम पंक्ति की ओर बढ़े ही नहीं–किसी युवक के कदम पुरानी पीढ़ी की ओर नहीं बढ़ते, उसी के कैसे बढ़ जाते? पर भीतर-ही-भीतर उसका मन पीढ़ियों के संघर्ष से ऊपर उठा हुआ यह सोच रहा था कि यदि पंक्ति में जाकर खड़ा हो गया, तो उसकी बारी आते-आते दफ्तर में लंच-टाइम हो जायेगा। वहां उसका युवा-पीढ़ी से सम्बन्ध होने का लाइसेंस भी समय की गति को नहीं रोक पायेगा। तो वह क्या करे? उसकी आंखों में क्षण-भर के लिए द्वन्द्व का भाव झलका और फिर उसने अपनी आयडियालॉजी बदल ली। उसकी आंखों में पंक्तिबद्ध लोगों के लिए वैसे ही घृणा भर आयी, जैसे भेड़ियों की आंखों में भेड़ों के लिए भर आती है। उसने अंग्रेजी दृष्टि से उन काले भारतियों को देखा, होंठ टेढ़े कर जरा-सा नाराज पीढ़ी की मुसकान मुसकराया; और फिर आकर शेड के मार्ग में फंसे उस पहले व्यक्ति के बगल में खड़ा हो गया।

पहले व्यक्ति का हाथ युवक के कन्धे की ओर इस प्रकार बढ़ा, जैसे जाला उतारने वाला बांस छत की नुक्कड़ों की ओर बढ़ता है, "भाई साहब! जरा लाइन में आ जाइये।"

युवक ने पहले व्यक्ति को पुलिस शैली में भरपेट घूरा और डकार लेने के स्थान पर उसका हाथ अपने कन्धे पर से इस प्रकार झटक दिया, जैसे वह पहले का हाथ न हो, सचमुच मकड़ा हो।

"तुमने मेरी धोबी-धुली कमीज को अपने गन्दे हाथ क्यों लगाये?"

पहला व्यक्ति सहम गया। उसने बारी-बारी, युवक के चेहरे उसकी कमीज के छुए गये स्थान तथा अपने हाथ को देखा। बैंक-एकाऊण्ट में संचित होती चली आती पूंजी के सामन, अपने जबड़ों के बीच जमा हो आयी थूक को गटक कर वह फंसी-सी आवाज में बोला, "मैंने तो केवल इतना ही कहा है कि आप लाइन में आ जाइये।"

''मुंह से कहना काफी नहीं है क्या?'' युवक ने नयी पीढ़ी के आक्रोश का मानवीकृत रूप प्रस्तुत किया, ''मुझे बहरा समझ रखा है क्या। मेरी कमीज को छूने की क्या आवश्यकता थी? मालूम है, धोबी एक कपड़े की धुलाई आजकल पच्चीस पैसे नकद लेता है।''

''माफ कीजियेगा, गलती हो गयी।'' पहला आदमी पीछे हट गया।

युवक बड़ी देर तक आमंत्रण भरी आंखों से घूरता रहा, पर जब पहला व्यक्ति कुछ नहीं बोला और झगड़ा किसी भी प्रकार आगे नहीं बढ़ सका, तो वह एकदम निराश हो गया। उसके मन में पहले व्यक्ति की नपुंसकता के प्रति घृणा भर आयी। उसने अपना चेहरा दूसरी ओर फिरा लिया और अपने क्रोध को शान्त करने के लिए, अपने होंठों को गोलाकार बनाकर सीटी बजाने लगा।

पंक्ति में पीछे खड़े लोगों में कहीं जैसे मधुमक्खी का छत्ता छेड़ दिया गया। एक तेज भनभनाहट फैल गयी।

''देखिए साहब! धक्केशाही है साफ-साफ।''

''और क्या साहब! शराफत का तो जमाना ही नहीं रह गया।''

''अजी छोड़िए भी। किसका नाम ले रहे हैं। शराफत तो अब म्यूजियम में रखने की चीज हो गयी है। पहले म्यूजियम में जाते थे तो बहादुरशाह की शेरवानी और जीनतमहल का लहंगा ही देखते थे। अब वहां एक नयी चीज रखी गयी है लाकर। कहते हैं पुराने वक्तों की यादगार है कोई। उसका नाम शराफत है। पहले जिनके पास होती थी उन्हें शरीफ कहते थे। अब वह चीज मैनुफैक्चर नहीं होती। अगर किसी के पास पुराना स्टॉक पड़ा भी हो तो वह प्रकट नहीं होने देता। क्योंकि अब उसे लल्लूपन समझा जाता है।''

भनभनाहट बढ़ती गयी। सब लोग कुछ-न-कुछ कह रहे थे, जैसे कोई सेमिनार हो रहा हो। पर कोई किसी से सम्बोधित नहीं था, इसलिए कोई किसी की सुन भी नहीं रहा था। युवक सब कुछ सुन रहा था, पर उससे क्या। उससे प्रत्यक्ष कुछ नहीं कहा जा रहा था, इसलिए वह सुन नहीं रहा था, उसे सुनाई पड़ रहा था। यह ओवर हियरिंग थी, जो बहुत विश्वसनीय नहीं थी। जो लोग बोल रहे थे, वे बोल कम रहे थे, मन का गुबार अधिक निकाल रहे थे। शिकायतें तो वे अपने घर से लेकर आये थे, युवक तो एक निमित्त मात्र था जैसे स्थायी भाव तो वासना के रूप में सहृदय के मन में पहले से ही होता है, साहित्य तो उसे रसानुभूति में बदलने का निमित्त मात्र है। उसने सोच रखा था, जब कोई उससे सीधे बात करेगा, तब वह उससे निबट लेगा। पर उससे किसी ने कुछ नहीं कहा, और उसे किसी से निबटने का कष्ट नहीं उठाना पड़ा।

थोड़ी देर के बाद मधुमक्खियां फिर से छत्ते पर आ बैठी थीं। भनभनाहट थम गयी थी। सब कुछ पूर्ववत् हो गया था। लोग अपनी आदत के अनुसार भूल गए थे कि पंक्ति के सब से पहले व्यक्ति और उस युवक में कोई झगड़ा भी हुआ था और सारी पंक्ति भनभना कर रह गयी थी, किसी ने युवक को काटने का साहस नहीं किया था। यदि किसी के मस्तिष्क में पुरानी याद छिपकली के समान मुंह दिखाती भी तो युवक का चेहरा देखते ही छिपकली कहीं भाग जाती थी। अब वह युवक अकेला भी नहीं था। पूरी युवा पीढ़ी इकट्ठी हो गयी थी। उन सब के कपड़े पहले युवक के समान तंग और भड़कीले रंगोंवाले थे। सब की मूंछें ऐंठी हुई थीं। कलाइयों में लोहे के मोटे-मोटे कड़े थे, जो कुछ और मोटे होते तो हथकड़ियां लगते। उन सब के हाथों में लंच-बाक्स थे। वे लोग चीख-चीख कर बातें कर रहे थे, जैसे बस-स्टाप पर न खड़े हों, संयुक्त राष्ट्र संघ की जनरल असेम्बली में खड़े हों। वे लोग बेबात की बात पर जोर-जोर से कहकहे लगा रहे थे, अर्थात् लाइफ इन्जॉय कर रहे थे। उनकी दृष्टि में फेफड़े थकाना और लाइफ इन्जॉय करना एक ही बात थी।

पंक्ति वाले लोगों ने कछुओं के समान अपने दफ्तरों, अफसरों, फाइलों, केसों, बीवियों, बच्चों और बढ़ती हुई मंहगाई के खोल के नीचे अपना सिर छुपा लिया था। उनके लिए बाहर की दुनिया नहीं थी। वह युवक नहीं था। अतः वह झगड़ा भी नहीं हुआ था।

और वह वचन-भंजक प्रेमिका, बस, अभी तक नहीं आयी थी।

फिर जैसे सूर्य कुछ और ऊपर चढ़ आया। छोटे-मोटे पक्षी भी जाग गये। वे पेड़ों पर, पेड़ों के नीचे, तालाब के किनारे, खेतों में, सब जगह फैल गये और कलरव करने लगे। अर्थात् कॉलेज के लड़के-लड़कियां भी बस स्टाप पर आ गये। यह नयी नहीं, अति नवीन पीढ़ी थी, इसलिए वे न तो पंक्ति में खड़े हुये, न उस झगड़नेवाले युवक के समान पंक्ति के समानान्तर जाकर खड़े हुये। वे लोग बस-स्टाप पर दूर-दूर तक फैल गये थे, जैसे किसी समय महात्मा बुद्ध के उपदेश लेकर संसार में बौद्ध भिक्षु फैल गये थे। उन्हें देखकर यह नहीं लगता था कि उन्हें कॉलेज जाने की कोई जल्दी है। वे जैसे सैर करने निकले थे, जितनी हो जाये, उसी से संतुष्ट हो जाते। उन्हें बातों की भूख थी। उनके जबड़े उसी गति से चल रहे थे, जैसे भूखी भैंस के जबड़े चारा निगलते समय चलते हैं। कॉलेज का क्या था, कॉलेज अपनी जगह खड़ा था, वह कहीं भागा नहीं जा रहा था। प्राध्यापक वहां आये होंगे, वे प्रतीक्षा कर लेंगे–उन्हें वेतन इसी बात का मिलता है। कोर्स उनके बाप को खत्म कराना पड़ेगा–नहीं खत्म होगा तो घटाना पड़ेगा। पर समय बीत गया और बातें नहीं हुईं, तो बातें अधूरी रह जायेंगी। बातें, बातें, बातें......

वे लोग पंक्ति के पास खड़े ही नहीं हुए, इसलिए उनका किसी से झगड़ा भी नहीं हुआ। पर उनके अवतार से बस-स्टाप का वातावरण अछूता कैसे रह सकता था। संसार में कोई महान् घटना घटती है तो उसकी प्रतिध्वनि सब ओर सुनायी पड़ती है। पंक्ति में खड़े कछुओं ने अपनी लम्बी गर्दन खोल से निकाली, उन्हें देखा और गर्दन वापस खोल में खींच ली, पर इस बार खोल का रंग बदल चुका था। उस नये खोल के नीचे कॉलेजों में शिष्टता की जो हत्या हो गयी थी, उस पर शोक-सभा हो रही थी। वहां ऐसा लग रहा था, जैसे लड़के का कॉलेज में भरती होना वैसा ही था, जैसे लड़के का चम्बल के बीहड़ों में जाकर डाकुओं के दल में मिल जाना। उन सारे खोलों के नीचे होनेवाली सभाएं कुछ निष्कर्षों पर सहमत हो गयी थीं—कॉलेज में आजकल पढ़ाई बिल्कुल नहीं हो रही थी। आज के ग्रेजुएट से तो अच्छी अंग्रेजी उनके समय का चौथी पास लिख लेता था। आजकल के तो एम.ए. पास भी अंग्रेजी में ठीक से एप्लिकेशन ड्राफ्ट नहीं कर पाते थे (निश्चित रूप से कलियुग आ गया था)। अब तो जमाना ही बदल गया था। लड़के निर्लज्ज हो गये थे और लड़कियां उनकी भी अम्मांजान थीं। पक्ति में खड़े हुए एक कछुए ने तो अभी कल ही एक लड़की को सिगरेट पीते देखा था। भगवान का अवतार तो अब होने ही वाला था, क्योंकि धरती पर पाप बहुत बढ़ गया था।

और तभी दूर से, पहले साहित्य में जैसे वसन्त आया करता था, वैसे ही बस जैसी कोई सुहावनी चीज आती दिखाई दी। लोगों ने एड़ियां उठा-उठाकर, पंजों के बल खड़े होकर, आंखों के ऊपर हथेली से छाया कर, उसी परम्परागत मुद्रा में उधर देखा, जैसे भारतीय किसान आकाश पर बादलों को ढूंढ़ता है, या सूरदास और नन्ददास की गोपियां मथुरा से आनेवाले मार्ग पर कृष्ण को देखा करती थीं। हजारों वर्षों से आज तक इस देश की मुद्रा नहीं बदली, वस्तु चाहे कितनी बदल गयी हो। वैसे बस हमारे जीवन में आज उतनी ही महत्वपूर्ण चीज हो गयी है, जितने महत्वपूर्ण गोपियों के लिए कृष्ण थे, या भारतीय किसान के जीवन में बादल हैं। इससे सहज ही हम इस निष्कर्ष पर पहुंचते हैं कि जो चीज हमारे जीवन में अधिक महत्वपूर्ण हो जाती है, वह अवश्य ही मथुरा चली जाती है अर्थात् बाजार से गायब हो जाती है। इसलिए ज्ञानियों ने कहा है कि किसी भी चीज को अपने जीवन में इतनी अधिक महत्वपूर्ण मत बनने दो।

''पूरे सवा घण्टे बाद बस आयी है।'' पहले व्यक्ति ने प्रेमिका से शिकायत करने की शैली में कहा।।

''देखिए ए.टी.आई. साहब!'' पंक्ति के एक अन्य कछुए ने खोल में से सिर निकाला, ''अब लाइन से बस में चढ़ाइएगा। यह न हो कि हम खड़े के खड़े रह जायें और बाराती लोग बस में चढ़ जायें।''

बस रुकी तो पंक्ति में खड़े लोगों और पंक्ति के माथे पर खड़े ए.टी.आई. की ओर किसी का ध्यान नहीं गया। इस समय सामने बस खड़ी थी। बस से अधिक महत्वपूर्ण कुछ भी नहीं था। बस रुकी कि जैसे चुम्बक ने मिट्टी, रेत, चीनी और लोहे के कणों के ढेर में से लोहे के कणों को खींच लिया और शेष चीजें वहीं की वहीं पड़ी रह गयीं। लोग बस से वैसे ही चिपक गये थे, जैसे लोहे के कण चुम्बक से चिपकते हैं; और लोहे के कण पंक्ति के बाहर-ही-बाहर थे। पंक्ति में खड़े कछुए तो रेत के कण ही प्रमाणित हुए।

बस के संकरे से दरवाजे में आधा स्थान घेरे बस का कण्डक्टर खड़ा था, जो उन विषम परिस्थितियों में भी जनता को बस से उतरने और चढ़ने की विधि का प्रशिक्षण देने के लिए भाषण कर रहा था-'देवियों और सज्जनों! पहले उतरनेवालों को उतर जाने दीजिए और बाद में चढ़नेवाले चढ़ें। यदि आाप बस में से सवारियां उतरने नहीं देंगे तो आपके लिए बस में जगह कैसे बनेगी? आप मेरी बात सुनें....''

पर उसकी कोई नहीं सुन रहा था। एक वृहदाकार डिक्शनरी जैसी महिला लोगों की बदतमीजी को कोसती हुई, उस आधे द्वार में से निकलने के लिए बड़ा जीवटपूर्ण प्रयत्न कर रही थी और शेल्फ में फंसी मोटी पुस्तक के समान तड़फड़ा रही थी। तीन आदमी एक साथ बस के भीतर घुसने के लिए जोर लगा रहे थे। परिणामस्वरूप किसी का सिर बस में सवार हो चुका था और धड़ अभी पंक्ति में खड़ा था; किसी का एक पैर बस के भीतर था और शेष शरीर बस के पहिए के सामने पड़े पत्थर के समान बस को चलने से रोक रहा था; किसी का सारा शरीर ठीक-ठाक सड़क पर था, पर उसका एक हाथ बस में किसी सीट को पकड़ कर डट कर खड़ा था और बस की सवारियां इस बात पर बल दे रही थीं कि वे उस हाथ को साथ लेकर ही जायेंगी। इतने सारे लोगों के सामूहिक प्रयत्न के कारण एक विचित्र संतुलन स्थापित हो गया था, सब कुछ यथास्थित था-न कोई बस में चढ़ पा रहा था और न ही कोई अब तक उतर सका था।

और फिर सहसा ही कुछ सरसराहट-सी हुई। कुछ लोग नीचे के ओर खिसके, कुछ ऊपर की ओर घिसटे। किसी को जोर-जोर से पुकारा गया, किसी को मां...
..बहन....वाले श्लोकों से विभूषित किया गया, किसी ने चीख मारी किसी ने छींक: और इस हंगामे के बीच कण्डक्टर ने घण्टी बजा दी।

बस अपनी जगह से बड़ी मर्यादापूर्वक हिल चुकी थी। कुछ लोग बस में सवार हो गये थे। कुछ दीवार से चिपकी छिपकलियों के समान सीखचों के साथ लटक गये थे। कुछ घिसट गये थे। और बहुत सारे लोग छिटककर पीछे हट गये थे। एक महिला धक्का खाकर गिर पड़ी थीं-स्वयं उन्होंने लोगों को जो धक्के दिये थे, उन्हें

पेण्डिंग में डालकर नौजवानों की जवानी को कोस रही थीं, जो महिलाओं के धक्के भी शराफत से चुपचाप बर्दाश्त नहीं कर सकते थे।

आंधी रुकने के बाद जिस तरह धूल किसी सतह पर बैठ जाती है, वैसे ही बस के जाने के बाद शोर के कण धीरे-धीरे कहीं बैठ गये। वहां खड़े अधिकांश लोग अब भी वे ही थे, जो बस आने से पूर्व वहां खड़े थे, जैसे किसी बर्तन में पड़े पानी को जोर से हिलाने पर उसकी तह में पड़े बालू के कण चक्कर काट कर, पानी के शान्त होते ही फिर तह में जा बैठते हैं। पहला आदमी अब भी पंक्ति के सिरे पर मोर्चा सम्भाले खड़ा था। लन्च-बाक्स वाला युवक और उसकी अपनी पीढ़ी के मित्र, दफ्तर में देर हो जाने की आशंका से चिन्तित भुरभुराये-से इधर-उधर डोल रहे थे। और कॉलेज के लड़के-लड़कियां इस सारे भूचाल से अप्रभावित अब भी उसी प्रकार खड़े बातें कर रहे थे।

सब कुछ यथावत् था, कुछ नहीं बदला था। हां, लोगों की बातों का विषय बदल गया था। जिस प्रकार महात्मा गांधी के आह्वान पर सारा देश एक-साथ जुट गया था, वैसे ही बस-स्टाप पर खड़े सारे जीव-जन्तु, एक-जुट होकर राजधानी की परिवहन-व्यवस्था की सामूहिक निन्दा कर रहे थे।

"दिल्ली में बसें बहुत थोड़ी हैं। साले आदमियों की पैदावार तो रोक नहीं पाते, बसों की फेमिली प्लानिंग कर रखी है।" लंच-बाक्स वाले युवक की मूंछे, प्रेमिका की बेवफाई से भग्न-हृदय हो रही थीं।

पंक्ति में खड़ा पहला व्यक्ति युवक से कुछ नहीं कह रहा था। वह अपने-आपको ही समझा रहा था, "सारी अव्यवस्था का कारण लोगों का पंक्ति-विरोध है। जिस देश में लोगों को क्यू-सेंस नहीं होगी, वह खाक उन्नति करेगा। लोग चांद पर जा रहे हैं, और हम अभी तक क्यू तक नहीं बना पाये? यदि सब लोग क्यू में खड़े होने लगें, तो फिर इस प्रकार धक्के मारने या धक्के खाने की कोई आवश्यकता ही न रहे। हमें चाहिए कि हम जनता को जागृत करें। जनता को चाहिए कि वह आन्दोलन करे कि प्रत्येक बस-स्टाप पर पुलिस का सिपाही हो, जो लोगों का क्यू में खड़े होने पर मजबूर करे; और जो क्यू में खड़ा न हो, उस साले को बन्द कर दिया जाये।"

2

कॉलेज के चिरई-चुर्मुन पर जनमत और जनता के आन्दोलन का रत्ती भर भी प्रभाव नहीं पड़ा था। परम्परागत भाषा के अनुसार वे श्याम-रंग में इतने रंग चुके थे

कि उन पर दूसरा रंग चढ़ता ही नहीं था। आधुनिक भाषा में उनकी चमड़ी कलर-प्रूफ थी, जिस पर किसी भी रंग का असर नहीं होता था।

बड़ी देर के बाद उनमें से एक लड़की ने अपने पारदर्शी गो-गो ग्लासेस में से आंखें झपकाकर अपनी घड़ी को देखा, "ओह गाश! पता है आज फिर देर हो जायेगी। पहला पीरियड है भी उनका, मिस्टर स्टिक का। पूरे डण्डेबाज सर हैं। जब देखो रेडीमेड डांट जेब में लिये फिरते हैं।"

लड़का बड़ी देर से लड़की को इम्प्रेस करने की कोशिश कर रहा था। इसी लड़की के लिए उसने अपनी बहन के बालों के बराबर, लम्बे-लम्बे बाल बढ़ाये थे। लम्बी और चौड़ी कलमें रखी थीं, घाघरे के घेर जैसी पतलून पहनी थी—पर लड़की इम्प्रेस नहीं हुई थी। पिछले एक घण्टे में वह विचित्र से विचित्र कितने ही प्रस्ताव कर चुका था, पर लड़की किसी भी प्रस्ताव पर उसे माडर्न मानने को तैयार नहीं हुई थी। बोला, "बस नहीं मिलती तो क्या करें? पैदल चलें क्या?"

लड़की ने अपने गो-गो ग्लासेस हटाकर, नंगी तिरछी आंखों से उसे देखा, जैसे मेमने को सांड़ देखता है, "तुम क्या समझते हो मुझे? बाई गाड! मैं पैदल ही चल पड़ूंगी। रास्ते में कोई कन्वेयंस भी नहीं लेने दूंगी। तुम ही रोओगे कि थका मारा।"

लड़के की रगों में तैरते हुए पुरुषत्व ने नारीत्व की ललकार सुन ली। जीवन में उसने कोई चुनौती स्वीकार नहीं की थी। पर यह चुनौती भी स्वीकार नहीं की, तो अवसर चूक जाएगा। फिर उसे कब इम्प्रेस कर सकेगा वह? यदि चलते-चलते रास्ते में वह थक जायेगी तो उसे टैक्सी में ले जायेगा। फीस के पैसे उसकी जेब में अभी थे। क्वीन एलिजाबेथ के ताया ने अपनी प्रेमिका के लिए सारा ब्रिटिश साम्राज्य त्याग दिया था, वह क्या अपनी फीस के पैसे भी खर्च नहीं कर सकता! ठीक है कि फीस के पैसे पापा ने दिये हैं, पर एलिजाबेथ के तायाजी को भी तो ब्रिटिश साम्राज्य उनके पापा ने ही दिया था। वह दिलेर होकर बोला, "तुम क्या समझती हो, मैं कॉलेज तक पैदल नहीं जा सकता? तुम चैलेंज करोगी तो मैं कॉलेज और यूनिवर्सिटी तो क्या श्मशान घाट तक अपने पैरों पर चलकर जा सकता हूं।"

"एनअदर जीसस क्राइस्ट! हैं?" लड़की हंसी।

लड़की की हंसी ने लड़के की मशीन को न्यूट्रल से फर्स्ट गेयर में बदल दिया। लड़के ने क्लच छोड़ दिया, "चलो! पैदल चलो! बल्कि यह देखो, मैं चला!"

लड़की ने आस-पास खड़ी अपनी सखियों पर नजर डाली और एस.ओ.एस. देने आरम्भ किये, "चलती हो रेवा? रम्भा तुम? भई डाली चलो न! पैदल ही चलते हैं।"

रेवा चुप रही। वह हर बात पर अपने देश की जनता के समान चुप रहती है–वह भारत माता है। रम्भा मुस्करायी भर: वह एक्सप्रेशनिस्ट है–क्या मूर्खता की बात! पैदल चलेंगे, अटर नानसेन्स। पहले क्या कमी है इस देश में। सब कुछ पैदल ही तो चल रहा है–रेलगाड़ियां, हवाई जहाज, दफ्तर, फाइलें....

डाली मुखर हुई (निश्चित रूप से वह विपक्षी दल है, जो बात-बेबात में मुखर ही रहता है: डे एण्ड नाइट सर्विस), ''तुम जाओ पैदल। बहुत मजा आएगा। तरुण को साथ ले जाओ। थक जाओगी तो टांगें दबा देगा; और कॉलेज पहुंच कर तुम्हारी चप्पलों की धूल झाड़ देगा।''

''मैं चली भी जाऊंगी। आं। '' लड़की ने धमकी दी, ''चलो तरुण।''

और वह उतने ही अनपेक्षित रूप से चल पड़ी, जितने अनपेक्षित रूप से थोड़ी देर पहले यहां से बस चल पड़ी थी।

''लो भई! हमने दिल्ली परिवहन की बसों का बहिष्कार कर दिया है।'' तरुण ने आस-पास खड़े दो-चार लड़के-लड़कियों को सुनाया, ''हम स्वतंत्र देश के नागरिक हैं, इसलिए इस बात का निर्णय हम करेंगे कि हमारा जीवन कैसा हो! हम दिल्ली-परिवहन को इस बात की अनुमति नहीं दे सकते कि वह हमें सवेरे का समय बस-स्टाप पर बिताने के लिए बाध्य करे। हम इस गन्दी व्यवस्था के विरुद्ध आन्दोलन आरम्भ कर रहे हैं।'

लड़के-लड़कियां मुस्कराये–साला! लड़की के साथ यहां से कॉलेज तक सैर करना चाहता है। हमें एकदम गधा समझता है। स्टण्ट बना रहा है। ऐसा ही चालाक होता तो लड़की को लेकर उड़ न गया होता अब तक। हम इसे अकेले जाने देंगे क्या? हम भी साथ चिपके रहेंगे। अकेले नहीं जाने देंगे।

चिपकने वाले चिपक गए। चिपकने की कला बड़ी श्रेष्ठ कला है। जानने वाले जानते हैं, यह ललित कला भी है और उपयोगी कला भी। बस चिपकने-चिपकने का ढंग होता है। कुछ लोग जोंक की तरह चिपक जाते हैं, और जिससे चिपकते हैं, उसका खून निचोड़ कर हट जाते हैं। कुछ लोग बन्दरिया के बच्चे के समान चिपक जाते हैं, जहां-जहां बन्दरिया जाती है, वह चिपकू भी जा पहुंचता है–अनायास। कुछ और तरह के लोग कंगारू के बच्चे के समान चिपकते हैं। ऐसे चिपकने में बड़ा आराम है, मां को पकड़ना भी नहीं पड़ता–यह डीलक्स किस्म का चिपकना है। कुछ लोग बेजान चीजों के सामन चिकते हैं: सीमेन्ट के समान चिपक जाते हैं और ढाल बन जाते हैं। कुछ इश्तहार के समान चिकते हैं, और दीवार का रूप ही छिपा देते हैं। कुछ लोग मक्खन के समान चिपकते हैं और उनकी सब से बड़ी विशेषता यह

होती है कि वे अपने ऊपर और किसी को नहीं चिपकने देते। पर चिपकने का एक ढंग और है।

कहते हैं कि एक बार एक गीदड़ लसूड़े के पेड़ के नीचे बैठा हुआ था। पेड़ से एक पका लसूड़ा उसकी पीठ पर गिरा और गिर कर फट गया, उसकी सारी लेस गीदड़ की पीठ पर फैल गयी। हवा जो चली जो कागज का एक टुकड़ा कहीं से उड़ता हुआ आया और उस लेस के कारण गीदड़ की पीठ पर चिपक गया। गीदड़ के पास कागज को पीठ से उतारने का कोई उपाय नहीं था। वह उस कागज के साथ ही अपने झुण्ड में आ मिला। शेष गीदड़ों ने जो उसकी पीठ पर कागज चिपका देखा तो जिज्ञासा की कि यह क्या है। गीदड़ जरा माडर्न किस्म की चीज था। बोला, "यह किसी भी खेत में जाकर गन्ने खा सकने का लाइसेंस है।" गीदड़ प्रसन्न हो गये। बोले, "जब तेरे पास गन्ने खा सकने का लाइसेंस है, तो यहां बैठा क्या कर रहा है। चल गन्ने के खेत में।" वह इन्कार नहीं कर सका और उसे चलना पड़ा। गन्ने के खेत में पहुंच कर शेष गीदड़ बड़े आश्वस्त होकर गन्ने खाने लगे, पर लाइसेंस वाला गीदड़ चौकन्ना रहा। थोड़ी देर में रखवाली वाले कुत्ते भौंकते हुए उन पर आ चढ़े। गीदड़ों ने कुत्तों को देखा, पर निश्चिन्त होकर गन्ने खाते रहे। वे लाइसेंस वाले गीदड़ के साथ आये थे, बिना अनुमति के तो आये नहीं थे। इसलिए भागना निरर्थक था। ये कुत्ते अभी चेकिंग करके चले जायेंगे। पर लाइसेंस वाले गीदड़ ने कुत्तों को पास आते देखा, तो भाग निकला। शेष गीदड़ आश्चर्य से भौंचक्के उसे भागते हुए को देखते रहे, पर जब कुत्तों ने उन्हें आ घेरा तो वे भी भागे। लौट कर जंगल में आये तो उन्होंने लाइसेंस वाले से पूछा, "जब तुम्हारे पास लाइसेंस था, तो तुम भागे क्यों?" गीदड़ ने उत्तर दिया, "मेरे पास लाइसेंस तो था, पर वे कुत्ते अनपढ़ थे।"

पर उस लड़की और लड़के के साथ चलने वाले चिपकुओं का गीदड़, लसूड़े, लाइसेंस और कुत्तों में से किसी के साथ कोई सम्बन्ध नहीं है। वह चिपकुओं की एक सर्वथा नयी कोटि है।

वह लड़की और तरुण चले। रेवा, रम्भा और डाली भी चल पड़ीं। उन तीनों लड़कियों के साथ दो-दो, तीन-तीन लड़के भी चल पड़े। पहले एक-एक राजा के कई-कई मुसाहिब होते थे। उनके बिना राजा लोग कहीं नहीं जाते थे। उसी तरह से अब इन लड़कियों के मुसाहिब होते हैं। उन मुसाहिबों की तकनीकी परिभाषा यही है: यदि कहीं गुड़ होगा तो उसके आस-पास चींटे अवश्य पाये जायेंगे, उसी तरह यदि कहीं वे लड़कियां होंगी, तो उनके मुसाहिब भी अवश्य ही आसपास पाये जायेंगे। तो मुसाहिब आस-पास पायी जाने वाली चीज हैं। वे न बुलाये जाते हैं, न बैठाये जाते हैं, वे तो बस पाये जाते हैं।

किसी स्थान पर लड़कियों का एक नया कॉलेज खुला था। एक साहब बड़े चिन्तित हो गये कि कॉलेज के निकट के बस स्टाप से भीड़ के मारे पहले ही बस नहीं मिलती थी, अब बस कैसे मिलेगी, उस अकेले बस स्टाप पर पन्द्रह सौ लोग और बढ़ जायेंगे। दूसरे किसी सज्जन ने उन पहले सज्जन से पूछा, "साहब! उस कॉलेज में तो कुल पांच सौ लड़कियां हैं, आप पन्द्रह सौ कैसे गिन रहे हैं?" उत्तर में पहले सज्जन ने इन 'पाये जाने वाले मुसाहिबों की बात कही। बोले, "एक-एक लड़की के दो-दो मुसाहिब भी हुए तो पांच सौ लड़कियां और एक हजार मुसाहिब। कुल टोटल पन्द्रह सौ। बस तो सबको यहीं से पकड़नी है न।"

पर रेवा, रम्भा, और डाली के मुसाहिब साधारण लोग नहीं थे, न वे साधारण ढंग से चल रहे थे। वे लोग बड़े कलात्मक ढंग से चल रहे थे। कला इसमें होती है कि जो जो है, वह न दिखे, जो नहीं है वह दिखे। वे मुसाहिब भी ये दिखा रहे थे कि वे साथ चलना तो नहीं चाहते, पर बातें करते हुए बेध्यानी में ही चलते जा रहे हैं; और शायद वे जानते भी नहीं हैं कि वे पैदल चल पड़े हैं। इस भाव को अभिनय भी कहा जा सकता है। पर अभिनय भी एक कला ही है—मंच पर हो तो ललित कला है, जीवन में हो तो उपयोगी कला है। अत: कलाओं का जिसने भी यह विभाजन किया है, बड़ा अच्छा विभाजन किया है।

आस-पास की जनता-जनार्दन को लगा कि एक आन्दोलन आरम्भ हो गया है। पर यहां स्पष्ट रूप से यह नहीं कहा जा सकता कि आन्दोलन आरम्भ करने वाला वह क्षण ऐतिहासिक क्षण था या नहीं। अपने देश में जो आन्दोलन सफल हो जाये उसका आरम्भिक क्षण ऐतिहासिक क्षण होता है, और जो सफल न हो उसका आरम्भि क्षण भौगोलिक होकर रह जाता है। महात्मा गांधी ने जब 'भारत छोड़ो' का नारा लगाया, वह ऐतिहासिक क्षण था, और जब आज़ाद हिन्द फौज ने गोलियां चलायीं, वह क्षण ऐतिहासिक नहीं था। नेताजी बंगाल की फारवर्ड ब्लाक के भूगोल में सीमित होकर रह गये।

लड़के-लड़कियों के उस रेवड़ के चल पड़ने के बाद बस-स्टाप का जनमत, एरोड्रोम के पास लगे हवा का रुख जांचने वाले मुर्गे के समान अब दूसरी ओर चक्कर काटने लग गया था। अब लोगों का विचार था कि वह लड़का ठीक कहता था। हमें दिल्ली परिवहन को इतना अधिकार नहीं देना चाहिए कि वह हमें इतना परेशान करे। जनता की कमजोरी के कारण ही बस-व्यवस्था इतनी बुरी थी। आखिर जनता यह अत्याचार क्यों सह रही है.....हां! हां! क्यों सह रही है। जनता इस अत्याचार का विरोध क्यों नहीं करती, क्यों नहीं करती, क्यों नहीं करती। इस सहनशील, मूर्ख और मरी हुई जनता से तो वे लड़के-लड़कियां ही अच्छे, जिन्होंने अपने ढ़ंग से इस बुराई

का विरोध किया। इस मरी हुई जनता को मांग करनी चाहिए.....पर 'मांगन गये सो मर रहे'.....तो जनता यदि जाग्रत होकर मांगने जायेगी तो कबीर के शाप से फिर मर जायेगी। फिर क्या लाभ? मरी हुई जनता को पुन: मरने के लिए जिलाने का क्या लाभ?

तरुण और उसके साथी चल पड़ने के बाद यह भूल गये कि वे किस कारण से पैदल चले थे, जैसे हर आन्दोलन के चल पड़ने पर लोग यह भूल जाते हैं कि आन्दोलन चला क्यों था। वे तो बस चल भर पड़े थे। गति का नाम ही जीवन है–इसलिए गतिशील हो गये थे; और गतिशील होकर अब वे जीवित हो उठे थे। चलने में भला क्या बुराई? दो-एक मील पैदल चल लेना स्वास्थ्य के लिए भी अच्छा है और फिर इस तरह की प्लेजेण्ट कम्पनी भी मिलती है। आदमी को जिन्दगी में और चाहिए ही क्या? न चले होते तो वहां बस-स्टाप पर उन बूढ़े कछुओं को घूर रहे होते।

और परिवहन-व्यवस्था की निन्दा से बहुत अधिक रोचक बातें उनकी अपनी थीं। उनका कोई भी प्राध्यापक बस से अधिक आकर्षक वस्तु था, उनके बखिये क्यों न उधेड़े जायें। वे भी जब देखो पुरानी छकड़ा बसों के सामन भड़भड़ाते फिरते हैं। लदी हुई बस के समान लैक्चर की सड़क पर भागते चले जाते हैं; रास्ते के स्टापों पर कोई कितने ही प्रश्नों के हाथ दिखाये, बस डबल घण्टी देते जाते हैं। फिर कॉलेज की बिल्डिंग कितनी वाहियात है। बस-स्टाप की शेड के समान संकरे बरामदे! जहां कोई लड़का-लड़की बात करने के लिए खड़े हो जाये तो ट्रैफिक जाम हो जाता है; और कोई-न-कोई लैक्चरर ट्रैफिक-कांस्टेबल के समान चालान करने के लिए आ जाता है। यातायात के साले सारे नियम ही वाहियात हैं। इन सब से रोचक थे लड़के-लड़कियों के इश्क के आपसी किस्से! कौन किस पर मरता है, कौन किसको देखकर जीता है। कॉलेज की दीवारों पर कभी कोई लिख देता था 'कान्ता लव्स वर्मा' और दूसरे दिन लिखा हुआ होता था, 'कान्ता वेड्स वर्मा'। कान्ता खोजती फिरती थी कि यह वर्मा कौन है और वर्मा जानना चाहता था कि कान्ता कौन है। और गम्भीर बात-चीत का सबसे बड़ा विषय था–शिक्षा पद्धति। यह स्वयं-सिद्ध तथ्य था कि यह शिक्षा-पद्धति एकदम बेकार थी। उसका प्रमाण वे लोग स्वयं थे। जिस शिक्षा-पद्धति ने उनके जैसे निरर्थक जीव-जन्तु पैदा किये थे वह अवश्य ही निरर्थक थी।

अगले बस-स्टाप पर तरुण के कुछ मित्र और रेवा, रम्भा और डाली की कुछ सखियां, पिछले बस-स्टाप की दृश्यावली को दुहराती मिलीं। शक्लें भिन्न थीं, शेष सब कुछ वैसा ही था। ईश्वर की सृष्टि थी–जगह-जगह एक जैसी ही बना रखी थी। एक दुनिया समानान्तर थी। सुबह की ठण्डी हवा में स्वीटी के साथ इस प्रकार सैर

करते हुए कॉलेज तक जाने, रास्ते में साथ-साथ चलते हुए कभी बांह से बांह और कभी कन्धे से कन्धे के छू जाने के अवसर से तरुण का मूड बहुत हल्का कर रखा था। विद्वत् समाज का कहना है कि प्रसन्नता से व्यक्ति का मन हल्का हो जाता है और उदासी से मन भारी। यह वैज्ञानिक खोज का विषय है कि ऐसा क्यों होता है। रामलुभाया का दृढ़ विचार है कि यह साहित्यिक कल्पना नहीं, वैज्ञानिक तथ्य है। जिस प्रकार हल्की गैस से गुबारा हल्का होकर उड़ जाता है, सामान्य गैस से सामान्य रहता है और भारी गैर से भारी हो जाता है: वैसी ही प्रक्रिया मनुष्य के साथ भी सम्भव है। यदि मनुष्य के मन में हाइड्रोजन या हीलियम ज़ैसी हल्की गैस भर दी जाये तो मन हल्का हो जाता है और कार्बन डाइ आक्साइड जैसी भारी गैस भर दी जाये तो मन भारी हो जाता है। इससे निष्कर्ष यह निकला कि प्रसन्नता हाइड्रोजन गैस पैदा करती है और उदासी कार्बन डाइ आक्साइड गैस। स्कूलों और कॉलेजों की प्रयोगशालाओं में शीशे के जार में संगमरमर डाल कर तेजाब डालने से अच्छा है, जार में उदासी भर दी जाये, अपने-आप कार्बन डाइ आक्साइड पैदा हो जायेगी। उसी प्रकार जार में प्रसन्नता भर दी जाये तो हाइड्रोजन ही हाइड्रोजन हो जायेगी। ज्ञान की इस नयी शाखा को कहा जाएगा, 'एप्लिकेशन ऑफ ह्यूमन फीलिंग्स एण्ड इमोशन्स ऑन फीजिकल साइंसेस।' यह बात हिन्दी में भी कही जा सकती है, पर हिन्दी में कहने की कई हानियां हैं: पहली यह कि विज्ञान की यह शाखा गम्भीरतापूर्वक स्वीकार नहीं की जा सकेगी। हिन्दी में जो हुई। दूसरे, यह अन्तर्राष्ट्रीय स्थान प्राप्त नहीं कर सकेगी; और तीसरे, अपने देश में उसे कोई समझ नहीं पायेगा। अंग्रेज इस बात को मानें या न मानें, हम तो अपनी मातृभाषा अंग्रेजी ही मानते हैं।

अन्तरिक्ष-विज्ञान में एक चीज है–रिमोट कण्ट्रोल। वस्तुत: वह इसी विज्ञान की एक शाखा है। पृथ्वी पर बैठा नियन्त्रक अन्तरिक्ष यान में प्रसन्नता भरता रहता है (यह बात चुटकले सुनाकर, प्रेमिका के मिलने की बात करके, प्रमोशन की सूचना देकर; या शत्रु के नाश की सम्भावना बता कर सम्भव है)। जितनी-जितनी प्रसन्नता बढ़ती जाती है, वैसे-वैसे ही अन्तरिक्ष यान ऊपर उठता जाता है। जब उसे नीचे लाना होता है तो उसे उसकी प्रेमिका के किसी अन्य व्यक्ति के साथ विवाह, किसी और की प्रमोशन की सूचना, या उसके घर के पड़ोस में एक कॉलेज के खुलने की बात कहकर उदासी भर दी जाती है, जिससे यान नीचे आने लगता है। प्राचीन काल में अपने देश के ऋषि-मुनि ऐसे खिलवाड़ दिन में छत्तीस बार किया करते थे।

तो तरुण का मन बड़ा हल्का था। हल्का मन उड़ा-उड़ा फिरता है। उसने मूंगफली बेचने के अन्दाज में हांक लगायी, "पैदल कॉलेज चलो। हमने इस गन्दी परिवहन व्यवस्था के विरुद्ध अपना आन्दोलन आरम्भ कर दिया है।"

"आओ, आओ।" रेवा बोली।

"चलो, चलो।" रम्भा गुनगुनायी।

"बसों का बहिष्कार।" डाली जरा ऊंचे स्वर में बोली।

स्वीटी ने अपनी मुस्कान से इन सब प्रस्तावों पर काऊण्टर-साइन कर दिया।

"व्हाट् ए फन।" लड़कों के मन ने कहा और सब के मन में हाइड्रोजन गैस भर गयी, "बसों का बहिष्कार। बसों का बायकाट।"

बहिष्कार का नारा, अपने देश की जनता के मनोविज्ञान की चुम्बक है। बहिष्कार किसी भी चीज का हो, बड़ा लोकप्रिय होता है। महात्मा बुद्ध के आन्दोलन की रीढ़ गृहस्थी का बहिष्कार था; महात्मा गांधी का आंदोलन सरकारी दफ्तरों, कचहरियों, स्कूलों और कॉलेजों के बहिष्कार पर निर्मित हुआ था; नेताजी सुभाषचन्द्र बोस ने अंग्रेजी सेना के बहिष्कार पर आजाद हिन्द फौज खड़ी कर ली थी; इन्दिरा गांधी पुरानी कांग्रेस का बहिष्कार कर देश की स्थायी प्रधानमंत्री बन गयीं; और जनरल यहिया खां बुद्धि और मानवता का बहिष्कार कर संसार के आधुनिक 'स्केअर-क्रो' बन गए। चंगेज खां को लोग अब प्राचीन यहिया खां कहा करेंगे।

दूसरे बस-स्टाप के लड़के बसों का बहिष्कार कर पैदल कॉलेज की ओर बढ़ गये। बाध्य होकर लड़कियों को भी साथ चलना पड़ा। भला वे अपनी संगी लड़कों का साथ कैसे छोड़ सकती थीं। इस देश में साथ छोड़ने की कुछ एक ऐतिहासिक मूर्खताएं हुई हैं—उनसे उन लड़कियों ने ज्ञान और अनुभव प्राप्त किया है: जिन्होंने नहीं किया उन्हें बहुत रोना पड़ा है। जब राम वन की ओर पैदल चल पड़े तो सीता ने बस की प्रतीक्षा नहीं की थी। उर्मिला ने अवश्य लक्ष्मण को कहा होगा, तुम चलकर कुटिया बनाओ, मैं अगली बस से आ रही हूं। पर बस-सर्विस उस समय खास अच्छी नहीं थी। वह बस कभी नहीं आयी। उर्मिला ने बस के मोह में बहुत बड़ा रिस्क लिया था। पंचवटी पर लक्ष्मण को सूर्पणखा मिल भी गयी थी। वह तो राम-सीता साथ थे, इसलिए लक्ष्मण बहक नहीं पाये, और उर्मिला को चौदह वर्ष बाद पति वापस मिल गया। वैसी दूसरी ऐतिहासिक भूल गोपियों ने की थी। कृष्ण मथुरा गये थे तो उन्हें भी साथ चल पड़ना चाहिए था। उन्होंने उर्मिला की भूल से कुछ नहीं सीखा—गांव की गंवारने थीं न। घर में बैठी प्रतीक्षा करती रहीं, साथ नहीं गयीं। या तो शहर जाते हुए उन्हें लाज आती थी, या वह बस जिसमें कृष्ण गये थे काफी ठुसी हुई होगी। पर नहीं, कृष्ण तो अक्रूर की प्राइवेट टैक्सी में गये थे। अक्रूर ने से अधिक सवारियां नहीं ली होंगी, और गोपियां थीं भी बहुत सारी। उनके लिए तो दो-तीन प्राइवेट बसें ठेके पर लेनी पड़तीं। या फिर यह भी सम्भव है कि गोपियों ने सोच लिया होगा कि कृष्ण को भी कोई सूर्पणखा मिली तो वे उसकी नाक और कान काट लेंगे। पर

कुब्जा गंवारू नहीं थी- वह नागरी थी। उसने सूर्पणखा की भूल से लाभ उठाया। सूर्पणखा सुन्दरी बनकर गयी थी, अतः नाक-कान कटा बैठी। कुब्जा कुरूपा बनकर गयी थी, कृष्ण उनकी नाक-कान कैसे काटते। उल्टे उसका कूबड़ सीधा कर दिया। गोपियां ज़ो कृष्ण के साथ नहीं गयीं, तो बहुत रोयीं। इतिहास में ऐसे निरन्तर सामूहिक रुदन के उदाहरण कम हैं। लक्ष्मण के साथ तो भाई-भाभी थे, कृष्ण के साथ भाभी नहीं थीं-अतः वे लौटकर गोकुल नहीं आये। अतः ऐतिहासिक निष्कर्ष यह है कि या तो स्वयं साथ जाओ, या भाई-भाभी को साथ भेजो। अकेले भाई साथ जायेगा तो वह किसी काम नहीं आयेगा. अतः भाभी, भाई से बड़ी हितैषिणी होती है।

इन पुरानी बातों के साथ कुछ नयी बातें भी जुड़ जाती हैं। तब राजनीति का अधिक प्रचलन नहीं था, अब है। प्रेम में भी राजनीति है। राजनीति में 'होल्ड' अर्थात् प्रभाव बड़ी महत्वपूर्ण चीज है। हर लड़के का एक या एक से अधिक लड़कियों पर प्रभाव था; और हर लड़की एक या एक से अधिक लड़कों के लिए चुम्बक थी। बात होल्ड की थी। जब लड़का चला तो उसकी होल्ड वाली लड़कियां भी चल पड़ीं; जब लड़कियां चलीं, तो उनके होल्ड वाले लड़के भी चल पड़े। हर बस-स्टाप पर उनके कॉलेज के लड़के-लड़कियां बस की प्रतीक्षा कर रहे थे। जब उन्होंने दूसरों को पिकनिक मनाते देखा, तो वे कैसे पीछे हटते। वे तो खड़े ही इसलिए थे: "मैं इसलिए खड़ा रहा कि तुम मुझे पुकार लो। पुकार कर दुलार लो।" बच्चन जी ने यह कविता भी शायद दिल्ली के किसी बस-स्टाप पर खड़े होकर ही लिखी होगी। इसमें 'बच्चन' जी का दोष ही क्या है। बस-स्टाप पर इतनी देर खड़े रहना पड़े तो कोई भी कवि हो जायेगा। मैथिलीशरण गुप्त चिरगांव में रहे, इसलिए कह सके-"राम तुम्हारा चरित स्वयं ही काव्य है। कोई कवि बन जाये सहज सम्भाव्य है।" दिल्ली में रहे होते तो लिखते-"दिल्ली तेरा बस-स्टप स्वयं ही काव्य है। कोई कवि बन जाये सहज सम्भाव्य है।" वैसे 'मैं इसलिए खड़ा रहा कि तुम मुझे पुकार लो' से आदमी नीलामी पर चढ़ा हुआ-सा लगता है, जो बोली देने वालों को उकसा रहा हो। वैसे एक आयु में प्रत्येक लड़का इसी प्रकार नीलाम पर चढ़ा होता है, कोई भी लड़की बोली देकर उसे प्राप्त कर सकती है। पर लड़के के लिए लड़की को प्राप्त करने के लिए बोली देना पर्याप्त नहीं है, सबसे ऊंची बोली देनी होगी। जो लड़का किसी लड़की की पहली बोली पर न्यौछावर नहीं होता, उसमें 'लड़कीपन' है, उसे चाहिए कि वह किसी अच्छे डॉक्टर से सलाह ले।

हर बस-स्टाप पर जुलूस पुकारता चला गया; और जैसे महात्मा गांधी के आह्वान पर लोग सरकारी दफ्तरों से निकल आये थे, वैसे ही इस जुलूस के आह्वान पर सब लड़के-लड़कियां बस-स्टापों की शेड से निकल आये। इसका मुख्य कारण

यह भी था कि जुलूस के आगे-आगे रेवा, रम्भा, डाली और स्वीटी थीं। तभी से जुलूस-विज्ञान का अटल नियम बन गया है कि प्रत्येक जुलूस के आगे-आगे महिला-दल होना चाहिए, जुलूस चाहे किसी भी पार्टी का क्यों न हो।

जुलूस बढ़ता जा रहा था, अपने आकार में भी और अपने रास्ते पर भी। जुलूस के बढ़ने के साथ-साथ तरुण की प्रसन्नता भी बढ़ती जाती थी। उसके मन में हाइड्रोजन और हीलियम गैस की मात्रा इतनी की बढ़ गयी कि वह आपे में नहीं था; और जमीन से कुछ ऊंचा-ऊंचा उठ आया था। रेवा, रम्भा, डाली और स्वीटी के मन भी हल्की गैसों की मात्रा बहुत बढ़ गयी थी, इसलिए वे अधिक बोलने लगीं थीं।

एक बात और थी। जैसा कि नियम है: जनता आन्दोलन करती है और नेता लोग अपने आवश्यक कार्य छोड़कर जनता की सेवा के लिए, नेतृत्व का बोझ अपने कन्धे पर ले लेते हैं। जनता उनके पीछे-पीछे न चले तो न सही, वे स्वयं ही जनता के आगे-आगे चलने लगते हैं। उसी तरह यहां भी बहुत सारे विद्यार्थी नेताओं को अपने अत्यन्त आवश्यक कार्य छोड़कर, जुलूस के नेतृत्व के लिए आकर जुलूस से मिल जाना पड़ा था। अब जुलूस पहले से अधिक नियमित और अनुशासित था। जुलूस विधिवत् नारे लगा रहा था–

''बसों का,
बहिष्कार करो।''
''परिवहन-व्यवस्था,
मुर्दाबाद।''
''कालेज में चाहे देर हो,
बसों पर निर्भर मत रहो।''
''बसों का,
बहिष्कार करो।''

3

कॉलेज के गेट पर पहुंचते-पहुंचते, उनकी संख्या सौ से ऊपर हो गयी थी। 'गेट' कॉलेज के जीवन में एक महत्वपूर्ण चीज है। इस बात की खोज पर अभी किसी ने पी.एच.डी. की डिग्री नहीं ली है, पर चाहे तो अनुसन्धान कर वह डिग्री ले सकता है। बात इतनी-सी ही है कि कॉलेज के गेट में अन्य स्थानों की अपेक्षा, भीड़ खींचने की और लोगों को चिपकाकर रखने की इतनी अधिक शक्ति क्यों है। आप हॉल में

लोगों को बुलाते रहिए, पर दस-पांच से अधिक लड़के नहीं आते। क्लास रूम में हाजिरी अनिवार्य रखकर भी आप भीड़ इकट्ठी नहीं कर पायेंगे। स्पोर्ट्स-डे के दिन सारे मैदान में शामियाने और कुरसियां लगा कर भी सौ लड़के इकट्ठे नहीं किए जा सकते। पर, कॉलेज के गेट के बीच खड़े होकर आवाज उठाने भर की देर है कि सैकड़ों लड़के आस-पास घिर आते हैं। वैसे भी उस गेट के पास काफी लड़के-लड़कियां, पुलिस की शब्दवली में 'बीट-ड्यूटी' पर और सैनिक शब्दावली में 'राऊंड' पर होते हैं। भीड़ इकट्ठी करने के विज्ञान में कॉलेज-गेट के इस योगदान की ओर अभी लोगों का ध्यान नहीं गया है, नहीं तो मदारी लोग चलता-फिरता-कॉलेज-गेट बनवा कर साथ ले चलते और जहां मजमा लगाना होता, वहां पहले गेट स्थापित कर लेते और फिर भाषण देते। राजनीतिक नेताओं के विषय में यहां अलग से कुछ नहीं कहा जा रहा, क्योंकि वह भी मदारियों की ही एक श्रेणी है, जो भीड़ इकट्ठी कर झूठ बोलने में, मदारियों की किसी भी अन्य श्रेणी से कम नहीं है। यदि कोई आधुनिक न्यूटन सेब के पृथ्वी की ओर खिंचे आने के ही समान, लड़के-लड़कियों के गेट की ओर खिंचे आने के कारण की जांच करे, तो हमारा विज्ञान एक नवीन गुरुत्वाकर्षण सिद्धान्त से विभूषित होगा। वैसे हो सकता है कि कोई लड़की-विशेषज्ञ यह बता दे कि कॉलेज का गेट लसूड़े के पेड़ की लकड़ी से बनता है, अतः उसमें चिपका रखने की अतिरिक्त क्षमता है।

जुलूस जब कॉलेज के गेट के पास पहुंचा तो उसकी संख्या में विस्फोट हो गया। वैसे कहीं विस्फोट हो जाये तो लोगों की संख्या कम हो जाती है, पर संख्या में विस्फोट हो तो संख्या बढ़ जाती है—ऐसा भाषा के मुहावरा-विशेषज्ञों का कहना है। हुआ यह कि गेट के आकर्षण से बंधे, पास खड़े, खेत में पड़े बीजों के समान इधर-उधर छितराए लड़के-लड़कियां भी उस जुलूस में मिल गए। जुलूस को हिन्दी में शोभायात्रा कहा जाता है। पर शोभा का अर्थ यहां स्पष्ट नहीं है। जो लोग इस यात्रा में सम्मिलित होते हैं, वे यह मानकर चलते हैं कि इससे उनकी शोभा बढ़ेगी, जबकि होता शायद यह है कि उनके सम्मिलित होने से नेताओं की शोभा बढ़ती है। किसी मकान के शोभा-गवाक्ष में जो वस्तुएं सजाई जाती हैं, उनसे मकान की शोभा बढ़ती है, उन वस्तुओं की नहीं।

पर शोभा-यात्रा में सम्मिलित होकर, कभी-कभी दूसरों की शोभा बिगाड़ने पर भी तुल जाते हैं। लड़के वहशी होते जा रहे थे। भीड़ में बुद्धि-शून्यता का रोग बहुत जल्दी फैलता है। लड़कियां जोर-जोर से हंस रही थीं। वातावरण पर भीड़-वाद छाया हुआ था, उन्माद बनकर।

शोर सुनकर प्रिंसिपल वैसे ही झपट कर बाहर निकल आये, जैसे भूचाल में लोग अपना घर छोड़कर भागते हैं। आज शोर भूचाल का ही पर्याय है। शोर का

मतलब होता है, भीड़। भीड़ बुद्धिशून्य होती है। बुद्धिशून्यता ध्वंस करती है। इसलिए शोर का अर्थ होता है–आन्दोलन, नारे, पथराव, घेराव और कभी-कभी आग। शोर को अपने घर से जितनी दूर रखा जा सके, उतना ही अच्छा है। शोर दूर न रहे, तो स्वयं ही शोर से दूर हो जाना चाहिए। इस नियम का सुचारू पालन सभाओं और गोष्ठियों में, पंचायतों और कॉलेज की क्लासों में होता है। सभा, गोष्ठी अथवा पंचायत का संचालक और क्लास का अध्यापक कहता है, 'शोर बन्द करिए।' पर कोई भी शोर बन्द नहीं करता। शोर संचालक या अध्यापक की ओर बढ़ता है, तब संचालक या अध्यापक सभा या कलास छोड़कर बाहर निकल जाता है और शोर से दूर हो जाता है।

समय ही कुछ ऐसा आ गया है कि लोग 'नहीं तो' का सहारा लेने को मजबूर हो गये हैं। पहले आज्ञा दी जाती थी, 'ऐसा करो।' अब आज्ञा दी जाती है, 'ऐसा करो नहीं तो.....।' जैसे अध्यापक ने छात्र से कहा, 'क्लास से निकल जाओ, नहीं तो.....।' 'नहीं तो क्या सर?' छात्र ने पूछ लिया। 'नहीं तो मैं क्लास से चला जाऊंगा।' अध्यापक ने उत्तर दिया। कहते हैं कि एक क्लर्क बॉस के पास जाकर बोला, 'मेरा वेतन बढ़ा दीजिए, नहीं तो....।' 'नहीं तो क्या?' बास ने पूछा! 'नहीं तो मैं पिछले वेतन में ही काम करता रहूंगा।'

'नहीं तो....' सम्मान-रक्षक है। यदि 'नहीं तो' जोड़ कर आज्ञा दी जाती है, तो आज्ञा की अवज्ञा और उल्लंघन की स्थिति में भी आज्ञा देने वाले का सम्मान बना रहता है। जिस प्रकार से प्राचीन राजा लोग अपने किलों और महलों में एक छिपी हुई सुरंग बनवाया करते थे, ताकि आक्रमण होने पर यदि वे युद्ध में हार जायें तो उस सुरंग से भागकर अपने प्राण बचा सकें, उसी प्रकार आजकल के आदेशक लोग आदेश के साथ 'नहीं तो' रूपी सुरंग बनाए रखते हैं, ताकि आक्रमण और पराजय की स्थिति में वे अपना सम्मान बचा सकें।

शोर सुनकर प्रिंसिपल घबरा कर बाहर निकल आये थे। घबराने की बात भी थी। सुबह वे जल्दी कॉलेज आ गये थे, ताकि यदि किसी प्रकार की कोई गड़बड़ हो तो वे वापस लौट जायें। बहुधा तो वे घर से ही टेलिफोन करके पूछ लेते थे, कॉलेज शान्त है तो वे आ जायें, नहीं तो वे नहीं आयेंगे। पर सवेरे तो 'छात्र-असन्तोष' नामक संक्रामक रोग का एक भी कीटाणु वहां नहीं था। वैसे भी कल शाम ही तो उन्होंने छात्र-संघ के प्रधान की सारी शर्तें मानकर उससे समझौता किया था; और मरीज की अवस्था सुधरने पर उसे 'एंटी-बायटिक' का इंजेक्शन देते हुए उसके कंधे पर प्यार भरा हाथ रखकर, ममता के एंटीसेप्टिक से विह्वल और गद्‌गद स्वर में उसे समझाया था, "बेटा! तुम और हम अलग नहीं हैं। तुम्हारी तकलीफ हमारी तकलीफ

है। हमसे जो कुछ हो सकेगा, हम तुम्हारे लिए वैसे ही करेंगे, जैसे कोई निर्धन पिता अपनी संतान के लिए करता है।''

और फिर आज यह नया प्रदर्शन?

बहुत घबरा कर झपटते हुए बाहर निकलने से पूर्व भी प्रिंसिपल साहब ने कुछ सावधानी बरत ली थी। शत्रु को जाने बिना युद्धक्षेत्र में जाने के समर्थक वे नहीं थे। सावधानी बरतनी चाहिए नहीं तो.....हां, नहीं तो बात भयंकर हो सकती है। उन्होंने साहित्य में चित्रित नगर-वधुओं के समान अपने दफ्तर के गवाक्ष से झांककर देख लिया था कि जुलूस का नेतृत्व, छात्र-संघ का प्रधान रामप्रसाद 'विप्लवी' नहीं कर रहा था। पर कौन कर रहा है, यह वे देख नहीं पाये थे, नहीं तो बाहर निकलने की आवश्यकता शायद न होती। जरूर यह 'विप्लवी' का विरोधी दल होगा, जो 'विप्लवी' के साथ हुई उनकी सन्धि का विरोध कर अशान्ति फैलाना चाहता होगा। आज प्रिंसिपल साहब को लगा था कि प्रत्येक सन्धि विपक्षी दल की उपस्थिति में होनी चाहिए। अच्छा रहता है। अंग्रेजों ने कांग्रेस के साथ सन्धि तो की थी, पर विरोधी दल मुस्लिम लीग की उपस्थिति में। परिणाम यह है कि वे आज भी प्रिंसिपल बने हुए लन्दन से राज कर रहे हैं।

सहसा शोर बहुत बढ़ गया था और कॉलेज के बरामदों में बिना किसी रोक-टोक के आवारागर्दी कर रहा था। यह शोर भी लसूड़े वाले गीदड़ की कहानी के अनपढ़ कुत्तों के समान था, जो दीवारों पर लगे 'सायलेन्स प्लीज' के बोर्डों को पढ़ नहीं पा रहा था। जुलूस शायद कॉलेज के गेट के भीतर घुस आया था। प्रिंसिपल साहब के लिए यह बात सर्वथा अप्रत्याशित थी। आज तक जितने जुलूस आये थे, कॉलेज गेट से चिपक कर रह गये थे। जितने भी प्रदर्शन हुए थे, वे कॉलेज-गेट की लक्ष्मणरेखा को तोड़ नहीं पाये थे। लड़कों ने पत्थर मारकर, बाहर से ही छात्र जागरूकता कॉलेज में खिड़कियों के टूटे शीशों से स्मगल की थी, पर वे स्वयं कभी भी गेट से भीतर आने का दुस्साहस नहीं कर पाये थे। इसका अर्थ यह हुआ कि कॉलेज का गेट अपना परम्परागत महत्त्व खो चुका था, या भारत माता ही कुछ अधिक वीर और दुस्साहसी सन्तानें उत्पन्न करने लगी थी। यदि लड़के इतने अधिक दुस्साहसी हो गये हैं तो ऐसी अवस्था में स्वयं प्रिंसिपल का सीधे उनके सामने जा खड़ा होना उचित नहीं था। उन्हें बकरी को बांध, बाघ की टोह लेकर ही शिकार के लिए निकलना चाहिए। कुछ अन्य लोगों को पहले बाहर भेजना चाहिए, जो जाकर स्थिति का पता लगायें और देखें कि लड़के बहुत अधिक नाराज तो नहीं हैं। अपनी हथेली से किसी तापमान को जांचने से अच्छा है कि वे यह जांच थर्मामीटर के माध्यम से करें।

झगड़े-फसाद में ही नहीं सन्धि-मैत्री, यहां तक कि शादी-विवाह में भी थर्मामीटर का महत्त्व इतिहास-सिद्ध है। थर्मामीटर के रूप और नाम अनेक हैं, पर धर्म एक ही है—तापमान की जांच। राजनीति में कभी उन थर्मामीटरों को राजदूत कहा जाता है और कभी 'फीलर'। शादी-विवाह के अवसर पर थर्मामीटर ब्राह्मण के रूप में भी भेजा जाता है और नाई के रूप में भी। वे जाकर दूसरे दल की इच्छा, आकांक्षा, मांगों और क्षमताओं का पता लगा आते हैं। शासन के पास थर्मामीटर बहुत बड़ी संख्या में होते हैं, जिन्हें जासूस, गुप्त पुरुष अथवा 'इन्टेलिजेंस' कहा जाता है। वे सारे देश के तापमान का लेखा-जोखा शासक दल तक पहुंचाते रहते हैं। जब कभी ये थर्मामीटर ठीक काम नहीं करते, या काम करना बन्द कर देते हैं, शासक भ्रम में पड़ जाता है और अनजाने ही देश की तपती हुई नब्ज को पकड़ने के प्रयत्न में अपना हाथ जला बैठता है।

बड़े लोगों के पास कुछ चमचे होते हैं, जो उनके मुंह लगते रहते हैं; कुछ मिट्ठू होते हैं, जो उनके मुंह से निकली हुई बात का तुरन्त समर्थन प्रस्तुत करते हैं; उसी तरह हर बड़े आदमी के पास कुछ थर्मामीटर भी होते हैं। प्रिंसिपल साहब के पास भी बड़े-छोटे साइज के ऐसे अनेक थर्मामीटर थे, जो उन्हें लड़कों, चपरासियों, क्लर्कों तथा अध्यापकों की गर्मी का ज्ञान कराते रहते थे। पर इस समय उन्हें आस-पास कोई भी थर्मामीटर नजर नहीं आ रहा था। निश्चित रूप से जो कुछ हुआ है, बहुत अनपेक्षित रूप से हुआ है, नहीं तो ऐसा सम्भव नहीं था कि तापमान उन तक न पहुंचता और कोई थर्मामीटर भी उपलब्ध न होता।

पर लड़कों के सामने जाने से पहले प्रिंसिपल साहब को उनकी मांगो का ज्ञान अवश्य होना चाहिए। ऐसा न हो कि उन्हें शान्त कराने के चक्कर में वे नर्वस होकर उनकी अनुचित मांगें भी मान लें और दूसरी ओर कहीं उनकी कोई मांग अस्वीकार कर उन्हें उलटे नाराज कर दें। अपनी थर्मामीटर-सर्विस की असफलता का इतना दुःख उन्हें पहले कभी भी नहीं हुआ था।

पर तभी प्रिंसिपल साहब को उस नारेबाजी और हो-हुल्लड़ में लड़कियों की चीखती और किलकारियां मारती हुईं मधुर आवाजें सुनाई पड़ीं। जंगल-वृत्ति ने उनके कान खड़े कर दिए। आज तक किसी भी प्रदर्शन में लड़कियों ने इस प्रकार खुल कर हिस्सा नहीं लिया था। या तो वे प्रदर्शनों का विरोध किया करती थीं, या फिर एक ओर जाकर चुपचाप खड़ी हो जाया करती थीं। पर जब से एक कन्या-लीडर जगदम्बा मेहता इस कॉलेज में आयी है, तब से लड़कियों की नब्ज की गति भी कुछ बदल गयी है। प्रिंसिपल साहब को लगता है कि अब 'मैन प्रपोजेज, वुमैन डिसपोजेज' वाला मानव-मनोविज्ञान-शास्त्र बदलना पड़ेगा। अरे तौबा! लड़कियां हड़तालों का समर्थन करने लगी हैं। और कलियुग किसे कहेंगे।

कुछ भी हो, आज कोई नयी बात अवश्य थी। इसलिए उन्हें भी नई रीति अपनानी होगी। आज उन्हें थर्मामीटरों के बिना ही लड़कों का सामना करना पड़ेगा। सोच लिया, यदि कोई झगड़े की बात हुई और मार-पीट तक नौबत आयी तो चट बेहोश होने का अभिनय कर गिर पड़ेंगे। अरे वे कोई पशु-पक्षी हैं कि बिना चोट खाये बेहोश नहीं हो सकते। प्रिंसिपल हैं, एक नारे से भी बेहोश हो सकते हैं।

प्रिंसिपल के बाहर आने तक सारी शोभा-यात्रा कॉलेज के गेट के भीतर आ चुकी थी और लड़के-लड़कियां बाढ़ के पानी के समान कॉलेज के बरामदों में भर आये थे। लगता था उन्हें उनके सेनापतियों ने अन्तिम आज्ञा 'डिसपर्स' की दी थी—सब लोग सहसा ही छितरा गये थे। चारों ओर असाधारण गुल-गपाड़ा था, पर क्रोध कहीं नहीं था। सब ओर उन्माद की हंसी थी।

प्रिंसिपल को देखकर लड़के वहीं के वहीं ठहर गये, जैसे सहसा ट्रैफिक सिगनल लाल हो जाने से तेजी से आती हुई गाड़ी को ब्रेक लग जाती है, साथ ही असमंजस में सायलेन्स जोन की चुप्पी छा गयी। प्रिंसिपल हैरान थे: इतना सम्मान तो उनका कभी नहीं हुआ था कि लड़के उन्हें देखकर चुप हो जायें। प्रिंसिपल इस प्रतीक्षा में थे कि उन्हें बताया जाये कि आखिर बात क्या है; और लड़के इस प्रतीक्षा में रुके थे कि प्रिंसिपल उनसे पूछें कि मामला क्या है? 'पहले आप' की लखनवी औपचारिकता में दोनों दल शान्त थे।

सहसा एक ओर से इस तेजी से नारा हवा को चीरता हुआ ऊपर चढ़ा जिस तेजी से गिलहरी पेड़ पर चढ़ती है, "हमारा कॉलेज।"

अन्य गिलहरियां भी उसी तेजी से दौड़ीं, "जिन्दाबाद। जिन्दाबाद!"

प्रिंसिपल "हमारा प्रिंसिपल, मुर्दाबाद" के अभ्यस्त हो चुके थे। यह नया नारा सुनकर चौंके।

तरुण के भीतर भरी हाइड्रोजन गैस उसे भीड़ से ऊपर उठा लायी। उससे आन्दोलन की बात सुनकर, प्रिंसिपल के चेहरे से चिन्ता के टुकड़े ऐसे टूट-टूटकर गिरे, जैसे पुरानी दीवार पर से सीमेन्ट के खरेपड़े उतर-उतर कर गिरते हैं। लगा तरुण की हाइड्रोजन का अतिरिक्त अंश प्रिंसिपल में समा गया, जैसे परमात्मा में आत्मा समा जाती है। वे खिलखिला कर हंस पड़े। उन्होंने जोर से तरुण का कन्धा थपथपा कर उसे शाबाशी दी और भाषण करने के अन्दाज में लड़के-लड़कियों की ओर मुड़े, "शाबाश बच्चो। तुमने बहुत अच्छा काम आरम्भ किया है। यह कन्स्ट्रक्टिव आन्दोलन है। हम सब तुम्हारे साथ हैं, जैसे कि सदा से रहे हैं और सदा रहेंगे (इसे भावना के धरातल पर समझना बच्चो! क्योंकि व्यावहारिक रूप में यह सम्भव नहीं है। हम तो जब तक रहेंगे इसी कॉलेज में रहेंगे, पर तुम्हें हम सदा इस कॉलेज में नहीं रख

सकेंगे। हमें कुछ दूसरे बच्चों को भी पढ़ाना है)। मैं अपने सहयोगियों–तुम्हारे अध्यापकों से भी कहूंगा कि वे बसों का बहिष्कार कर दें।''

''प्रिंसिपल साहब!''

''जिन्दाबाद!''

नारे! तालियां! और चारों ओर कहकहे ही कहकहे।

क्या सुना प्रिंसिपल साहब ने! 'जिन्दाबाद!' कितना मधुर स्वर था। जैसे किसी ने सैक्रिन कानों में टपका दी हो। 'मुर्दाबाद' सुनने के अभ्यस्त कान सहसा जिन्दाबाद को ग्रहण नहीं कर पा रहे थे।

और प्रिंसिपल साहब ने तभी जीवन का एक अत्यन्त महत्वपूर्ण निर्णय लिया कि अब वे लड़कों के किसी आन्दोलन का विरोध नहीं करेंगे। उस ऐतिहासिक क्षण से आज तक यह निर्णय सारे प्रिंसिपल कर चुके हैं।

4

कॉलेज की कैंटीन, जो कैंटीन कम मक्खियों का कॉमनरूम अधिक लगती थी, इस समय भारतीय रेल के समान लदी हुई थी। शेष लोगों से हटकर, एक अपेक्षाकृत अन्धेरे कोने में छात्र-संघ का प्रधान रामप्रसाद 'विप्लवी' और उसके कुछ अतिनिकट-सहयोगी, उदास छछूंदरों के सामन मन मारे बैठे थे। उनका यहां आना नयी बात नहीं थी, वे यहां रोज आते थे। कॉलेज आकर क्लास में बैठना उन्हें अच्छा नहीं लगता था, लाइब्रेरी की ओर मुड़ते ही उनके पैर अड़ियल घोड़े के समान उलटी दिशा में भागने के लिय विद्रोह कर बैठते थे। तो फिर कहां जाते? ऐसे सारे बेसहारा लोगों के लिए, महात्मा बुद्ध की करुणा के समान स्निग्ध और शान्त, ममतामयी मां की वात्सल्यभरी गोद के समान यह कैंटीन थी। यदि कोई मेधावी अनुसंधाता अनुसंधान करें तो बड़ी सुविधाा से इस निष्कर्ष पर पहुंचेगा कि जयशंकर 'प्रसाद' ने 'जहां पहुंच अनजान क्षितिज को मिलता एक सहारा' किसी कॉलेज की कैंटीन में बैठकर ही लिखा होगा।

'विप्लवी' एण्ड पार्टी को कैंटीन से दिन में दो बार मुफ्त चाय मिलती थी–यह छात्र-संघ-टैक्स था। विप्लवी ने चुनाव जीतते ही स्पष्ट कर दिया था कि यदि कैंटीन के ठेकेदार ने उसकी यह बात न मानी तो वह आन्दोलन करके उसका ठेका समाप्त कर देने के लिए प्रिंसिपल को मजबूर कर देगा। पर रोज चाय पीते हुए वे उदास छछूंदरों के समान चुपचाप नहीं बैठा करते थे। आज उन्हेंने कुछ खाया भी नहीं था, जो इस मनोवैज्ञानिक-शरीर वैज्ञानिक तथ्य का प्रमाण था कि उदासी में व्यक्ति को

भूख नहीं लगती। इस तथ्य की अब तक जो विकट उपेक्षा की गयी है, वह मानव इतिहास में अनुपमेय है। होना यह चाहिए था कि संयुक्त राष्ट्र संघ की ओर से संसार में इस तथ्य का व्यापक प्रसार किया जाता; और जिस भी देश में अन्न का अभाव होता, वहां इस अभाव को दूर करने के लिए टनों उदासी भेजी जाती जैसा कि यहिया खां ने बांगला देश में किया। देश उदास हो जाता, लोगों की भूख मर जाती और अन्न की कमी दूर हो जाती। पर संसार के अधिकांश भागों में शासन की बाग-डोर व्यापारी वर्ग के हाथ में है। व्यापारी-वर्ग तो चाहता ही है कि लोगों को अधिक भूख लगे, लोगों का पेट न भरे। लोग भूखे रहें, अकाल पड़े; और व्यापारी महंगे दामों अन्न बेचकर धन कमाये। अपने निहित-स्वार्थों के कारण वह वर्ग जनता की भूख बढ़ाने के लिए उसे प्रसन्नता देता है। उसे सुखी रखता है। हे प्रभु! तू संसार को सुखी रखने वालों को कभी क्षमा मत करना।

बात 'विप्लवी' और उसके साथियों की थी। वे लोग और दिनों के समान न जोर-जोर से बोल रहे थे, न ऊंची आवाज में हंस रहे थे: लगता था, उनके गले की बैटरी जैसे डाऊन हो गयी थी। आज वे आस-पास बैठे हुए लड़कों से छेड़-छाड़ भी नहीं कर रहे थे। आपस में भी या तो वे बातें कर ही नहीं रहे थे, या इतनी धीरे बोल रहे थे कि उनकी आवाजें दूसरी मेज तक नहीं जा रही थीं।

"यह तरुण बहुत घाघ निकला।" विप्लवी ने होंठ भींचकर फिल्मी खलनायक के समान कहा और अपने सहयोगियों को कुछ इस प्रकार से घूरने लगा, जैसे तरुण के घाघ होने के पीछे उनका कोई षड्यंत्र काम कर रहा हो।

पर उनमें से किसी ने कुछ नहीं कहा। अपने नेता का समर्थन करने का कोई लाभ नहीं था, क्योंकि उसके मत को समर्थन की आवश्यकता नहीं थी; और विरोध करने का उनमें साहस नहीं था। वे लोग नाटक के उन पात्रों के समान, जिन्हें निर्देशक के आदेशानुसार एक विशिष्ट ओर ही देखना है, जिधर देख रहे थे, देखते रहे। उनकी आंखों की पुतलियां अपारदर्शी अन्धे शीशे के समान हो गयी थीं, जिनमें कोई भाव छनकर बाहर नहीं आता।

काफी प्रतीक्षा करने के बाद भी जब कोई उसकी इच्छानुसार ही कुछ नहीं बोला तो विप्लवी फिर स्वयं ही बोला, "यह साला अगले इलेक्शन में जरूर खड़ा होगा, तुम लोग देखना। मैं कहता हूं, मैं लिखकर दे सकता हूं कि वह जरूर इलेक्शन लड़ेगा। जिस प्रकार का स्टंट उसने आज किया है, वैसे ही स्टंट वह और करेगा; और इन स्टंटों से पापुलर होकर वह इलेक्शन जीत भी जायेगा। तुम लोग देखना।"

"पर जो कुछ वह कह रहा है, उसका विरोध नहीं किया जा सकता।" अन्त में बहुत उकताकर उसका एक सहयोगी बोला।

"नहीं। विरोध नहीं किया जा सकता।" विप्लवी झल्लाकर बोला, "यही तो मजबूरी है। विरोध किया जा सकता तो फिर चिन्ता की क्या बात थी। फिर हम अपने सिर जोड़कर यहां क्यों बैठते, उसका सिर न तोड़ देते। कहीं किसी अस्पताल में अपना सिर जुड़वाता रहता। अब तो यह हालत है: लड़के उसके पक्ष में हैं, लड़कियां उसके पक्ष में हैं। और तो और प्रिंसिपल साले ने भी कह दिया है वे उसका समर्थन करते हैं। लैक्चरर लोग तो होते ही हैं, प्रिंसिपल के चमचे, उसकी देखा-देखी सारे लैक्चरर भी तरुण का समर्थन करने लगेंगे। हमने उसका विरोध किया तो अगले इलेक्शन में हमारी पार्टी का एक भी आदमी नहीं चुना जायेगा। बैठे ढोल बजाते रहना।"

विप्लवी व्यावहारिक राजनीति का मर्मज्ञ था और देश के नेताओं के पद-चिह्नों पर पूरी तरह चल रहा था। न्याय-अन्याय या सिद्धान्तों से अधिक महत्वपूर्ण चीज इलेक्शन था। गधा बनकर भी इलेक्शन जीता जा सके तो जीतेगा, जैसा कि अपने देश का रिवाज है। वह अपने देश के प्रचलित रिवाजों के विरुद्ध कैसे जा सकता था, देशभक्त जो ठहरा।

"हमें उसका विरोध करना भी नहीं चाहिए।" दूसरा सहयोगी सहसा फरिश्ता हो गया। फरिश्ता होकर व्यक्ति संसार से ऊपर उठ जाता है, जैसे मंत्री होकर व्यक्ति भ्रष्टाचार से ऊपर उठ जाता है। साधारण व्यक्ति इंकम-टैक्स न दे तो अपराधी होता है, उसके लिए उसे दण्ड दिया जाता है: मंत्री इंकम-टैक्स न दे तो 'उन्हें भूल जाने की आदत है' कहकर उनके भोलेपन के प्रति प्यार जताया जाता है। अपने देश की यह पुरानी परपम्परा है। बाली अपने भाई की स्त्री को अपनी पत्नी बना ले तो उसे मार दिया जाता है; पर सुग्रीव या विभीषण यह शुभ कार्य करें तो उन्हें आशीर्वाद दिया जाता है।

तो दूसरा सहयोगी फरिश्ता हो गया तो पार्टी-पालिटिक्स से ऊपर उठकर मुर्गे की तरह सत्य का बांग देने लगा, "बसों वाले भी तो बहुत हरामी हो गये हैं। एक तो दिल्ली में वैसे ही बसें बहुत कम हैं और जनता बहुत अधिक है। फिर जो बस आनी चाहिए, वह आयेगी नहीं। आयेगी तो देर से आयेगी। फिर किसी स्टाप पर बस रुकेगी, किसी पर नहीं रुकेगी। लोगों को चढ़ने का अवसर नहीं देंगे। खाली बसें भगाकर ले जायेंगे। लोग अभी चढ़ ही रहे होंगे तो बस चला देंगे। एक तो क्यू कहीं बनती नहीं, यदि किसी स्टाप पर लोगों के प्रयत्न से बन जाये तो ये बस को स्टाप से बीस मीटर इधर या उधर खड़ी कर देंगे, ताकि सारी जनता पागलों की तरह बस की ओर फ्री-स्टाइल, वहशियाना दौड़ लगाये। इन बस वालों के साथ तो ऐसा ही होना चाहिए, बल्कि इनको तो पीटा भी जाना चाहिए।"

विप्लवी को अपने सहयोगी का यह फरिश्तापन उतना ही बुरा लगा, जितना देर तक सोने वाले को मुर्गे की बांग, या घड़ी का अलार्म लगता है। सहयोगी अपनी सत्य-प्रियता तथा स्थिति के उचित विश्लेषण के लिए अपने नेता की प्रशंसा पाने की आशा से उनकी ओर देख रहा था। विप्लवी पहले तो उसे घूरता रहा; और फिर बोला, ''मेरा तुम्हारे विषय में पहले जो विचार था, वह अब और भी दृढ़ हो गया है।''

''क्या?'' सहयोगी ने प्रशंसा पाने के लिए अपनी झोली ऐसे पसारी जैसे सब्जी खरदीने में दक्ष महिला साग के दो अतिरिक्त पत्ते पाने के लिए अपना आंचल पसार देती है, या सीप स्वाति नक्षत्र में बूंद के लिए अपना मुंह खोल देती है।

''तुम साले लल्लू हो एकदम।'' विप्लवी ने अपने दांत पीसकर सहयोगी को उपाधि-विभूषित किया। दांत पीसते हुए वह यह भूल गया कि उसका सहयोगी उसके सामने वाली कुरसी पर बैठा है, उसके दांतों के बीच नहीं। ऐसी स्थिति में दांत पीसने पर उसके अपने दांत ही कमजोर होंगे। आजकल डैंटिस्ट लोग दांतो को उखाड़ने के साथ-साथ जेब में से पर्स भी उखाड़ लेते हैं; और 1962 में चीन के साथ युद्ध के बाद से हमारे यहां सस्ते चीनी डैंटिस्टों का आयात बन्द कर दिया गया है। यदि यह सब कुछ वह याद रखता तो समझ जाता कि आजकल दांत पीसने वाला, पुराने जमाने के पेड़ की किसी डाली पर बैठ उसी को काटने वाले मूर्ख का नया संस्करण है।

सहयोगी अपनी आंखों में सारे अन्तरिक्ष की शून्यता लिये उसे देखता रहा। उसके विप्लवी का क्रोध भी पण्डित नेहरू के क्रोध के ही समान दुर्बोध था। उसने तो ऐसी कोई बात नहीं कही, जिससे उसका लीडर नाराज हो जाये। वह फरिश्ता हो गया था, इसलिए कमबख्त राजनीति का एक साधारण-सा नियम भी भूल गया था कि जिस प्रकार गोपियों को न समाज से कुछ लेना-देना था, न धर्म से, उन्हें तो उनका कृष्ण ही चाहिए था, उसी प्रकार इस देश के नेता को न सत्य से मतलब है न असत्य से, न जनता की भलाई से, न बुराई से, उसे तो अपनी 'लीडरशिप' चाहिए। ऐसी तन्मयता, ऐसी एक-निष्ठा या तो गोपियों में थी, या फिर अपने नेताओं में, अन्यत्र सब जगह दुर्लभ है।

विप्लवी ने स्वयं ही अपने सूत्र का भाष्य किया, ''मै कब कहता हूं कि जो कुछ तरुण ने किया वह गलत था या बसवालों का कोई दोष नहीं है। तुम बसों के शीशे तोड़ दो, उन्हें आग लगा दो, तुम शहर में भूचाल ले आओ, पर यह सब तो मुझे नेता मानकर किया जाना चाहिए। अब तो प्रश्न केवल यह है कि लीडरशिप तरुण के हाथ से कैसे छीनी जाये।''

''गुरु! एक बात मेरी मानो।'' विप्लवी के एक अन्य सहयोगी के मन में अभी-अभी आर्केमेदिश जन्मा था, ''गुब्बारे में इतनी हवा भरो कि या तो गुब्बारा बच्चे के हाथ में से निकल जाये, या फट जाये। बच्चा अपने-आप रोने लगेगा।''

''क्या मतलब?'' विप्लवी विज्ञान को कला में परिणत करने के लिए उतना ही उत्सुक था, जितना वर्षा के बाद टर्राने के लिए जोहड़ का मेंढ़क, ''सिद्धान्त छोड़ो, मतलब की बात करो।''

''हम इस आन्दोलन को इतना बढ़ायें।'' सहयोगी बोला, ''कि वह तरुण के हाथों से निकल कर हमारे हाथ में आ जाये। मतलब यह कि हम तरुण को पैट्रोनाइज करें। हम आज एक मीटिंग करें, और उसमें तरुण के काम की प्रशंसा करते हुए, इस आन्दोलन को आग बढ़ाने के लिए कल से अपने प्रोग्राम की घोषण कर दें।''

पैट्रोनाइज करना आधुनिक राजनीति में नवीनतम फैशन है। इस व्यापार की विशेषता यह है कि न तो इसमे पूंजी लगानी पड़ती है, न पसीना ही बहाना पड़ता है। बंगला देश में लोग अपने खून और अपनी मां-बहनों की इज्ज़त की होली खेल रहे हैं और आप दिल्ली की सड़कों पर नारे लगाकर इस आन्दोलन को पैट्रोनाइज कर यह मान लेते हैं कि यह आन्दोलन आप चला रहे हैं। वैसे पैट्रोनाइज करने का इससे भी बेहतर तरीका है फीता काटने का। जनता अपने-आप संस्था बनायेगी, उसके जन्म की प्रसव-पीड़ा सहेगी, उसके पालन-पोषण का खर्च, परेशानी और दुःख-दर्द सहेगी, उसकी अस्वस्थता में डाक्टरों के पास दौड़ेगी, पर जब वह बनकर तैयार हो जाए तो उद्घाटन का फीता या जन्मदिन का केक काटकर नेता यह समझता है कि वह संस्था उसी ने बनाई है।

लोग कहते थे और आज भी कहते चले ही जाते हैं: दीप से दीप जलता है। यह पुरानी शैली है। नयी शैली है: माचिस की तीली से सिगरेट जलता है, या सिगरेट के टुकड़े से भुस जलता है। सहयोगी के विचार की तीली से विप्लवी के मस्तिष्क का तम्बाकू सुलग उठा और वह कश-पर-कश लेने लगा। उसके चेहरे का तनाव ऐसे ही पुछ गया जैसे डस्टर की सैर से ब्लैक-बोर्ड पर बना सारा आल-जाल पुछ जाता है। उसका चेहरा चमकने लगा और उसकी आवाज ऊंची और तीखी हो गयी, ''बाई गॉड! तुम ठीक कहते हो।'' उत्तेजना ने उसके हाथों को ऐसा कसा, जैसे पेचकस पेच घुमाकर शिकंजे को कसता है। उसकी पकड़ मेज पर सहसा ही बहुत सख्त हो गयी, ''हम इस सुलगते उपले को अपने हुक्के की चिलम में से उठाकर शहर के छप्पर में रख देंगे। हम इस आन्दोलन को अपने कॉलेज से उठाकर यूनिवर्सिटी मे ले जायें। और फिर कॉलेज-कॉलेज, मुहल्ले-मुहल्ले, गली-गली में फैले जायें और सब को कह दें कि बसों का बहिष्कार करो। कल सारी बसें खाली

की खाली उनके डिपुओं को वापस लौटा–उनसे कह दो, खबरदार! यह कूड़ा अपने कूड़ेदान में से बाहर न निकले। फिर देखेंगे, लीडरशिप कैसे हमारे हाथ में नहीं आती। तरुण बेचारा इतने बड़े आन्दोलन को कैसे सम्भाल पायेगा। जलती हुई बस न तो कोई पुस्तक है जिसे वह पढ़ जायेगा, न कोई सुन्दर लड़की जिसे वह अपनी बातों में उलझा लेगा। उसकी चाहने वाली लड़कियां भी इस आन्दोलन को अपनी मुस्कान और किलकारियों में नहीं बांध सकतीं–राजनीतिक आन्दोलन आशिक का दिल नहीं होता कि सुन्दरी की मुसकान की लक्ष्मण रेखा से बंध जाये। हम अपनी जगदम्बा मेहता को पक्का कर लेंगे। लड़कियां भी हमारी ओर हो जायेंगी। फिर देखते हैं इलेक्शन कौन जीतता है। यह हो गया तो यूनिवर्सिटी इलेक्शन को भी मैं ऐसे उठाकर अपनी जेब में रख लूंगा, जैसे कोई हलवाई की नजर बचाकर उसके थाल में से लड्डू उठाकर चुपके से अपनी जेब में रख लेता है।''

''वंडरफुल!'' उसके सहयोगियों ने 'जय गुरुदेव' शैली में भक्ति भावना से कोरस में कहा।

वे सब प्रसन्न हो गये थे। उनके चेहरों पर रिटायर्ड आदमी की रिएम्प्लायमेंट के समान खिलंडरापन लौट आया था। वे पहले के ही समान जोर-जोर से बोल रहे थे। दूसरों से छेड़-छाड़ कर रहे थे। कैंटीन में शोरगुल वैसे ही लौट आया था, जैसे कहीं लम्बी छुट्टियां बिताकर बच्चों का दल वापस घर लौट आया हो।

मन्दिर में लोग सुबह जुटते हैं, मधुशाला में शाम को। भंवरे फूलों पर जुटते हैं और मक्खियां त्यक्त पदार्थों के ढेर पर। किन्तु विद्यार्थियों के जुटने का न समय निश्चित किया जा सकता है, न स्थान। यदि कोई ऐसा कर सकता है तो वह छात्र-संघ का प्रधान ही है। रामप्रसाद विप्लवी, प्रधान, छात्र-संघ ने ऐसा ही किया। शाम को छात्र-संघ के तत्त्वाधान में हुई एक सभा में सारे विद्यार्थी जुटे और विप्लवी ने उसमें एक शानदार भाषण किया–

''साथियो,

जैसे पण्डित जवाहरलाल नेहरू ने देश को नारा दिया था–'आराम हराम है,' और शास्त्री जी ने नारा दिया था–'जय जवान, जय किसान', वैसे ही मैंने भी आपको नारा दिया है–'आत्मनिर्भर बनो, किसी पर आश्रित न रहो।' (इस प्रकार मैंने आपके प्रति अपने दायित्व की पूर्ति की है। पर इसका तात्पर्य यह कदापि नहीं है कि मैं यह प्रकट करना चाहता हूं कि मैं पण्डित जी और शास्त्री जी के बराबर हूं। नहीं, ऐसा दुराग्रह मैं कभी नहीं करूंगा, क्योंकि मैं स्वयं को सदा ही उनसे ऊंचा मानता आया हूं)।

"तो दोस्तो! आज हमारे साथी तरुण ने अपने कुछ सहपाठी-मित्रों की सहायता से मेरे इस नारे को व्यावहारिक रूप दिया है। उन्होंने राजधानी की बदनाम, दुर्व्यवस्थित परिवहन-व्यवस्था के मुंह पर जोर का तमाचा मारा है। (इतनी जोर का, कि परिवहन की सभी बसों का रंग लाल हो गया है)। वे ऐसा इसलिए कर सके, क्योंकि उन्होंने मेरे नारे को याद रखा। वे आत्मनिर्भर बने।"

"मैं कहता हूं कि संसार की सारी राजनधानियों में से सबसे घटिया राजधानी, हमारे देश की राजधानी है। (इस क्षेत्र के हम सर्वमान्य गोल्ड मेडेलिस्ट हैं)। इसको सुधारना किसका कर्त्तव्य है–सरकार का या छात्रों का। सरकार अपना गोल्ड मेडल नहीं छोड़ना चाहती इसलिए, आप सब जानते हैं, यह हमारा कर्त्तव्य है, विद्यार्थियों का। तो आज हम इस ओर ठोस कदम उठा रहे हैं। (क्योंकि तरल और गैस कदम सरकार उठा चुकी है)। हम सबसे पहले परिवहन-व्यवस्था की ओर ध्यान दे रहे हैं। क्योंकि परिवहन-व्यवस्था चलती-फिरती चीज है, और आप सब यह जानते हैं कि यह मनोवैज्ञानिक सत्य है कि चलती-फिरती चीज अपनी ओर जल्दी ध्यान खींचती है (खबरदार! जो किसी ने यह कहा कि वह मनोविज्ञान का छात्र नहीं है, या 'अटेनशन' का चैप्टर उनके कोर्स में नहीं है)। साथियों! आप सब मिलकर मेरे साथ यह संकल्प करें कि हम आज से, इसी क्षण से बसों का प्रयोग एकदम नहीं करेंगे (वैसे ही जैसे कि लायब्रेरी की पुस्तकों का प्रयोग नहीं करते हैं......।)"

"हम साइकिलों पर कॉलेज आयेंगे।" श्रोताओं में एक लड़का चीखकर बोला।

विप्लवी के चेहरे पर रोज-गार्डन खिल आया–लड़कों के इस प्रकार के सुझाव उसकी लीडरशिप पक्की कर देंगे।

"नहीं मेरे मित्रो!" उसने वैसे ही कहा जैसे चौराहे का मदारी 'तो मेरे मेहरबानो' कहा करता है, "नहीं! हम साइकिलों पर भी नहीं आयेंगे।" उसने चीखने के लिए भाप इकट्ठी की और इंजन की सीटी के समान चीख कर बोला, "यदि हम साइकिलों पर आश्रित हुए तो कल से ही सारे साईकिल बाजार से उठकर काले बाजार में चले जायेंगे। आप जानते हैं कि इस देश में जिस चीज की तनिक भी मांग होती है, वह चीज दुकानों से गायब हो जाती है। महात्मा गांधी ने देश के लोगों से ईमानदारी, त्याग और राष्ट्रप्रेम की मांग की थी (कितना गलत काम किया था); और फलस्वरूप ईमानदारी, त्याग और राष्ट्रप्रेम देश के बाजारों से गायब हो गया। और साइकिलों के टायर-ट्यूब तो अभी से खुले आम काले बाजार में बिक रहे हैं। इसलिए मेरे साथियो! हम किसी पर आश्रित नहीं होंगे, न बस पर, न मोटर पर, न साइकिल पर! हम आत्मनिर्भर बनेंगे। (हम अपने मां-बाप और अध्यापकों से प्यार करते हैं, इसलिए नहीं चाहते कि वे बाजार से गायब होकर काले बाजार में चले जायें। अतः हमने उन पर आश्रित रहना छोड़ दिया है। हम उनसे स्वतंत्र हो गये हैं)।"

उसे अपने भाषण की प्रतिक्रिया देखने के लिए रुक जाना पड़ा था, क्योंकि आज श्रोताओं की ओर से कोई 'रिस्पांस' नहीं मिल रहा था। अब तक उसके विरुद्ध न कोई नारा लगा था, न पत्थर चला था, न श्रोताओं के किसी भाग में उठा-पटक हुई थी, न बिजली की तार काट कर माइक को निरर्थक किया गया था। ऐसी मरियल मीटिंग तो पहले कभी नहीं हुई थी। कहीं लड़के उसका उल्लू तो नहीं बना रहे; या फिर सो तो नहीं गये?

उसने चारों ओर एक सिंह-दृष्टि घुमायी। वह आह्वान था कि कुछ करो। अरे कमबख्तो! किसी प्रकार तो मीटिंग को जानदार बनाओ। पर सब लोग चुप थे, कहीं कोई हलचल नहीं थी। इस प्रकार की शान्ति छात्र-मीटिंगों में ही क्या, किसी भी मीटिंग में बहुत कम होती है। विप्लवी का मन अत्यन्त व्याकुल होकर स्वगत शैली में गाने लगा–'कितनी शान्ति! कितनी शान्ति! समाहित क्यों नहीं होती यहां भी मेरे उर की क्रान्ति!' उसे लगा लड़के उसकी बात को गम्भीर धरातल पर ग्रहण कर रहे हैं। और लड़के जब गम्भीर हो जाते हैं तब या तो भूचाल आता है या ज्वालामुखी फटता है।

उसने फिर बोलना आरम्भ किया, ''मित्रों! कल से इस आन्दोलन को हम व्यापक रूप देने जा रहे हैं। (यानी गुब्बारे में हवा भरने जा रहे हैं)। आज हमारे कॉलेज के कुछ विद्यार्थियों ने बसों का बहिष्कार किया है (मैं उनके नाम नहीं लूंगा–बार-बार दूसरों के नाम लेने से उनको यश मिलता है, और यशस्वी लोग नेताओं की नेतागिरी छीन लेते हैं); कल न केवल हमारे कॉलेज के सारे विद्यार्थी और अध्यापक बसों का बहिष्कार करेंगे, बल्कि सारी यूनिवर्सिटी बसों का बहिष्कार करेगी। (अपनी इच्छा से करे-न-करे, हमारी इच्छा से करेगी।) मैं तो यहां तक कहूंगा कि हमें दिल्ली के प्रत्येक नागरिक (तथा व्यापारी) से यह (करबद्ध) प्रार्थना करनी चाहिए कि वह बसों का बहिष्कार करे।

''अब मेरे साथ मिलकर बोलिए, 'जय हिन्द।'

विप्लवी ने 'जय हिन्द' बुलवाना पण्डित नेहरू से (बिना उनकी ट्यूशन रखे) सीखा था और अपनी बात समाप्त करने से पूर्व वह नियम-पूर्वक तीन बार 'जय हिन्द' बुलवाता था। इस नियम का वह बहुत पक्का था। कुछ और नियमों का भी पक्का था–गाली देकर बात करने के नियम का, सप्ताह में एक-आध बार कॉलेज में चाकू चलवा देने के नियम का, अध्यापकों को देखकर बहुत शालीनता से नमस्कार कर, उनके पीठ फेरते ही उन्हें गाली देने का नियम का; और मित्रों से मांगकर दिन में तीन पैकेट सिगरेट पीने का नियम का।

5

प्रत्येक शासन-व्यवस्था में शासन की आलोचना होती है। इस आलोचना का सामना करने का एक विज्ञान है, (उस विज्ञान का नामकरण अभी नहीं किया गया है)। उस विज्ञान के अनुसार आलोचना को समाप्त करने की तीन प्रणालियां हैं: पहली प्रणाली है कि जिस कार्य, संस्था, पद्धति अथवा व्यक्ति की आलोचना हो, उसे बन्द कर दिया जाये; दूसरी प्रणाली है कि पुलिस-शक्ति में वृद्धि की जाये तथा सिपाहियों को पहले से लम्बी एवं अधिक मजबूत लाठियां दे दी जायें; तीसारी प्रणाली है कि एक कमेटी बैठा दी जाये और उसकी रिपोर्ट पर विचार करने के लिए एक सब-कमेटी का निर्माण कर दिया जाये। ऐसी अवस्था में प्रशासक को कुछ नहीं करना पड़ता है। वह कमेटी की रिपोर्ट सब-कमेटी को और सब-कमेटी की रिपोर्ट कमेटी को भेजता रहता है; तथा आलोचना की जमना जी के किनारे एक सुन्दर समाधि बनवा देता है।

राजधानी की परिवहन-व्यवस्था के विरुद्ध की जा रही आलोचना का समाधान तीसरी प्रणाली से करने के विचार से, परिवहन-व्यवस्था के जनरल मैनेजर ने एक मीटिंग बुलाई थी। मीटिंग का नामकरण किया गया था, ''परिवहन-व्यवस्था की समस्याओं पर विचार-गोष्ठी'। नामकरण बड़ी समझदारी से हुआ था–उसमें नागरिकों की समस्याओं की कोई चर्चा नहीं थी। शायद उसमें विचार भी यही होना था कि नागरिक परिवहन-व्यवस्था के लिए किस प्रकार समस्याएं खड़ी करते हैं। नागरिकों को एक बहुत बुरी आदत यह है कि बस-रूट के मार्ग में स्थान-स्थान पर भीड़ बनकर खड़े ही नहीं हो जाते, वरन् हाथ दे-देकर उसे रोकना भी चाहते हैं। फिर कहते हैं कि परिवहन-व्यवस्था 'स्मूथ' काम नहीं करती। एक-एक बस को इतनी जगह रोका जायेगा, बार-बार ड्राइवर को ब्रेक लगानी पड़ेगी, क्लच दबाना पड़ेगा, गेयर बदलना पड़ेगा तो परिवहन-व्यवस्था 'स्मूथ' कैसे रहेगी। ये नागरिक बसों को मार्ग में रोक ही नहीं लेते, बल्कि चाहते हैं कि उन्हें बस में चढ़ा भी लिया जाये। और बसों में चढ़ते हुए उन्हें बसों पर तनिक भी दया नहीं आती–लदे ही चले जाते हैं। आखिर उन्हें बस को भी मानवीय दृष्टि से देखना चाहिए। यदि इतनी ही बसें किसी मनुष्य पर सवार हो जायें तो क्या मनुष्यों को बुरा नही लगेगा। आखिर बसों को हम इतना हीन क्यों समझें। आज के युग में जाति-पांति और भेद-भाव नहीं चल सकता। हमें बसों को भी उनका बराबरी का अधिकार देना ही पड़ेगा। फिर जो लोग बसों में एक बार चढ़ जाते हैं, वे इस बात की भी अशिष्ट जिद करते हैं कि उन्हें उतारा भी जरूर जाये और जहां वे चाहें, वहीं उतारा जाये। भला कोई उनसे पूछे कि उतरना ही था तो चढ़े क्यों थे? बस में चढ़ने से पहले उन्हें यह अच्छी तरह सोच लेना चाहिए

कि बस में चढ़ना है या नहीं? और यदि गलती हो ही गयी तो फिर कण्डक्टर से इस बात के लिए क्यों झगड़ते हैं कि उन्हें वहीं उतारा जायें जहां वे चाहते हैं। जहां सुविधा होगी, कण्डक्टर उन्हें वहीं उतार देगा; पर नागरिक लोग इतने बिगड़े दिमाग के हैं कि कण्डक्टर के साथ इतना-सा भी सहयोग करने के लिए तैयार नहीं हैं। इन सारी समस्याओं की जड़ में है नागरिकों का आबादी बढ़ाने का षड्यन्त्र। सन्तान उत्पन्न करने से पहले परिवहन-व्यवस्था से पूछते तक नहीं कि बसों में उनके बच्चों के लिए जगह है या नहीं; और बाद में उनके बच्चे बड़े होकर इस बात को लेकर झगड़ते हैं कि उन्हें बसों में क्यों नहीं चढ़ाया जाता।

दिल्ली-परिवहन की समस्याओं पर विचार करने के लिए विभिन्न स्तरों के पदाधिकारी आमंत्रित थे। यह इसलिए किया गया था, क्योंकि एक ही स्तर के पदाधिकारी एकमत हो जाया करते थे। आमंत्रित पदाधिकारियों में डिपुओं के मैनेजर थे, एकाऊंटस ब्रांच के अधिकारी थे, ट्रैफिक इंस्पैक्टर थे, ड्राइविंग आफिसरों और कण्डक्टिग आफिसरों (जिन्हें जनता भूल से ड्राइवर तथा कण्डक्टर कहती है) की यूनियन के प्रतिनिधि थे, नगर-निगम के सदस्य थे और कुछ सर्व-सम्मानित नागरिक थे। सर्व-सम्मानित अथवा सामान्यत: सम्मानित नागरिक ऐसी मीटिंगों में आंमत्रित लोगों का विशिष्ट वर्ग है। मीटिंग की व्यवस्था करने वाला अधिकारी अपने जिन मुसाहिबों को अन्य किसी श्रेणी में आमंत्रित नहीं कर सकता, उन्हें वह सम्मानित नागरिक की श्रेणी में आमंत्रित करता है। चूंकि आमंत्रित करने का अधिकार केवल उसी का होता है, अत: कोई यह नहीं पूछता कि वे 'नागरिक' या 'सम्मानित' में से कुछ हैं भी या जनता के विश्वासघाती अनागरिक तथा अधिकारियों के तलुवे चाट सदा अपमानित होनेवाले लोग हैं।

वैसे जब, कभी कहीं साइक्लोन नामक अतिथि पधारता है तो वह नगर को अनगर, ग्राम को अग्राम और खेत को अखेत कर देता है पिछले दिनों साहित्य में आधुनिकता का साइक्लोन आया था, जिसने कहानी को अकहानी, कविता को अकविता तथा नाटक को अनाटक कर दिया था। वैसा ही साइक्लोन यदि नागरिक शास्त्र में आ जाये तो नागरिक अपने-आप अनागरिक तथा सम्मानित असम्मानित हो जायेंगे। इस दृष्टि से देखें तो यह कहना होगा कि उस मीटिंग में 'आधुनिक सम्मानित नागरिकों' को बुलाया गया था।

मीटिंग अपने निश्चित समय से केवल एक घण्टा देर से आरम्भ हुई। यह नगण्य-सा विलम्ब बहुत महत्वपूर्ण कारणों से हुआ था। हुआ यह था कि नगर-निगम के सम्मानित एवं निर्वाचित सदस्य ठीक समय पर नहीं आ सके थे। पिछले दिनों अपनी साप्ताहिक बैठक में निगम के शासक एवं विरोधी दलों के सदस्यों में परम्परानुसार

साप्ताहिक गर्मा-गर्मी हो गयी थी। जैसा कि बहुधा होता है, बातों से बात बढ़ी थी और गाली-गलौच पर आकर ही अर्द्धविराम लगा था; हौंसले बढ़े हुए थे, वहीं तक रुक नहीं गये और महापौर के रोकते-रोकते भी थोड़ी-सी हाथा-पाई हो गयी। सड़क या चौराहा तो था नहीं कि दंगा-फसाद हो जाता। नगर-निगम की गरिमा का ध्यान रखते हुए हाथा-पाई मर्यादा की सीमा तक ही सीमित रही। बस केवल थोड़ा-सा फर्नीचर टूटा था और चार-आंच आदमियों के सिर फूटे थे। हाथा-पाई अधिक गम्भीर नहीं थी, इस बात का अन्दाजा इसी तथ्य से लग सकता है कि सम्मानित सदस्यों को न तो अस्पताल में भर्ती किया गया था, न जेल में। उन लोगों को उनके घरों में अपने पलंगों पर ही मरहम-पट्टी करवाने को कहा गया था। तो इन दोनों सदस्यों को भी आज अपने सिर की पट्टी कराने में देर हो गयी थी।

बैठक आरम्भ हुई तो जनरल मैनेजर ने बताया, ''आजकल नगर में एक छूत की बीमारी, महामारी के स्तर पर फैल रही है—उसे कहते हैं, ''परिवहन-व्यवस्था-शिकायत-महामारी।'' इस महामारी के अधीन परिवार के परिवार और मुहल्ले के मुहल्ले परिवहन-व्यवस्था की विभिन्न धरातलों पर शिकायतें कर रहे हैं। कहते हैं कि उन्हें बसों में जगह नहीं मिलती। अरे जगह नहीं मिलती तो मत चढ़ो बसों में। क्या हकीम न कहा है कि जरूर चढ़ो। अपने देश में महामूर्खता का साम्राजय है। मैं आगरा गया था, मुझे ठहरने के लिए ताजमहल में कमरा नहीं मिला, तो मैंने तो शिकायत नहीं की कि मेरे ठहरने के लिये शाहजहां ने कमरा नहीं बनवाया......''

''शाहजहां ने मकबरा बनवाया था!'' उनके पी.ए. ने टोका, ''होटल या सराय नहीं।''

''शट-अप।'' जनरल मैनेजर बोले, ''हमने भी परिवहन-व्यवस्था बनायी है, कोई भटियारखाना नहीं। जब थर्ड से थर्ड रेट स्कूल, कॉलेज, अस्पताल, होटल, फैक्टरी, रेलवे, एयरलाइन्स.....सब को यह कहने का अधिकार है कि उनके पास जगह नहीं है, तो दिल्ली-परिवहन ने ही ऐसा कौन-सा पाप किया है कि हम भी वही बात नहीं दोहरा सकते।........एनी वे......'' उन्होंने अपने आक्रोश का नल बन्द करते हुए कहा, ''हमें विचार करना है कि क्या सचमुच जैसा कि लोग कहते हैं, परिवहन-व्यवस्था एकदम निरर्थक है। इन्हीं समस्याओं का समाधान पाने के लिये मैंने सम्मानित अतिथियों तथा अपने साथियों को कष्ट दिया है—(वैसे कष्ट इसमें क्या है, यह तो जनता की सेवा का दुर्लभ अवसर है)। अब तक तो आप सब आमंत्रित थे, अब इस समस्या पर आपके विचार आमंत्रित हैं।''

नगर-निगम के एक सदस्य अपने सिर पर बंधी पट्टी को ममतामयी मां के हाथ से धीरे-धीरे सहला रहे थे। सहसा वे अचकचा कर ऐसे उठ खड़े हुए, जैसे

अनजाने में उनके हाथ से कोई घायल-दु:खती रग छू गयी हो। पर खड़े होने के पश्चात् उनके चेहरे पर पीड़ा नहीं जिज्ञासा थी। उन्होंने उपस्थित सज्जनों पर एक परीक्षक दृष्टि डाली और फिर अकस्मात् ही उन्हें जैसे दौरा पड़ गया:

"मित्रो!" वे बोले, "मैं जानता हूं कि हमारे विरोधी, हमारे दल को बदनाम करने के लिए और अगले चुनाव में नगर-निगम पर अधिकार पाने के दुराशा से निगम द्वारा नियंत्रित प्रत्येक व्यवस्था की तर्कहीन आलोचना कर रहे हैं और हमारी परिवहन-व्यवस्था उसका अपवाद नहीं है। मैं आपको विश्वास दिलाता हूं कि हमारे नगर की परिवहन-व्यवस्था एशिया और अफ्रीका के सारे पिछड़े देशों की राजधानियों की परिवहन-व्यवस्थाओं से अधिक श्रेष्ठ, कार्यसफल तथा कर्त्तव्यपरायण है। यदि 1947 में हुए देश के विभाजन में इतने सारे शरणार्थी यहां न आ गये होते और उसके पश्चात् की दिल्ली की जनसख्या निरंतर बढ़ती हुई तीन लाख से पैंतीस लाख होने के बदले, यदि पूर्ववत् ही तीन लाख रहती तो आप हमारी परिवहन-व्यवस्था के गुणों से परिचित हो सकते। इस बात को मैं कुछ आकड़े देकर सिद्ध करूंगा।"

आंकडा-विज्ञान संसार का नवीनतम विज्ञान है जो तथ्यों को छिपाने के काम आता है। बड़े से बड़ा आखों देखा तथ्य भी आंकड़ों के सम्मुख इस प्रकार घुटने टेक देता है, जैसे ऊंट अपने स्वामी की आज्ञा से धरती पर बैठ जाता है।

"हमारे दल के द्वारा सत्ता प्राप्त करने से पूर्व," उन्होंने अपने हाथों को अपने पार्टी-ध्वज के समान लहराया, "दिल्ली परिवहन के पास एक हजार बसें थीं और यहां की जनसंख्या तीस लाख थी। इस प्रकार प्रत्येक तीन हजार व्यक्तियों पर इस नगर में एक बस चलती थी। वैसे तो वह व्यवस्था भी बुरी नहीं थी, क्योंकि एक बस दिन में तीस चक्कर तो लगाती ही है; और एक बस में एक सौ आदमी मज़े से सवार होकर आ सकते हैं। इस प्रकार तब भी एक व्यक्ति के लिये दिन में एक बार बस चलती थी (इस प्रकार वे लोग एक दम गधे थे, जो सड़के किनारे क्यू या भीड़ बनाकर घण्टों खड़े रहते थे)। पर जब हमारे दल ने सत्ता सम्भाली, तो हमने अनुभव किया कि दिल्ली का समृद्ध नागरिक दिन में एक बार ही यात्रा नहीं करता। वह यदि एक बार दफ्तर जाता है तो दूसरी बार लौटता भी है। अत: हमनें बसों की संख्या एक हजार से बारह सौ कर दी। जबकि इस बीच इस नगर की जनसंख्या में पांच हजार की वृद्धि हो गयी। इस प्रकार हमारे दल द्वारा पांच हजार व्यक्तियों के लिए दो सौ बसें चलायी गयीं। आप हिसाब कर देखें, इसका अर्थ है, पच्चीस आदमियों के लिए एक बस। यानी पिछले दल से तुलना करें तो पहले यहां तीन हजार व्यक्तियों पर एक बस चलती थी, अब पच्चीस व्यक्तियों पर एक बस चलती है। अत: यह कहना कि वर्तमान व्यवस्था इस समस्या की ओर ध्यान नहीं देती, सरासर गलत है। आप सापेक्ष

दृष्टि से देखें तो बात आपकी समझ में आ जायेगी। हम चाहते तो ये दो सौं बसें भी न चलाते। किन्त परेशानी यह है कि हमारी जनता सापेक्ष-दर्शन को समझती नहीं है। लोग यह भी नहीं देखते कि आइन-स्टाइन ने 'सापेक्ष-सिद्धान्त, निकाला तो संसार का सर्वश्रेष्ठ वैज्ञानिक बन गया।''

सापेक्ष-दर्शन की बड़ी महिमा है। ब्रह्म की महिमा से कुछ थोड़ी-सी कम समझिए। एक बार बी.ए. के विद्यार्थियों से पूछा गया कि अंग्रेजी के शब्द लैंब (LAMB) का क्या अर्थ है? लड़कों में इस शब्द के अर्थ को लेकर काफी मतभेद था। किसी ने लिखा भेड़िया, किसी ने शेर, किसी ने भालू; और कुछ विद्यार्थी उसे ऊंट, हाथी, भेड़ या बकरी माननेवाले भी थे। उनके परीक्षक रामलुभाया ने जो ये पर्चे देखे तो सिर ठोक लिया। तौबा! बी.ए. के विद्यार्थी और यह भी नहीं जानते कि लैम्ब का अर्थ क्या है। देश में विद्या के इस पतन से वे इतने दु:खी हुए कि उनका स्वास्थ्य दिन-प्रति-दिन गिरने लगा। उनके एक सहयोगी मित्र ने जो सुना तो उनको समझाया, ''भले आदमी! तुम यह सोचकर खुश क्यों नहीं होते कि सारी क्लास को मालूम है कि 'लैम्ब' किसी पशु को ही कहते हैं। आखिर वे 'लैम्ब' का अर्थ आदमी या देवता भी तो समझ सकते थे।''

वे सज्जन सापेक्ष-दर्शन के ज्ञाता थे।

एक समाचार आया था कि किसी विदेशी ने हमारे देश में आकर कहा था, ''मैं अपने देश में तो नास्तिक था, पर भारत में आकर आस्तिक हो गया हूं। यदि ईश्वर नहीं है तो इस देश और इसकी सरकार को कौन चला रहा है?'' सब सामान्य भारतीय, अपने राष्ट्रीय-चरित्र के अनुरूप, उस विदेशी की बात में आ जाते हैं। सब यही मान बैठे हैं कि इस देश और इसकी सरकार को ईश्वर ही चला रहा है। पर आधुनिक शोध ने यह प्रमाणित किया है कि यह गलत है। यदि इस देश को ईश्वर चला रहा है तो नेहरू और शास्त्री की मृत्यु का कारण क्या है? सच्चाई यह है कि सरकार को सापेक्ष-दर्शन ही चला रहा था; और सापेक्ष-दर्शन का विरोध करने के कारण ही इन प्रधानमंत्रियों की मृत्यु हो गयी। सारा फ्रंटियर, सिन्ध, बलोचिस्तान, आधा पंजाब और आधा बंगाल पाकिस्तान ले गया। नेहरू जी पर कोई प्रभाव नहीं पड़ा। उसके सापेक्ष-दर्शन ने कह दिया, कोई बात नहीं, बाकी देश तो पाकिस्तान नहीं ले गया। यदि कहीं सारा देश ही पाकिस्तान ले जाता, तो हम क्या कर लेते? पाकिस्तान ने कश्मीर पर पंजा जमाया। एक टुकड़ा तोड़ कर भी ले गया। नेहरूजी ने सोचा लिया, भले बचे। श्रीनगर तो बच गया। वह भी तो जा सकता था। जब चीन ने हाथ मारा तो पण्डितजी यह न सोच सके कि चलो नेफा गया, आसाम तो बच गया न! बात दिल को लगा ली और चल बसे।

शास्त्री जी आये। पाकिस्तान के साथ युद्ध हुआ। जब तक तो सोचते रहे कि चलो युद्ध ही है न, विश्व-युद्ध तो नहीं है–तब तक तो जीतते गये; और जैसे ही सापेक्ष-दर्शन की उपेक्षा कर युद्ध बन्द करने ताशकन्द गये, लौटे ही नहीं।

एक कॉलेज के प्रिंसिपल साहब थे–सापेक्ष-दर्शन के कट्टर विरोधी। लड़कों ने कैंटीन में आग लगा दी तो उन्हें दिल का दौरा पड़ गया। नये प्रिंसिपल आये तो फिर किसी बात पर नाराज होकर लड़कों ने कैंटीन को आग लगा दी। नये प्रिंसिपल हंसकर बोले, ''मैं तो प्रसन्न हूं–कैंटीन ही गयी, कॉलेज तो बच गया।'' एक लड़के ने एक अध्यापक को थप्पड़ मार दिया। सारे अध्यापकों के प्राण सूख गये। प्रिंसिपल अब भी प्रसन्न थे, ''टीचर की इज्जत बच गयी। लड़का उसे जूता भी तो मार सकता था।'' किसी ने किसी को छुरा मार दिया। जनता चिन्तित हो गयी। पर वे हंसकर बोले, ''बच गये। छुरे से एक ही आदमी मरा। गोली चलती तो कई मारे जाते।'' कॉलेज में लड़कों ने खूब पटाखे बजाये। पढ़ना-पढ़ाना असम्भव हो गया। इस अनुशासनहीनता के सापेक्ष-दर्शन के विरोधियों को रात भी नींद नहीं आयी। प्रिंसिपल साहब सदा के समान अब भी प्रसन्न थे ''शुक्र करो पटाखे ही थे। बम होते तो सारा कॉलेज ही तहस-नहस हो जाता।'' ऐसे आदमी को दिल का दौरा कभी नहीं पड़ सकता।

लोग सवेरे अखबार लेकर बैठते हैं तो पढ़-पढ़कर तबीयत खराब होने लगती है। कहीं चोरी हो गयी, कहीं डकैती हुई, कहीं बलात्कार हुआ, कहीं हत्या हुई रामलुभाया ने बहुत क्षुब्ध होकर अपने दरोगा साहब को ताड़ना दी, ''क्या करती है आपकी पुलिस?'' पर दारोगा साहब सापेक्ष-दर्शन के विश्वासी थे। तड़ से बोले, ''अब भी कलकत्ता से बहुत अच्छी हालत है हमारी।'' उनसे कहा जाये, ''चोरी हो गयी।'' वे कहेंगे, ''बच गए। नहीं तो डाका भी पड़ सकता था।'' उनसे कहा जाये, ''डाका पड़ गया।'' वे कहेंगे, ''खुश रहो, बलात्कार नहीं हुआ।'' कहा जाये, ''वह भी हो गया।'' वे कहेंगे, ''हत्या भी तो हो सकती थी।'' कहने वाला झल्ला जाता है, ''एक परिवार के छः व्यक्ति मारे गये।'' वे हंसते हैं, ''भगवान का धन्यावाद करो, दो बच गये। आठों को मार डालते, तो क्या होता।''

एक मित्र रामलुभाया के घर आये। रामलुभाया बोले, ''अच्छे मित्र हो। छः महीने बाद आये हो।'' उत्तर में अतिथि मित्र बोले, ''साल में एक बार भी तो आ सकता था। उसी हिसाब से दुगुनी विजिट्स हो गयी।'' और फिर अतिथि ने पूछा, ''तुम्हारा दूसरा बच्चा कहां है? स्कूल गया है?'' रामलुभाया बोले, ''वह बेचारा गुजर गया।'' उन्होंने कोई सहानुभूति नहीं दिखायी, हंसकर बोले, ''शुक्र करो, दूसरा बच गया।'' सहसा उन्होंने देखा रामलुभाया के हाथ-पैरों मे पट्टियां बंधी हुई हैं। पूछा, ''क्या हुआ?'' बताया गया, ''मोटर साइकिल का एक्सिडेण्ट हो गया। सारा शरीर छिल गया है।'' वे हंसे, ''भले बचे, नहीं तो हड्डियां भी टूट सकती थीं तुम्हारी।''

एक नेता ने दस वर्षों तक आय-कर नहीं दिया। जनता ने बहुत हुड़दंग मचाया तो सरकार मुसकरायी, ''खैर मनाओ दस ही वर्षों तक नहीं दिया। बीस वर्षों तक न देते तो तुम क्या कर लेते?'' जनता ने कहा, ''चलो आय-कर नहीं दिया, न सही। ऐसे व्यक्ति को अपने दल का अध्यक्ष क्यों बना दिया?'' उत्तर आया, ''खुश रहो, उसे प्रधान-मंत्री नहीं बनाया। बना देते तो तुम क्या कर लेते?''

एक कुशल सम्पादक ने एक कहानी में कुछ काट-छांट कर दी। लेखक ने पत्र लिखा, ''आपने इस कहानी की दस महत्वपूर्ण पंक्तियां नहीं छापी हैं।'' उत्तर आया, ''हम चाहते तो सारी की सारी कहानी ही न छापते।''

नगर-निगम के सम्मानित सदस्य ने अपने भाषण को आगे धकियाते हुए सापेक्ष-दृष्टि से दोषारोपण किया:-''फिर भी मैं यह नहीं कहता कि राजधानी के भद्र नागरिक जो शिकायत करते हैं, वह गलत है, वह गलत नहीं है, सही है। भद्र नागरिक गलत शिकायत करने की अभद्रता कर ही कैसे सकते हैं। किन्तु उसका कारण हमारे दल की जन-विरोधी नीति नहीं है। उसका कारण है कि परिवहन-व्यवस्था के कर्मचारी हमारे दल के बहकावे में न आकर, हमारे विरोधी दल के बहकावे में आ गये हैं और जान-बूझकर हमें असफल सिद्ध करने का प्रयत्न कर रहे हैं। अनजाने में उनसे यह प्रयत्न हो जाता, तो हम उन्हें भी कुछ न कहते और आपसे भी कुछ न कहते। पर वे जान-बूझ कर, कर रहे हैं, इसलिए कहना पड़ता है कि वे बसों के चक्कर कम लगाते हैं, बसें लेट कर देते हैं, बसें खाली ले जाते हैं, सवारियों को चढ़ाते नहीं हैं। मैं आज और अब यह शेरवानी.....नहीं, नहीं चेतावनी दे रहा हूं कि यह अत्याचार नहीं सहा......।''

नगर-निगम के सम्मानित सदस्य का भाषण पटाखे के साथ बंधी सुलगती हुई रस्सी काम कर रहा था। जैसे ही पटाखे तक की रस्सी सुलग चुकी, जोर का धड़ाका हुआ:

''खामोश!'' और सहसा परिवहन-व्यवस्था के कर्मचारियों की यूनियन के प्रतिनिधि उठकर खड़े ही नहीं हुए, कड़कड़ा भी उठे, ''मैं आदरणीय श्री जनरल मैनेजर साहब से निवेदन करूंगा कि इस प्रकार की दायित्वहीन तथा निरर्थक बातें करने वाले व्यक्ति को रोका जाये (यदि प्रसाद जी की शैली में कहा जाये तो कहा जायेगा:-'रोक! रोक! अपनी अबाध गति से चलने वाली इस जिह्वा को रोक')। यह सारे कर्मचारियों पर लांछन लगा रहा है। इसके पास क्या प्रमाण है इन बातों का? यदि हम यह सब करते भी हैं तो उसका प्रमाण नहीं छोड़ते....।''

यूनियन के प्रतिनिधि घिसे रिकार्ड के समान बज रहे थे और बजते जा रहे थे। अभी वे कुछ थोड़ी-सी देर और बजते, पर तभी नगर-निगम के सम्मानित सदस्य ने

जैसे माइक में बोलना आरम्भ कर दिया "जो कुछ मैंने कहा है, उसके लिए अब प्रमाण की आवश्यकता नहीं रह गयी है। (मेरा कहना ही अपने-आप में प्रमाण है।) हाथ कंगन को बनारसी क्या....मेरा मतलब है आरसी क्या। और तो और हमारे जनरल मैनेजर तक हमारे विरोधी दल के बहकावे में आ गये हैं और उन्होंने असली कर्मचारियों की असली यूनियन के प्रतिनिधियों को न बुलाकर, नकली कर्मचारियों के जाली यूनियन के प्रतिनिधियों......"

और फिर सहसा ही मीटिंग में भूकम्प आया, ज्वालामुखी फूटा, अन्धड़ दहाड़. ...फिर किसी की कोई बात कहीं सुनायी नहीं पड़ी। आवाजें आवाजों का गला घोंट रही थीं; और आवाजें चीख रही थीं। फिर आवाजों ने हाथों को अपने गुट में मिला लिया और मीटिंग में फिर आयी हुई स्टेशनरी और पेपर-वेटों ने कुछ अबीर-गुलाल खेला, कुछ ने उड़न-तश्तरियों के रूप धारण किया, कुछ थोड़ा-सा भारत केसरी के नमूने पर दंगल हुआ। अन्त में निष्कर्ष रूप, लोग इस बात पर सहमत हुए कि पिछले दिन नगर-निगम में मनोरंजन-कर-मुक्त जो मनोरंजक सांस्कृतिक कार्यक्रम हुआ था, आज का काण्ड उसकी तुलना चाहे न कर सके, किन्तु उसका लघु-संस्करण अवश्य था: विस्तार एवं आकार में चाहे कम हो, स्तर की दृष्टि से जरा भी न्यून नहीं था।

जनरल मैनेजर ने अपना कार्यक्रम कुछ बदल दिया। अब उनका मूड मीटिंग करने का नहीं रह गया था। मीटिंग ही करनी है तो पुलिस तथा एम्बुलेंस अधिकारियों के साथ कर ली जाये। इसलिए उन्होंने उन्हें बुला लिया: और शाश्वत बिन-बुलाये-मेहमान जिन्हें सामान्य भाषा में पत्रकार कहा जाता है, अपने-आप ही सूंघते-सूंघते वहां आ जुटे। मूल अभिप्राय यह है श्रीमान् जी! कि वहां काफी देर तक रोचक किस्म का मेला लगा रहा!

6

अभी-अभी संजय-दृष्टि से लेखक को पता चला है कि पाठक-गण भाषणों को पढ़कर कुछ-कुछ बोर होने लगे हैं। लेखक इस विषय में पाठकों को कुछ सावधान कर देना चाहता है। बोर होना पाठक की नियति है। कोई लेखक दर्शन सुनाकर बोर करता है, कोई भाषण सुनाकर। यदि लेखक दर्शन के माध्यम से पातकों को बोर करता तो पाठक क्या कर लेते?

बोर करने की प्रथा अपने देश में बहुत पुरानी है।

कहते हैं, विद्यापति नामक महान् कवि की महानता इसमें थी कि वह रानी लखिमादेवी को सामने बैठाकर कहते थे, "भनई विद्यापति सुन बरजुबति बोर करब

हम तोहरा।'' वैसे भी राजा-महाराजा लोगों को बोर होते रहने की खासी अच्छी आदत थी। वे लोग बड़े नियमपूर्व अपने नियत स्थान पर बैठ जाया करते थे और लोगों को यह पूरा अधिकार होता था कि वे जाकर अपनी मूर्खतापूर्ण बातों से उन्हें बोर करें। यदि सामान्य जनता राजा को बोर करती तो उसे दरबार-ए-आम कहते थे; और यदि बोर करने वाली 'हाई सोसाइटी' होती तो उसे दरबार-ए-खास कहा जाता था। आज भी बड़े लोग अपने दरबार लगाते हैं और जनता उन्हें बोर करती है।

बोर हो पाने की क्षमता बड़े लोगों में पायी जाती है और बोर करने की शक्ति साधारण लोगों में। जो लोग इस शाश्वत सत्य को नहीं जानते, वे किसी-न-किसी परेशानी में फंस जाते हैं। कालिदास का प्रसिद्ध विरही यक्ष यही भूल कर बैठा था। उसने एक साधारण मेघ को मेघराज समझ कर रोक लिया और देश भर का भूगोल पढ़ा-पढ़ा कर उसे बोर कर डाला। मेघ साधारण था, इसलिए बोर होते रहने की क्षमता उसमें नहीं थी। परिणाम यह हुआ कि नाराज होकर वह अपनी राह चला गया और यक्ष की प्रोषित पतिका को उसका सन्देश कभी नहीं मिला।

बहुत प्रतीक्षा करने पर भी जब यक्ष को अपने सन्देश का प्रेमिका की ओर से कोई उत्तर नहीं मिला तो वह डाक-तार विभाग पर झल्लाता हुआ जाकर डाक-तार मंत्री की कोठी पर बहुत रोया। मंत्री जी स्वयं वहां होते, तो उसका सारा रोना सुनकर भी बोर नहीं होते। बड़े आदमी हैं, सब सह जाते। पर वहां कोठी के फाटक पर एक सिपाही बन्दूक लिये खड़ा था। चाहे बन्दूक थामे खड़ा था, पर था तो साधारण आदमी ही! तुरन्त बोर हो गया। डांट कर बोला, ''चल बे हट यहां से। साले ने रो-रोकर ही तालाब बना दिया। अब कीचड़ में होकर कोई कोठी के भीतर कैसे जायेगा। मंत्री जी की कार के लिए यहां पुल बनवाने अब तेरी मां का कोई खसम आयेगा क्या?''

यक्ष को भी तैश आ गया। बोला, ''मंत्री जी की कोठी पर नहीं रोयेंगे तो तेरे जैसे भड़भूंजे के क्वार्टर पर रोयेंगे। इतना ही मंत्री की कार का ध्यान है तो यहां पक्की सड़क बना लेते। न मिट्टी होती, न आंसुओं से कीचड़ बनता।''

संतरी हंसा। बोला, ''मंत्री जी धोखे में आ गये। महापौर को इस आशा में 'पद्मश्री' दिलवा दिया कि वह सड़क बनवा देगा। पर 'पद्मश्री' लेकर उसका मन पापी हो गया। वह अब सड़क नहीं बनवायेगा।''

''तो 'पद्मश्री' वापस ले लो।'' यक्ष ने सुझाया, ''जो आदमी काम नहीं करता, उसे पद्मश्री क्यों देते हो?''

''जल्दी में यह सोचकर दिलवा दी कि कहीं किसी और मंत्री के मिट्ठू को न मिल जाये। अब यदि वापस लेने की कोशिश की तो लोग कहेंगे, कल जिसकी

इतनी प्रशंसा की, आज उसी की निन्दा कैसे कर रहे हो। पद्मश्री दिलवाकर फंस गये मंत्री जी।''

''सालों ने हमें कहीं रोने लायक भी नहीं छोड़ा।'' यक्ष निराश होकर चल पड़ा, ''अब तो रोने के लिए भी कोई पब्लिक टॉयलेट ही खोजना पड़ेगा।''

''सुन बे।'' मंत्री के संतरी ने पीछे से पुकारकर कहा, ''कहीं किसी तालाब पर रोने मत बैठ जाना। जल-प्रदाय वाले बिना फिल्टर किये तेरे आंसुओं का खारा पानी शहर को पिला देंगे। हम आगे ही लोगों के खारेपन से बहुत दु:खी हैं।''

''मैं मिट्टी पर भी नहीं रो सकता ओर जल में भी नहीं।'' यक्ष ने आकाश की ओर देखकर अपनी छाती पर जोर का घूंसा मारा, ''तो मैं धरना दूंगा।''

''धरने में मुझे कोई आपत्ति नहीं है।'' संतरी मुस्काराया, ''जब-जब कोई आदमी यहां धरना देता है, मेरा अकेलापन मिट जाता है।''

यक्ष वहीं बैठ गया।

मंत्री जी रात को 'पार्टी' से लौटे तो उनकी कार की पहिया यक्ष के आंसुओं के कीचड़ में फंस गया। जब कार रुक ही गयी तो उन्होंने पूछ लिया, ''क्या बात है?''

''सरकार! मैं अपनी प्रेमिका से बिछुड़ा हुआ विरह का मारा हूं। मेरी सहायता करें।'' यक्ष ने कहा।

''मैं क्या सहायता करूं?'' मंत्री बोले, ''लाइसेंस तो मैं बांट आया।''

''मुझे लाइसेंस नहीं चाहिए।''

''जल्दी-जल्दी अपनी मांगें बताओ।'' मंत्री बोले, ''कर्ण के रथ के पहिए के समान आज मेरी कार का पहिया भी कीचड़ में फंस गया है। गलता है, मुझसे भी जीवन में एक-आधा दुष्कर्म अनजाने में हो ही गया है। या साला कार का इन्जन ही घटिया है। कर्ण के रथ का इन्जन किस मॉडल का था?''

यक्ष बोला, ''मंत्री जी! कर्ण की कथा के लिए महाभारत को रैफर करें। मुझसे मेरी बात सुनिए। मैं विरह का मारा हूं। शायद आप जानते हों कि विरही के लिए संसार में सबसे महत्वपूर्ण कार्य है प्रेमिका के साथ सम्पर्क बनाये रखना। आपकी दूषित डाक-व्यवस्था के कारण यह सम्भव नहीं हो पा रहा है, इसलिए मैं विरहियों की ओर से आपके सम्मुख ये मांगें रख रहा हूं–

1. विरहियों को एक यूनियन बनायी जाये और उन लोगों को विशिष्ट व्यक्तियों वाला वी.आई.पी. सम्मान मिले।
2. विरहियों को पत्र लिखने के लिए न्यूजप्रिंट का विशेष कोटा दिया जाये।

3. विराहियों को एक विशिष्ट विरही-डाक-संस्था दी जाये, और पत्रिकाओं को दी जाने वाल डाक की सारी सुविधाएं उन्हें दी जायें।

4. विरहियों के पत्रों पर 'बुक-पोस्ट' के समान 'विरही-डाक' लिखने की अनुमति दी जाये।

5. जैसे ही किसी डाकघर में किसी विरही का कोई पत्र आये, उसे विरही तक पहुंचाने के लिए एक विशेष संदेशवाहक, मोटर पर सायरन बजाता हुआ वैसे ही जाये, जैसे फायरब्रिगेड जाता है।''

यक्ष जल्दी-जल्दी सब कुछ बोल गया था। उसे भय था कि कहीं मंत्री का मूड न बदल जाये, या वह कर्ण के समान अपनी कार में सो ही न जायें।

''हमने तुम्हारी सारी मांगें मान लीं।'' मंत्री जी के चेहरे पर पृथ्वी को अभय देती हुई विष्णु की पौराणिक मुसकान थी, ''बस 'विरही' शब्द के स्थान पर 'मंत्री' शब्द रख दिया है।''

मंत्री जी की इतनी ही सी बात से बोर होकर यक्ष भाग गया। वह अपने विरह की पीड़ा में यह भूल गया था कि वह साधारण आदमी था, बोर करने की क्षमता तो उसमें थी, बोर हो पाने की क्षमता नहीं है। इस छोटी-सी तकनीकी परेशानी के कारण उसे भाग जाना पड़ा।

ऐसे दो-चार विरही लेखक के पड़ोस में भी आ बसे हैं। उन्हें डाक-तार-मंत्रालय ने वे सारी सुविधाएं नहीं दीं, जिनकी मांग यक्ष ने की थी, पर लेखक को बोर करने की सुविधा उन्हें सरकारी तौर पर दे रखी गयी है। इस बात से लेखक जहां सरकार से नाराज हैं—वहां वह अपने चेहरे से भी सख्त नाराज हैं। पता नहीं कि उसके चेहरे में ऐसी क्या बात है कि लोग अपने प्रेम-कथाएं उसे निस्संकोच सुनाने लगते हैं।

किसी की पत्नी मायके से उसे हिन्दी में पत्र लिखती है और उसे अंग्रेजीदां के पत्र को हिन्दी का यह लेखक पढ़कर सुनाने को बाध्य है। किसी का पति टूर पर से पत्नी को अंग्रेजी में पत्र लिख देता है। उसे हिन्दी में अनुवाद करने का पवित्र दायित्व, राष्ट्रभाषा के इस समर्थक का है। ''क्या बतायें कोहली साहब।'' लोग आकर बेझिझक कह जाते हैं, ''सारे मुहल्ले में केवल आपकी ही नेम-प्लेट हिन्दी में है, इसलिए आपके पास चले आये।''

अब या तो लेखक अपनी नेम-प्लेट उतरवा देगा या बोर होकर किसी दिन मुहल्ला छोड़ देगा। पर एक बात और भी है लेखक के मन में। आखिर आज तक वह बोर क्यों नहीं हुआ? क्या उसमें भी बोर होने की क्षमता पैदा हो गयी है? क्या वह भी बड़ा आदमी हो गया है?

पर बात लेखक के बोर होने की नहीं, पाठकों के बोर होने की थी। पाठक बन्धुओं को लेखक की ओर से सूचित किया जाता हैं कि लेखक का इसमें कोई दोष नहीं है। जब यह युग ही ऐसा है जिसमें सभाएं होती हैं और बैठकें होती हैं, तो भाषणों के बिना सभा और बैठक कैसे हो सकती है, उस युग का! कथानक लिया जायेगा तो भाषण होंगे ही। पहले भी हुए हैं और आगे भी होंगे। यदि पाठकगण नेताओं को इस बात के लिए मना लें, कि वे लोग सभाओं, गोष्ठियों, मीटिंगों इत्यादि में भाषण नहीं देंगे, तो लेखक हनुमानजी की सौगन्ध खाकर कहता है कि उसके उपन्यास का कोई भी पात्र भविष्य मे भाषण नहीं देगा।

7

दूसरे दिन शहर की घड़ियां दोहपर के ढाई बजा रही थीं। घड़ियों में गुटबन्दी की बड़ी गन्दी आदत है। मजाल है कि कोई जरा भी इधर-उधर हो जायें। उस पर तुर्रा यह कि यदि कोई घड़ी अपने स्वतंत्र चिन्तन के कारण अपनी सहयोगियों से जरा-भी इधर-उधर होने का प्रयत्न करती है तो उसे खराब घड़ी कहकर बिरादरी से बाहर ही नहीं कर दिया जाता, उसे चिकित्सक के पास भी भेज दिया जाता है। ऐसी तानाशाही घड़ियों के संसार के बाहर कहीं नहीं देखी गयी।

उसी समय विश्वविद्यालय-क्षेत्र के विभिन्न कॉलेजों से छन-छनकर लड़के और लड़कियों की भीड़ मॉरिसनगर के बस-स्टाप पर इस प्रकार जमा हो रही थी, जैसे-छोटी-छोटी धाराएं आकर बड़े बांध में जमा होती हैं। ग्यारह बजे के बाद से सूने पड़े इस क्षेत्र में फिर एक बार गहमा-गहमी हो गयी थी। पर सुबह ताजा-ताजा आये रंग-बिरंगे गुब्बारों-से लड़के-लड़कियां इस समय तक थक कर मुरझा गये थे, जैसे गुब्बारों में से थोड़ी-थोड़ी हवा निकल गयी हो ओर वे बासी पड़ गये हों।

थोड़ी देर में विश्वविद्यालय में छुट्टी होने वाली थी; और साथ-साथ कॉलेजों के बन्द होने का भी समय आ रहा था। तब विश्वविद्यालय तथा विभिन्न कॉलेजों के गेट पर विराट कारखाने की महा-चिमनी से उगले गये धुएं के समान बेहिसाब लड़के और लड़कियां, उगलने लगेंगे। फिर इस क्षेत्र में तिल धरने को भी स्थान नहीं रह जायेगा। किसी को ढूंढना मुश्किल हो जायेगा, किसी की आवाज सुननी असम्भव हो जायेगी। केवल दिल का वायरलेस दिल को ढूंढ सकेगा; केवल मन ही मन की आवाज सुन सकेगा। वस्तुत: भीड़ हो जाने पर मन के बहुत सारे वायरलेस बहुत तेजी से काम करने लगते हैं अत: चाहे पुलिस उस भीड़ में किसी को खोज न पाये, दिल वाले खोज लेते हैं।

इस सारे शोर को ढो-ढोकर सारे शहर में बिखेर आने के लिए दिल्ली परिवहन की यूनिवर्सिटी-स्पेशल बसें आ-आकर अच्छे बच्चों के समान पंक्ति-बद्ध हो ऐसे खड़ी होती जा रही थीं, जैसे अभी थोड़ी देर में वे छुक-छुक गाड़ी वाला खेल खेलने जा रही थीं।

और तभी मॉरिसनगर के ऐन चौराहे पर ट्रैफिक के सिपाही के खड़े होने के लिए बने गोल चक्कर पर एक ऊंची तिपाई रखकर रामप्रसाद 'विप्लवी' धरती से निकल शून्य में ऐसे उभर आया, जैसे सड़क के किसी मेन-हॉल के भीतर से सहसा कोई उभरता हुआ हवा में टंग जाये। उसके हाथ में बैट्री वाला एक माइक था और वह चारों ओर से अपने साथियों से उसी प्रकार घिरा हुआ था, जैसे लाल किला गहरी खाइयों और ऊंची दिवारों से घिरा हुआ है।

दूर-दूर तक लोगों की दृष्टि उस पर टिक गयी, जैसे किसी बेमौसमी उड़ती हुई पतंग पर टिक जाया करती है। हर व्यक्ति देख रहा था, यह क्या तमाशा होने जा रहा है। चारों ओर की मिश्रित भीड़ में से लड़कों को वह अपनी ओर उसी प्रकार खींचने लगा था, जैसे युद्ध सुन्दर-सजीले जवानों को अपनी ओर खींच लेता है तथा कायर और दुर्बल लोग बिखरे के बिखरे रह जाते हैं। लड़कियां अपनी उत्सुक नजरें उसकी ओर फेंककर, उदासीनता से अपनी चप्पलें घसीटने लगीं थीं। विभिन्न बसों के कन्डक्टर और ड्राइवर भी, लड़कों की भीड़ की लक्ष्मण रेखा पहचान कर, एक दूरी रखते हुए, घेरे से बाहर उत्सुक कबूतर के समान खड़े थे—नित नये तमाशे करने वाले लड़के देखें आज कौन-सा नया तमाशा करते हैं।

और तभी जैसे 'विप्लवी' का साऊंड-बाक्स किसी ने आन कर दिया, "साथियो हम एक स्वतंत्र देश के स्वतंत्र नागरिक हैं, और सौभाग्य या दुर्भाग्य से हमारा नगर उस देश की राजधानी है। भले लोगों के समान आशा यह की जानी चाहिए कि यहां की परिवहन-व्यवस्था बहुत अच्छी होगी......।"

"बहुत अच्छी है बे! तू नीचे उतर चमगादड़ की औलाद! क्या हवा में टंग रहा है....।" भीड़ में कोई उस भैंस के सामन डकराया, जिसका बच्चा अभी-अभी मर गया हो।

और फिर जहां से आवाज आयी थी, वहां कुछ हलचल हुई। कुछ लोग उस स्थान की ओर ऐसे बहे, जैसे गढ़े की ओर पानी बहता है। घूंसों, मुक्कों, थप्पड़ों तथा जूतों का उन्मुक्त, उदार तथा परम्परागत उपयोग हुआ और फिर सब ओर शान्ति छा गयी, जैसे किसी का संकल्प क्रांति के विरुद्ध डकराने वाली भैंस के गले में साइलेंसर बन कर अटक गया हो।

'विप्लवी' के चेहरे की छलनी में से दया-निधान-मार्का मुसकान छनकर बाहर आयी।

उसके मित्रों का संगठन बहुत अच्छा था।

अवरोध धुल गया और धारा स्थिर प्रवाह से बहने लगी, ''मित्रो! मैं अपनी बात पर आता हूं। इस स्वनामधन्य परिवहन-व्यवस्था, जिसे आप दिल्ली-परिवहन कहते हैं, जिसकी बसों में अभी आप आदमियों की तरह बैठकर नहीं आलू के बोरों के समान लदकर घर की ओर जायेंगे, और सही-सलामत, बिना टूटे-फूटे घर पहुंचने पर आप भगवान का धन्यवाद करेंगे; उस परिवहन-व्यवस्था के विरुद्ध मैं विद्यार्थियों के विद्रोह का उद्घोष करने आया हूं। हमें ऐसी परिवहन-व्यवस्था नहीं चाहिए, जिसके पीछे हमें घण्टों बस-स्टैंड पर खड़े रहना पड़े, जिसकी बसों में चढ़ने के लिए हमें दंगल करना पड़े, अपने कपड़े फड़वाने पड़ें और हड्डियां तुड़वानी पड़ें। जंगल का नियम मानने वाली, यह परिवहन व्यवस्था हमें नहीं चाहिए। इसलिए, राजधानी का सारा विद्यार्थी-समुदाय इस व्यवस्था का बहिष्कार करता है। आज से हम इस व्यवस्था के आश्रित होना अस्वीकार करते हैं। आज से हम आत्म-निर्भर बनेंगे। हम पैदल चलेंगे, पर बसों में नहीं चढ़ेंगे। बोलो-विद्यार्थी एकता।''

''जिन्दाबाद!'' इकतालिस तोपों की-सी सलामी दी गयी और अनुगूंज की धूल दसों दिशाओं में उड़कार, धीरे-धीरे किसी-न-किसी सतह पर बैठ गयी।

अनुगूंज की धूल के साथ-साथ हर सतह पर अनिश्चितता के कीड़े कुलबुलाने लगे। वे कीड़े काफी अस्पष्ट आवाज में कुछ कह रहे थे। वे आवाजें एक-दूसरे में गड-मड होकर एक गूंज-सी पैदा करके रह जाती थीं: समझाना तो दूर रहा, कुछ कह भी नहीं पाती थीं। किसी को पता नहीं था कि विप्लवी का यह भाषण किस रूप में स्वीकार किया जाना चाहिए। क्या सचमुच बसों में न जाकर पैदल घर जाना है? काफी देर तक वहां अस्थिरता छाई रही। पर कोई भी घर जा नहीं रहा था। भविष्य के प्रति उत्सुकता, गूंद के समान उनके पैरों से चिपक गयी थी।

सहसा 'विप्लवी' के साथियों ने बसों पर वैसे ही आक्रमण कर दिया, जैसे स्कूल से लौटते हुए गांव के बच्चे रास्ते में पड़े आम के बाग पर धावा बोल देते हैं। बस-वृक्ष पर पत्थर पड़ने लगे और शीशे के टुकड़ों के फल टूट-टूटकर गिरने लगे। एक शीशा टूटा, दो टूटे; सारे टूटे; और एक के बाद एक बस की बारी आती गयी। यह उन्माद का आरम्भ था। फिर सारे वातावरण पर एक वहशी नशा छा गया और विचित्र-सी मानसिक उत्तेजना के साथ लड़के-लड़कियां बिखरने लगे।

लड़के-लड़कियों के रेवड़ों को विभिन्न दिशाओं में खदेड़कर विप्लवी के साथियों ने स्वयं भी वर्षा की बूंदों के समान सारे नगर पर बरस पड़ने की व्यवस्था आरम्भ कर दी। उसने अपने साथियों को जल्दी-जल्दी संकेत दिए। उनकी टोलियां बनायीं; और उन्हें विभिन्न दिशाओं में हांकता चला गया।

यह आन्दोलन अत्यन्त जनतांत्रिक ढंग से हुआ था। छात्र समुदाय ने एकमत होकर बसों के शीशे तोड़े थे, एकमत होकर बसों का बहिष्कार किया था, और एकमत होकर घिसट-घिसट कर रोते हुए घर तक पैदल जाने का निर्णय लिया था। जनतांत्रिक-पद्धति में सारे कार्य इस प्रकार सबकी इच्छा से, एकमत होकर होते हैं। कोई भी दो तगड़े लड़के कॉलेज के गेट पर खड़े होकर हड़ताल करवा सकते हैं: पर वह बहुमत ही माना जाता है। जनतांत्रिक देश किसी से समझौता कर जब अपनी भूमि शत्रु देश को सौंपता है तो वह सारे नागरिकों की इच्छा होती है, जब किसी से युद्ध कर अपार जन-क्षति करता तथा करवाता है, तो वह प्रत्येक सैनिक और उसके परिवार की इच्छा होती है। जनतंत्र में सब कुछ जनता की इच्छा से होता है: जैसे अपने देश में महंगाई का बढ़ना, भ्रष्टाचार का फैलना, मंत्रियों और व्यापरियों का मोटे होना, साधारण लोगों का सदा परेशान रहना। यह सब कुछ हमारी जनता की इच्छा से हो रहा है।

थोड़ी देर से मॉरिसनगर लड़कों की दृष्टि से खाली हो चुका था। वैज्ञानिकों की दृष्टि से वह खाली हो ही नहीं सकता था। खाली से अर्थ है शून्य। और, वह शून्य कैसे हो सकता था, वहां हवा भरी पड़ी थी। कंडक्टरों और ड्राइवरों की दृष्टि से वहां यथा-सिथित थी, क्योंकि वे लोग अब भी वहीं के वहीं थे। पत्रकारों की दृष्टि से वहां बहुत कुछ घट चुका था। बसों की कतारें वहां अब भी खड़ी थी, जिनके शीशे उन्हें बेवफा पत्नियों या उत्तरदायित्व शून्य पतियों के सामन छोड़ गये थे। सैनिक की भाषा में शीशे उस युद्ध में वीरता से लड़ते-लड़ते शहीद हुए थे, और उनकी लाशें वहां बिछी पड़ी थीं। कलाकार की दृष्टि से शीशे के टुकड़े टूट-टूटकर दूर-दूर तक बिछ गये थे और सड़क पर शीशमहल बना रहे थे।

बसों के कंडक्टर और ड्राइवर बूथ के पास खड़े हुए बड़े संतुष्ट भाव से चाय पी रहे थे। जल्दी कोई नहीं थी, अगली ट्रिप जानी ही नहीं थी। उन्होंने किसी बात का विरोध नहीं किया था और न ही उनसे किसी ने कुछ कहा था। मामला पत्थरों और बसों के बीच था: बहुत उदार दृष्टि से सोचा जाये तो पत्थर फेंकने वाले लड़कों और बसों के बीच था, वह भी न हो तो लड़कों और सरकार के बीच था। उन्हें बीच में आने की जरूरत नहीं थी। बुद्धिमान लोग दो पाटों के बीच नहीं पड़ते। पड़ना ही पड़े तो एक 'स्टेटमेंट' देकर रो पड़ते हैं-'दो पाटन के बीच में साबुत बचा न कोय।' वे पाटों के बीच नहीं पड़े थे, इसलिए खड़े चाय पी रहे थे। कबीर को इस बात का पता नहीं था, नहीं तो अपने किसी दोहे में यह अवश्य कहते: 'इरारो अच्छा चाय पियो, दूर खड़े तुम होय।'

पर महादेवी वर्मा के 'मन्दिर के नीरव दीप' के सामन लड़कों की एक तत्पर टोली वहां नीरव खड़ी जल रही थी; और यह देख-भाल कर रही थी कि कोई व्यक्ति भूल या चालाकी से किसी बस में न चढ़ जाये।

गोधूलि की बेला बीत गयी। अन्धेरा, रूपसी के कन्धों पर फैली केश-राशि के समान मॉरिसनगर के कन्धों पर फैल गया। यह उपमा तभी तक सही है, जब तक रूपसी ने बाल कटवाये न हों। यदि रूपसी बाब्ड हो तो कहना होगा, रूपसी के सिर से चिपके केशों के समान अन्धेरा मॉरिसनगर के सिर से चिपक गया। मॉरिसनगर के पास के 'रिज' में से गीदड़ों की हुआं-हुआं का स्वर आने लगा। पर स्वयं गीदड़ मॉरिसनगर तक नहीं आये, क्योंकि उन्हें अभी यूनिवर्सिटी में एडमिशन नहीं मिला है।

8

जसवंत की आज सुबह ड्यूटी थी। उसे यही ड्यूटी पसन्द थी। आदमी सुबह-सबेरे मनुष्य के समान उठे। नहाये-धोये, कुछ खाये-पिये; और तैयार होकर मर्दों के समान कमाने के लिए निकल जाये, जैसे काम पर न जा रहा हो, गुरुद्वारे जा रहा हो। समय होते, लौट कर घर आये। समय से खाये-पिये, अपने परिवार के साथ अच्छा समय बिताये और चैन की नींद सोये। रात को देर तक काम करना, आदमी का काम नहीं वेश्या का काम है।

वैसे सुबह के समय सवारियां भी ताजादम होती हैं, जिन्हें देखकर आदमी का जी छूटे स्प्रिंग की तरह उछल पड़े। उसे अपनी बस में बैठी ताजादम, प्रसन्न, साफ-सुथरी सवारियां ही अच्छी लगती हैं। लगता है उनका घर-बार है, उन्हें किसी से प्यार मिलता है, उन्हें किसी के लिए जीना है—कोई वाली-वारिस है उनका, एकदम यतीम ही नहीं हैं।

दोपहर की ड्यूटी हो तो वाह-गुरु का नाम लेकर काम शुरू करो, तो पहली ही ट्रिप में थके-थकाये, मैले-कुचैले, यतीम और उदास चेहरों वाले लोग आकर लद जाते हैं। आदमी को लगता है जैसे वह बस नहीं चला रहा, म्यूनिस्पैलिटी का कचड़े का ट्रक चला रहा हो।

वह जानता है कि काम शुरू करने से पहले ड्राइवर का पेट अन्न से भरना पड़ता है, बस का पेट पेट्रोल या डीजल से भरना पड़ता है, और दफ्तर के रजिस्टर को हस्ताक्षर से भरना पड़ता है। उसने रजिस्टर को भरा और बस लेने के लिए शेड में चला गया।

आज उसके साथ मनोहर था। अच्छा, मन-पसंद कण्डक्टर साथ न हो तो ड्राइवर को बस चलाने का मजा ही नहीं आता। बाज को साथ उड़ने के लिए बाज चाहिए, उल्लू के साथ उड़ना वह नहीं चाहता। कई कण्डक्टर होते हैं, साले घिसिर-घिसिर। हर स्टॉप पर बस को दस मिनटों तक रोक रखेंगे, फिर भी लोग बिना टिकट लिये निकल जाते हैं। बस हर ट्रिप में लेट हो जाती है, वह अलग। पर मनोहर,

जसवन्त का मन-पसंद कण्डक्टर है--यारों का यार, तेज-तर्रार। बस रुकती बाद में है, चलने की घण्टी पहले दे देता है; और कोई पतंगा मकड़े के जाले में चाहे निकल जाए, बिना टिकट का पैसेंजर मनोहर की नजर से नहीं बच सकता।

जब तक जसवन्त बस को शेड से बाहर लाया, मनोहर दफ्तर में जलवा दिखा आया था। जैसे सारी आत्माएं परमात्मा का अंश हैं, वैसे ही गाड़ी का नम्बर, अपना नम्बर, ड्राइवर का नम्बर इत्यादि मनोहर के जलवा दिखाने के अंश हैं। उसने सारी दफ्तरी कारवाई पूरी कर रखी थी। अब बाकी तो एक ही काम था, बस को बाहर स्टैंड पर लाना और सवारियों को निगलने में बस की सहायता करना।

जसवंत ने पेट्रोल और पानी देखा।

वैसे बस में चढ़ने के पहले पेट्रोल और पानी देख लेना ड्राइवर के लिए ही नहीं सवारी के लिए भी बहुत जरूरी है। एक बार रामलुभाया ने नहीं देखा था, तो मुसीबत में फंस गये थे। वह कहानी इस प्रकार है–

एक बार रामलुभाया भटिंडा से लन्दन जा रहे थे। सीधे भंटिडा से लन्दन कोई सवारी जाती नहीं थी, इसलिए मुसीबत के मारे को दिल्ली आना पड़ा। दिल्ली के पालम हवाई अड्डे से वायुयान में बैठ कर उन्हें लन्दन जाना था। दिल्ली जंक्शन पर गाड़ी से उतर कर स्टेशन से बाहर आये तो सामने जो पहली बस दिखायी पड़ी, उस पर लिखा था, ''पालम हवाई अड्डा।'' इससे अच्छी बात क्या हो सकती है–उन्होंने सोचा और बस में जा बैठे। बस कुछ दूर चली और एक स्टॉप पर खड़ी जो हुई, तो खड़ी की खड़ी ही रह गयी। दुबारा स्टार्ट ही नहीं हुई। ड्राइवर ने बताया, बैट्री डाउन है, अब बस को धक्का लगाना पड़ेगा। सब लोग उतरे और रामलुभाया को भी उतरना पड़ा। काफी धक्का लगाने के बाद बस स्टार्ट हुई ओर भागती चली गयी। रामलुभाया सड़क पर खड़े-के-खड़े रह गये।

इस बार रामलुभाया ने स्कूटर रिक्शा लिया। कुछ कदम चलकर वह रुक गया। ड्राइवर बोला, ''साहब! पेट्रोल खत्म हो गया है। थोड़ी दूर तक मेरे साथ धक्का लगाइए। आगे पेट्रोल पम्प है, वहां से पेट्रोल भरवा लेंगे।''

रामलुभाया ने कुछ ही दूर तक धक्का लगाया और पसीना-पसीना हो गये। बोले, ''भाई! मैं तो धक्का नहीं लगाऊंगा। तुम पेट्रोल भरवाओ या न भरवाओ।''

इस बार उन्होंने टैक्सी ली। टैक्सी ठीक चली, पर पालम से कुछ इधर ही रुक गयी।

''क्या हुआ भाई?'' रामलुभाया ने पूछा।

''पानी खत्म हो गया साहब!'' ड्राइवर बोला, ''थोड़ी दूर तक धक्का....''

रामलुभाया ने पूरी बात ही नहीं सुनी। भागे सरपट और भागते ही चले गये। पालम पर पुकार हो रही थी, "मिस्टर रामलुभाया! जल्दी आएं। प्लेन जा रहा है।"

रामलुभाया उसी तरह भागते हुए वायुयान में जा घुसे; और भागे हुए ही काक-पिट में घुस पायलट के सिर पर पहुंचकर थमे। पूछा, "तेरी बैट्री-वैट्री ठीक है?"

"ठीक है। पर आप क्यों पूछ रहे हैं?"

"पेट्रोल-वेट्रोल पूरा है?" रामलुभाया ने पूछा।

"हां है। पर बात क्या है?"

"पानी-वानी ठीक है न?"

"है! है!" पायलट बोला, "पर आप क्यों पूछ रहे हैं?"

"देख!" रामलुभाया ने उसे धमकाया, कुछ दूर उड़कर धक्का लगाने के लिए कहेगा, तो मैं आकाश में धक्का लगाने के लिए नहीं उतरूंगा।"

तो जसवन्त ने पेट्रोल और पानी देखा। गाड़ी स्टार्ट की, गेयर बदला और उसका पैर एक्सिलेटर को इस प्रकार दबाता चला गया, जैसे हिटलर ने यहूदियों को दबाया था या यहिया खां ने बंगला देश को दबाया था। जसवन्त ने बड़ी स्मार्टली बस को डिपो के गेट से बाहर निकाला और बड़े परिश्रम से सीखा गया अंग्रेजी का एक वाक्य मन-ही-मन दुहराया, "आई लाइक फास्ट ड्राइविंग।"

पर स्टैंड की ओर मुड़ते ही उसका मुंह आश्चर्य से भूखे घड़ियाल के मुंह के समान खुल गया। उसे लगा यह 'मेरा सुन्दर सपना बिखर गया।' टाइप कोई गीत गाये। जहां लोगों की लम्बी-लम्बी कतारें आपस में धक्का-मुक्की करती हुई, बस की प्रतीक्षा में खड़ी रहती थीं, वहां आज छिटके-छिटके दो-तीन लड़के खड़े थे। और कोई भी नहीं था। जैसे मेला लग कर समाप्त हो गया हो, या हाट लग कर उठ गया हो।

उसने पूछने के-से अन्दाज में मनोहर की ओर देखा, आज क्या बात है?"

मनोहर चलती बस में तेजी से लुढ़कती गेंद के समान उसके पास आकर रुका।

तब तक बस भी स्टॉप पर आकर रुक गयी थी। लड़के बस की ओर बढ़े, पर वे लोग बस में चढ़े नहीं। उन्होंने जल्दी-जल्दी बस पर दो-तीन पोस्टर चिपका दिये और बस को उसी प्रकार जाने का सिगनल दिया, जैसे रेलगाड़ी के ब्रेक में सामान रखकर गार्ड हरी झंडी दिखा देता है।

पर जसवन्त ने बस चलायी नहीं। वह सिर्फ कण्डक्टर की सीटी पर बस चलाने का आदी था। आज शायद उस सीटी पर भी वह बस न चलाता। उसने इन्जन बन्द किया और बस से उतर आया। उसने पोस्टरों को पढ़ा।

1. अब बस-स्टॉपों पर लम्बी कतारें नहीं होंगी।
2. हम अपना अमूल्य समय बसों की प्रतीक्षा में नहीं खोयेंगे।
3. हम जंगली जानवरों के समान बसों में चढ़ने को मजबूर किये जाने का विरोध करते हैं।
4. हम निर्जीव वस्तुओं के समान ठुंसकर बसों में यात्रा नहीं करेंगे।
5. हम बसों का बहिष्कार करते हैं।
6. हम आत्मनिर्भर बनेंगे।

जसवन्त ने लड़कों से कुछ नहीं पूछा। बड़ी ठसक से जाकर ड्राइवर की सीट पर बैठ गया। साला मुर्गा बांग नहीं देगा तो क्या सबेरा ही नहीं होगा। हम क्या तुम्हें घर से बुलाने गये थे—नहीं चढ़ना है तो मत चढ़ो। अरे कहे से तो कुम्हारी भी गधे पर नहीं चढ़ती। तुम्हीं क्या चीज हो।

उसने इन्जन स्टार्ट किया और पूछा, ''चलें?''

''चल भाई।'' मनोहर ने ऐसे कहा, जैसे वह ड्यूटी खत्म करके कहा करता था। वह आकर उसके पास वाली अगली सीट पर रिटायर्ड बैल के समान बैठ गया, ''ऐसा लगता है, आज बसें खाली ही चलेंगी?''

''क्यों?'' जसवन्त ने गाड़ी को तीसरे गेयर में डाल दिया, ''अबे लड़कों ने बसों का बाइकाट कर दिया तो बाकी जनता मड़ियों में नहीं जा सोई!''

''तुम नहीं जानते।'' मनोहर भाप छोड़ते हुए रेल के इन्जन के सामन फप्-फप् कर हंसा, ''यूनिवर्सिटी, कॉलेजों और स्कूलों के मास्टरों ने भी लड़कों की तरह बसों का बहिष्कार कर दिया है। एक हमारी यूनियन को छोड़कर बाकी सारी ट्रेड यूनियनों ने भी लड़कों का साथ देने की अपील कर दी है। सैण्ट्रल गौरमैंट के कर्मचारी भी लड़कों के पक्ष में हो गये हैं। और जो नहीं भी हुए हैं, उन्हें मार खानी है क्या बस में चढ़कर। आज तो चाचा, सैर ही करनी है। बस में कोई सवारी नहीं चढ़ेगी।''

''दफ्तर, स्कूल, कॉलेज सब बन्द कर देंगे क्या?'' जसवन्त विद्रूप की हंसी हंसा, ''अबे हमारा बाईकाट कौन कर सकता है—क्या पिद्दी और क्या पिद्दी का शोरबा।''

''सब खुले हैं चाचा! सब खुले हैं।'' मनोहर हंसा, ''लोग आपस में मिल-मिलकर टैक्सियों, स्कूटरों, टांगों, यक्कों पर जा रहे हैं। बस में कोई नहीं जायेगा, चाहे साइकिल पर जाना पड़े, चाहे पैदल। लोग आत्मनिर्भर हो रहे हैं। तुम भी आत्मनिर्भर बनो। खुद ही बसें चलाओं, और खुद ही उनमें बैठो।''

मनोहर खूब जोर से हंसा। जसवन्त भी हंसा।

हंसने को लोग एक साधारण-सी बात मान लेते हैं। बेचारे यह नहीं जानते कि हास्य में क्या-क्या छिपा है। लेखक का विचार है कि हंसने की बात को लेकर अब पाठक को कुछ देर के लिए बोर किया है, नहीं तो पाठक समझ बैठेंगे कि यह लेखक ही घटिया है। जो पाठक को कहीं भी बोर नहीं करता। जिस युग में पाठक को बोर करना ही लेखक के बढ़ियापन का प्रमाण माना जाता है, वहां लेखक को ऐसे काम करने ही पड़ते हैं।

हास्य में विनोद हो सकता है, अट्टाहस हो सकता है, अतिरंजना हो सकती है, विद्रूप हो सकता है, परिहास हो सकता है, उपहास हो सकता है, व्याजोक्ति हो सकती है, वक्रोक्ति हो सकती है, व्यंग्य हो सकता है, विकृति हो सकती है। इन शेड्स को छोड़ भी दें तो शुद्ध हास्य भी शास्त्र के अनुसार–स्मित, हसित, विहसित, उपहसित, अपहसित–छः प्रकार का होता है। स्मित उन लोगों की हंसी है, जिन्हें अपने हंसने पर लज्जा आती है (निश्चित रूप से उसकी हंसी अत्यन्त भोंडी होती होगी), अतः वे लोग बलपूर्वक अपनी हंसी को रोकते हैं। हसित उन लोंगों की हंसी है जो हंसने में बहुत कंजूस हैं और रुपये का काम पैसे से चलाना चाहते हैं। विहसित उन लोगों की हंसी है जो समस्यानुसार ठीक खर्च कर लेते हैं, पर आवश्यकता से अधिक खर्च वे नहीं करते। उपहसित में नाक फूल जाती है, दृष्टि में कुटिलता आ जाती है, कन्धे और सिर संकुचित हो जाते हैं, जैसे कोई हंस न रहा हो, छिपकर मूंगफली खा रहा हो। असमय पर हंसना, हंसते हुए आंखों में आंसुओं का आ जाना और कन्धे और सिर का हिलने लगना अपहसित की विशेषता है। साधारण रूप से भारत की जनता डरावनी पिक्चरों में डरकर, अपने डर को छिपाने के लिए इसी प्रकार हंसती है। नेत्रों में तीव्रता से आंसुओं का आ जाना, उद्धत चिल्लाहट का स्वर होना तथा हाथों से बगल को दबा लेना अतिहसित का लक्षण है। यह आदमी की नहीं बैल की हंसी है। पर आदमी यदि बैल की तरह काम कर सकता है, बैल की तरह रो सकता है, तो फिर उसी के समान हंस क्यों नहीं सकता? समझने की केवल एक बात है कि अपने यहां बैल के समान काम करने वाला व्यक्ति चिड़िया का खाना पाता है और चिड़िया के समान काम करनेवाला व्यक्ति बैल के समान खाता है। दूसरों को बैल के समान चुपचाप रोने के लिए बाध्य करनेवाला व्यक्ति स्वयं बैल के समान पेट हिला-हिला कर हंसता है।

हंसने के बाद मनोहर और जसवन्त चुप हो गये। अगले स्टॉप तक उनमें कोई बात नहीं हुई। अगले स्टॉप पर भी वही हाल था, जो नालायक लड़कों को लायक अध्यापक, या लायक लड़कों को नालायक अध्यापक मिलने पर होता है। स्टॉप खाली थी। बस जंगली सूअर के समान सिर झुकाये भागती चली गयी। तीसरा स्टॉप

भी खाली था, बस वहां से भी निकल गयी। पर अब जसवन्त का मन उसी प्रकार बेचैन होने लगा था, जिस प्रकार किसी शैतान लड़के का दूसरे बच्चों को मुंह-चिढ़ाए बिना, चुपचाप चाकलेट खाते जाने पर होता है। इस प्रकार बस चलाने का क्या मजा? ठीक है, पहले ड्यूटी समाप्त होने पर वह खाली बस को दौड़ाता हुआ डिपो की ओर उड़ा चला जाता था। पर तब तो हर स्टॉप पर भीड़ की भीड़ खड़ी होती थी, जो बार-बार बस रोकने का संकेत करती थी। दूर से ही बस को आते देखकर लोग सतर्क हो जाते थे। लोग बस की ओर दौड़ने लगते थे। और उसकी बस उनको मुंह चिढ़ती हुई सर्राटे से निकल जाती थी। चारों ओर से लोग उसे रोकने का प्रयत्न कर रहे होते थे, लेकिन वह उस छोटी-सी चालाक चुहिया के समान उनके बीच से निकल जाता था, जिस पर चारों ओर से पत्थर पड़ रहे होते थे। फिर वह मुड़कर देखा करता था, कुछ लोग नाराज चीतों के समान टहल रहे होते थे, कुछ लोग उदास चमगादड़ों के समान वापस जाकर शेड से लटक गये होते थे। कुछ लोग नेवले के समान गर्दन उठाकर फिर से सड़क को घूरने में लीन हो चुके होते थे।

पर आज......आज कोई तमाशा नहीं था।

अगले बस स्टॉप पर उसने झल्लाकर बस रोक दी।

मनोहर ने बड़ी स्मार्टली दो बार घण्टी बजा दी—टन्-टन्।

''चल चाचा! कोई नहीं है!'' वह बोला।

''कोई नहीं है, तो तू भी नीचे उतर जा।'' जसवन्त बोला, ''टांगे वालों की तरह हाक लगा। सवारियों को बटोरकर ला। बेकार में डीजल जलाने का क्या मतलब। अब हम राउंड पर नहीं निकले हैं, अपना काम जनता को ढोने का है। ऐसे गाड़ी चलाने का कोई मजा नहीं है।''

मनोहर खूब जोर से 'अपहसित' हंसी हंसा, ''मैं श्रीमन्त भारत सरकार का सेवक हूं, टांगे-यक्के वालों की औलाद नहीं। तू चला चल।''

तभी दो लड़कों ने बस में झांका, जैसे चूहिया बिल में से अपनी थूथनी बाहर निकालती है, ''क्यों चाचा! बस क्यों खड़ी कर रखी है? डबल घण्टी नहीं दोगे? हमें धक्का देकर नहीं उतारोगे?''

जब तक मनोहर उठकर दरवाजे के पास आया, एक लड़का बस के भीतर आ चुका था, ''पास चैक कर ले ताऊ।''

और फिर वे दोनों ही गायब हो गये।

''चल चाचा! चल।'' मनोहर ने फिर घण्टी बजायी—टना-टन्।

9

कुछ महान् चिन्तकों ने जीवन को त्रासदी माना है और कुछ उतने ही दूसरे महान् चिन्तक उसी जीवन को कामदी मानते हैं। पर मिस्टर कालिया ने अपने जीवन को घर से दफ्तर तक और दफ्तर से घर की यात्रा मान रखा था। वे अभी अपनी वापसी-यात्रा पूरी कर घर लौटे थे। वे थोड़े-से थके हुए अवश्य थे, पर थकावट से ज्यादा उन पर परेशानी और झुंझलाहट छायी हुई थी। परेशान वे यह सोच-सोचकर थे कि आज वे उतने थके हुए क्यों नहीं थे, जितने वे बहुधा हुआ करते थे। अपने मस्तिष्क के साथ काफी कुश्ती लड़ने के बाद वे उसका कुछ जंग उतारने में सफल हुए थे; और वहां हल्की-सी चमक पैदा हो गयी थी। उन्हें समझ में आ रहा था। पहले वे घर से दफ्तर और दफ्तर से घर, बसों में आया-जाया करते थे। पच्चीस मिनट की बस-यात्रा और घण्टे-डेढ़ की थकान-भरी प्रतीक्षा उन्हें बुरी तरह चूर कर देती थी। पर जब से बसों का बहिष्कार शुरू हुआ था, स्थिति ही बदल गयी थी। पहले वे सोचते थे कि वे थकावट से बचने के लिए बस में चढ़ते थे और दफ्तर से घर पहुंचने में डेढ़-दो घण्टे लगाते थे। पर अब उनहोंने अपना सोचना बदल दिया है; अब वे सोचते हैं कि वे वस्तुतः थकने और समय नष्ट करने के लिए ही बसों में यात्रा करते थे, अन्यथा घण्टे-भर में तो वे चलकर भी घर आ सकते थे। सोचने का तरीका बदल कर उन्होंने अपने मस्तिष्क के बहुत सारे बोझ से छुटकारा पा लिया था।

एक बार रामलुभाया ने भी अपना सोचने का तरीका बदला था। बात यूं थी कि रामलुभाया के पास बड़ी अच्छी नौकरी थी, उसके पास जीवन की सारी सुविधाएं था; बस एक ही असुविधा थी। उसके घर और दफ्तर के कुछ घनिष्ठ सम्बन्ध स्थापित हो गए थे अर्थात् उसकी पत्नी और उसके बॉस में अफेयर चल रहा था। न तो वह पत्नी को कुछ कह सकता था, न बॉस को; क्योंकि दोनों ही स्थितियों में उसकी नौकरी को खतरा था। इसलिए वह सदा ही उदास और परेशान रहता था। मित्रों के पास जब जाता, मुंह लटकाए हुए, जैसे मुंह से लार बह रही हो और उस पर मक्खियां भिनभिना रही हों।

एक दिन वह अपने मित्रों के पास पहुंचा तो बहुत प्रसन्न था। न वह उदासी, न मनहूसियत; न चेहरा गिरा, न मूड उखड़ा हुआ। उलटे वह तो हंस रहा था, लोगों को छेड़ रहा था, परेशान कर रहा था। मित्रों ने पूछा, "कहो दोस्त रामलुभाया! आज क्या बात है, इतने प्रसन्न कैसे हो?"

रामलुभाया बोला, "मित्रो! मैंने अपने सोचने का ढंग बदल दिया है, इसलिए पहले उदास रहता था, अब प्रसन्न रहता हूं।"

"कैसे?"

"पहले मैं सोचता था," रामलुभाया ने बताया, "कि वह मेरी पत्नी है और मेरे बॉस के साथ उसके सम्बन्ध हैं; अब सोचता हूं, वह उसकी पत्नी है जो मेरे साथ वैधानिक रूप से रह रही है।"

पर बसों के बहिष्कार के बाद भी मिस्टर कालिया को पैदल चलना नहीं पड़ता था। जिस प्रकार हवा के गर्म और हल्की होकर ऊपर उठ जाने से पैदा हुई शून्य को भरने के लिए ठण्डी और भारी हवा अपने-आप आ जाती है, उसी प्रकार बसों के बहिष्कार से उत्पन्न शून्य को भरने के लिए पड़ौसियों की सद्भावना आ गयी थी। उनकी कॉलोनी के कार, स्कूटर और साइकिल वालों के हृदय की कठिन धरती के गढ़ों में पड़ौसियों की सहानुभूति का पानी वैसे ही जमा हो गया था, जैसे दिल्ली की सड़कों पर नगर-निगम द्वारा बनाये गये गढ़ों में वर्षा का पानी जमा हो जाता है। पड़ौस के वर्मा साहब पहले अपनी लम्बी कार खाली दौड़ा ले जाकर पड़ौसियों के कलेजों पर सांप लोटाते थे, अब वे उसी कार में दस आदमियों को भर कर दफ्तर ले जाते हैं और दिल्ली परिवहनवालों की छाती पर मूंग दलते हैं। उनकी कार तब भी कुछ लोगों को जलाने का माध्यम थी, अब भी वह कुछ लोगों को चिढ़ाने के काम आ रही है। कार की नियति में कोई अन्तर नहीं आया, जैसे अपने देश की नियति में अन्तर नहीं आया। पहले विदेशी नेताओं के घर भरने के काम आता था, अब देशी नेताओं के लिए वह वही सेवा कर रहा है। अन्य लोगों के वाहन भी आजकल वर्मा साहब की कार के ही समान पुष्पक विमान बने हुए थे। किसी को कहना भी नहीं पड़ता, जहां किसी ने किसी को जूते घिसते देखा कि अपना वाहन रोक लिया। जनता जो करना चाहती है, वह उसे करने नहीं दिया जाता। वह पैदल चलना चाहती है तो लोग उसे पैदल चलने नहीं देते।

भीतर से मिस्टर कालिया की पत्नी खांसी। वे कुछ चैतन्य हुए। पत्नी का स्वास्थ्य देश की आर्थिक स्थिति के समान बिगड़ता जा रहा था; विशेष रूप से उसकी खांसी दिनों-दिन महंगाई के समान बढ़ती जा रही थी। दिल्ली की सड़कें चक्की का निचला पाट हैं और ऊपरी पाट के रूप में यहां अनेक ट्रक और बसें घूमती रहती है। कुछ दाने जो कुछ असावधान होते हैं और इन सड़कों को 'बाबुल का अंगना' समझते हैं, वे तो कबीर की भविष्यवाणी के अनुसार साबुत नहीं ही बचते; पर कुछ सावधान दाने भी, जो बहुत सावधान हैं और काफी छिटककर चलते हैं, वे भी कभी-कभी पिस जाते हैं। मिस्टर कालिया का लड़का भी तीन महीने पहले इसी प्रकार इन दो पाटों के बीच आ गया था। पिसा तो वह नहीं, पर साबुत भी नहीं बचा, दलिया बनकर रह गया। ट्रक का वह धक्का लड़के के शरीर पर लगा और उसकी मां के मन पर। वह तब से अधिक बीमार होती चली गयी थी। लड़के की पता नहीं कितनी हड्डियां सलामत थीं, पर कोई-न-कोई तो सलामत थी ही, तभी तो वह जी

रहा था। सारा शरीर प्लास्टर में कसा पड़ा था, जैसे पहाड़ सर्दियों में बर्फ के बन्धन में कसे जाते हैं। सारी रात घड़ी की टिक्-टिक् के समान कराहता रहता था। रात के चौकीदार के समान जरा आंखें बोझिल होतीं तो अफसर की झिड़की के समान दर्द का कोड़ा पड़ता और वह जाग जाता।

मिस्टर कालिया ने किसी सस्ते समय में जमीन का यह टुकड़ा खरीदा था। उन्हें यह प्लाट वैसे ही मिला था जैसे लोक-कथाओं के एक नायक को किसी पिशाच से सोने की मुहरों से भरे हुए बहुत विराट् छः बोरे इस शर्त पर दिये थे कि ऐसा ही सातवां बोरा, अपनी कमाई हुई अशर्फियों से भरेगा। वह उस बोरे को भरने के चक्कर में ही मर गया था। मिस्टर कालिया ने भी बोरे को भरने के ही समान, उधार लेकर यहां एक मकान बनवा लिया था। अब आधा वेतन उसी उधार को चुकाने में चला जाता था, शेष से वे सरकारी टैक्स दिया करते थे।

सवेरे-सवेरे मिस्टर कालिया दूध लेने जाते हैं। 'दूध' का अपनी संस्कृति में अत्यन्त महत्वपूर्ण स्थान है। भगवान विष्णु 'क्षीर-सागर' में सोते हैं, अतः दूध उनका निवास-स्थान ठहरा। इसलिए दूध धार्मिक महत्त्व की चीज हो गया। भगवान कृष्ण का दूध और दूध देनेवाली गाय से बहुत प्रेम था। पता नहीं रामायण में दूध की चर्चा इतनी महत्वपूर्ण क्यों नहीं हो सकी। भगवान राम को दूध से एकदम प्रेम नहीं था। वे शिकार पर जाते हैं तो हरिण मार लाते हैं। सीता जी भी सुयोग्य पत्नी के समान पंचवटी में हरिणों से ही खेलती हैं। मांगती भी हैं तो स्वर्ण-मृग। पर धार्मिक महत्त्व की दृष्टि से गाय तथा हरिण में गाय की ही विजय हुई।

मिस्टर कालिया के मन में दूध के लिए धार्मिक श्रद्धा कम, आर्थिक लोलपुता अधिक थी। समय से दफ्तर पहुचंकर हाजिरी के रजिस्टर के खाली खाने में वे अपने हस्ताक्षर करते थे, देर हो जाये तो वहां उन्हें अपने अफसर के लाल रोशनाई से किये हुए हस्ताक्षर मिलते थे। वैसे ही समय से पहुंच जाते तो वे दूध पर अपने हस्ताक्षर करते थे, देर हो जाती तो दूध वाला अपने पानी वाले हस्ताक्षर कर देता था। मिस्टर कालिया को अपने स्थान पर दूसरे का इस प्रकार हस्ताक्षर करना एकदम पसन्द नहीं था। इसलिए बिस्तर से उठते ही, आंखें मलते हुए वे दूध का डोल लटकाये हुए 'क्षीर-सागर' की ओर जाते थे, जैसे वे हाथ में ब्रीफकेस लटकाये अपने 'फाइल-सागर' की ओर दौड़ लगाते थे।

दूध लेकर आने का पवित्र कर्म पूरा करते, तो जल्दी-जल्दी अपनी झाड़-पोंछ कर, कपड़े बदल, तैयार हो जाते। बहुत थोड़े-से समय में ऊपरी-ऊपरी ढंग से समाचार-पत्र ऐसे पढ़ते जैसे कोई नौसिखिया सिगरेट का कश लेकर धुआं मुंह से ही वापस लौटा देता है, उसे अपने भीतर कहीं गहरे नहीं उतरने देता। फिर भागकर डॉक्टर के पास जाते कभी पत्नी के लिए, कभी बेटे के लिए, जैसे कोई घोर आस्तिक

व्यक्ति नहा-धोकर मन्दिर अवश्य जाता है। एक रोज भी रिपोर्ट न मिलती तो डाक्टर के चेहरे पर वही नाराजगी झूला झलने लगती तो एक रोज समाचारपत्र न मिलने पर रोज पढ़ने वालों के चेहरों पर कुंडली मारकर बैठ जाती है। वहां से वापस आ, दफ्तर जाते। शाम को लौटकर थोड़ा-सा आराम करते और फिर क्षीर-सागर की ओर भागते। कमबख्त दूधवाला भी, धारावाहिक उपन्यास लेखक के समान इकट्ठा एक समय न देकर किस्तों में दूध देता है। शाम का दूध लेकर लौटते हैं, लेटर-बक्स में पत्र डालने की शैली में मुश्किल से दो रोटियां पेट में डालते हैं और नींद उनके साथ शतरंज खेलने लगती है। पर बेटे की कराहटें और पत्नी की खांसी रात-भर उन्हें बारी-बारी वैसे ही जगाती रहती है, जैसे प्रतिस्पर्धी रामलीलाओं वाले अपने लाउडस्पीकरों के माध्यम से 'अलार्म-सेवा' करते रहते हैं। पिछले तीस महीनों से उनकी नींद कभी पूरी नहीं हुई थी। नींद के साथ उनका सम्बन्ध कुछ वैसा ही था, जैसा अतिथियों से घिरे नव-दम्पति का होता है।

रोज-रोज की इतनी अधिक भाग-दौड़ से मिस्टर कालिया की हालत अधिक गर्म हो गये इंजन के समान हो रही थी, जिसकी गाड़ी रुकने-रुकने-सी लगी थी। उसके भीतर एक जड़ता-सी घिर आयी थी। उसकी संवेदना धीरे-धीरे सो गयी थी। उनका मस्तिष्क क्रूर डिक्टेटर के समान सोचकर कठोर आदेश देता है और उनका शरीर फर्स्ट गेयर में पड़ी गाड़ी के टेढ़े-मेढ़े चिमटे, मड-गार्ड में फंसे पहिये के समान घिसटता हुआ कार्य कर गुजरता है। हृदय की अनुभूति मिस्टर कालिया के लिए कोई चीज नहीं रह गयी है।

घड़ी का अलार्म जैसे सुइयों के एक निश्चित स्थान पर पहुंचने की धैर्यहीन प्रतीक्षा कर रहा होता है और उनके वहां पहुंचते ही जिद्दी और बीमार बच्चे के समान निरन्तर चीखने लगता है, वैसे ही मिस्टर कालिया की पत्नी उनके घर में घुसने की प्रतीक्षा कर रही थी। जैसे ही उन्होंने कमरे में पैर रखा कि अलार्म बज उठा, ''सुनो जी! राशन ले आओ। आज आखिरी दिन है। आज न लाये तो फिर अगले महीने ही मिलेगा।''

मिस्टर कालिया घर की ओर उसी प्रकार झूमते-झामते लपक रहे थे, जैसे भैंस उस खूंटे की ओर लपकती है जहां वह अपने बीमार कटड़े को छोड़कर गयी होती है; और भीतर से बजता हुआ पत्नी के स्वर का अलार्म सुनते ही उसी प्रकार स्तम्भित रह गये जैसे भैंस अपनी आंखों, नाक तथा जीभ के प्रयोग से कटड़े की मृत्यु की सूचना पाकर स्तम्भित खड़ी रह जाती है।

वे जड़-से दरवाजे के बीचों-बीच ऐसे खड़े रह गये, जैसे कोई बौखलाया हुआ देहाती, महानगर के यातायात से घबराकर सड़के के बीचों खड़ा खड़ा हो जाता है। वे कुछ कहते-कहते वैसे ही रुक गये जैसे लाल बत्ती में चौराहा पार करने का प्रयत्न

करता हुआ ड्राइवर ट्रैफिक के सिपाही को देखकर रुक जाता है। पत्नी को कुछ कहने का क्या लाभ? वह तो 'रिमाइंडर' के समान खिजानेवाली किन्तु दोषरहित आवाज थी।

उन्होंने बुरी तरह थके हुए सैनिक के समान आनेवाले खतरे को भांप, अपनी सारी शक्ति को बटोर बड़े प्रयत्न से राशनकार्ड रूपी राइफल उठाई और शत्रु पर आक्रमण करने के लिए बाजार की ओर पैर ऐसे घसीटे जैसे चल न रहे हों, स्केटिंग कर रहे हों।

जितनी दूर से आकाश पर उड़ता गिद्ध जमीन पर पड़ी लोथ को देख लेता है, उतनी ही दूर से उन्होंने देख लिया कि राशन की दूकान पर लम्बी क्यू लगी हुई है। क्यू में खड़े होने के लिए क्यूं तक जाना, उनके लिए स्वयं मुर्गे के तन्दूर तक जाने की प्रक्रिया थी। अपने मन में कहीं वे बहुत स्पष्ट थे कि पंक्ति में खड़े-खड़े वे राशन मिलने की नहीं दुकान बन्द होने की प्रतीक्षा कर रहे हैं; क्योंकि उनका पंक्ति में वही स्थान था जो गाय के सारे शरीर में पूंछ का और पूंछ में उसके अन्तिम सिरे पर उगे चंवर का होता है। वे जानते थे कि उनकी बारी आने से पहले ही दुकान के बन्द होने का समय हो जायेगा, जैसे साधारण व्यक्ति की ऋण-स्वीकृति तक सरकारी ऋण-योजनाओं की पूंजी ही समाप्त हो जाती है। उनका वहां खड़ा रहना, बांझ स्त्री के लेबर रूम में जाने के समान था; और फिर वापस जाकर अभी उन्हें दूध लेने भी जाना था। आज अवश्य ही देर हो जायेगी और दूधवाला अबाध गति से दूध में पानी मिलाता हुआ गायेगा, ''प्रशस्त पुण्य पंथ है, बढ़े चलो, बढ़े चलो।''

पर उनके अभ्यास से जड़ पैर क्यू से बन्दरिया के बच्चे के समान चिपके हुए थे। उनका शरीर एकदम निष्क्रिय हो गया था।

सहसा उनका मन बहुत सक्रिय हो उठा—उन्होंने फिल्मों और उपन्यासों में एक अत्यन्त दुष्ट जन्तु को देखा और पढ़ा था, जिनका नाम 'समाज' है। उनका मन भी समाज के विषय में सोचने लगा—जब आदमी ने पहली बार समाज बनाया होगा तो अपने किसी स्वार्थ के लिए ही बनाया होगा। आदमी बड़ा स्वार्थी जीव है। अपना स्वार्थ न हो तो वह कुछ भी नहीं बनाता—न ताजमहल, न मूंग की दाल! जानवर अपने स्वार्थ से इतना नहीं चिपका है, इसलिए वह जानवर रह गया है। साधारण आदमी, आदमी रह गया; और जो अपने स्वार्थ को सिद्ध करने के तर्क देने लगा वह दार्शनिक हो गया।

मिस्टर कालिया अपने उस स्वार्थ को याद करने लगे। आदमी ने समाज इसलिए बनाया होगा कि उसे सुविधाएं मिलें। वह सुविधापूर्वक जी सके। और फिर सरकार इसलिए बनायी होगी कि वह उन सुविधाओं की रक्षा करे। इसलिए तो निश्चित रूप

से नहीं बनायी होगी कि शासक वर्ग अपनी अतिशय विलासाकांक्षा की तृप्ति के लिए जनता के जीवन को अधिक असुविधापूर्ण बनाये। सरकार प्रत्येक व्यक्ति से अपनी इच्छानुसार सार्वजनिक सवारियां चलाने का अधिकार इसलिए छीन लेती है कि वह स्वयं नागरिकों को व्यवस्थित परिवहन-व्यवस्था देगी। वह लोगों से खुले बाजार में अन्न बेचने का अधिकार इसलिए छीन लेती है कि वह सबको उसकी आवश्यकतानुसार अन्न दे सके। स्वतंत्र नागरिकों के अधिकार इसलिए तो नहीं छीने जाते कि सरकार उन्हें बस के लिए घण्टों प्रतीक्षा कराये, राशन की दुकानों पर उनका समय नष्ट करवाये। यह तो कुछ वैसी ही बात है कि पति अग्नि, देवताओं और सम्बन्धियों के सम्मुख संकल्पपूर्वक पत्नी के भरण-पोषण का उत्तरदायित्व ग्रहण करे और घर लाते ही न केवल पत्नी को भूखा रखे, वरन् उसे पीटे थी।

पर पति पीट क्यों पाता है? क्योंकि पिटने पर पत्नी उसे छोड़ कर चली नहीं जाती। वह उसके अत्याचार सहती है, इसलिए पति अत्यचार कर पाता है। सरकार नागरिकों के साथ दुर्व्यवहार कर पाती है, क्योंकि नागरिक अपनी दुर्बलता के कारण उसके दुर्व्यवाहर को सहते हैं यदि लोग अपनी दुर्बलता छोड़ दें, अन्याय सहने से इनकार कर दें, सरकार के व्यवहार के प्रति अपनी सहिष्णुता तथा उदासीनता त्याग दें और अपने अधिकारों के लिए संघर्ष करने लगें, तो फिर कोई भी सकरार क्यों न हो, वह नागरिकों से दुर्व्यवहार कैसे कर सकती है।

हमें सरकार पर आश्रित नहीं रहना चाहिए—मिस्टर कालिया ने स्वयं को समझाया—स्त्रियों में अपने पतियों के अत्याचार के विरुद्ध जागरूकता जितनी आवश्यक है। लोगों में सरकार संबंधी वैसी जागरूकता भी इतनी ही आवश्यक है। हमने बसों का बहिष्कार करके बहुत अच्छा कार्य किया है। हमें राशन की दुकानों का भी बहिष्कार कर देना चाहिए। मैं सरकार का नौकर हूं। सरकार के बताए प्रत्येक कार्य को करता हूं, सरकार द्वारा मांगा गया प्रत्येक टैक्स देता हूं; तो यह मेरा अधिकार है कि मुझे मेरे परिवार की आवश्यकतानुसार अन्न सुविधा से मिले। मेरी पत्नी और मेरे बीमार बेटे की देखभाल के लिए उचित व्यवस्था हो। चिड़ियाघर में बन्द किया गया जानवर भी अपनी आवश्यकतानुसार स्थान, भोजन तथा अन्य सुविधाएं पाता है। यदि वे सुविधाएं उसे नहीं मिलतीं तो वह जीने से इन्कार कर देता है। वे भी जीने से इनकार कर देंगे। जानवरों से भी बदतर अवस्था में वे नहीं जीएंगे।

सहसा वे पंक्ति छोड़कर बाहर निकल आए, जैसे कोई डिब्बा डिरेल होकर रेलगाड़ी से अलग हो गया हो। उन्हें लगा कि उनके भीतर अपने लिए, अपने परिवार के लिए उतनी भी सहानुभूति नहीं है, जितनी नेताओं के भाषणों में सच्चाई होती है। उस समय वे मनुष्य नहीं थे। वे एक तर्क-पद्धति थे। परिणाम क्या होगा, उसकी चिन्ता उन्हें नहीं थी।

"दोस्तो!" उनके कण्ठ से इस प्रकार अकस्मात् फूटा जैसे बिगड़े हुए रेडियो की कोई तार सही जुड़ जाए और उसमें से तेज और सधी हुई आवाज आने लगे। वे उस समय बहुत उत्तेजित थे, जैसे खौलता हुआ दूध। उनकी आंखों में भट्ठी की दीवार में हो गए छेद में से निकलती हुई आग के समान गर्मी फूट-फूट पड़ रही थी। उनके मुंह में झाग-सी आ रही थी। उनकी मुट्ठियां कसी हुई थीं। पर फिर भी वे किसी प्रकार खड़े थे—बाकी भीड़ से हटकर, जैसे साधारणता में से फैशन निराला होकर अलग निकल खड़ा होता है।

"दोस्तो!" मिस्टर कालिया के कण्ठ से फिर वैसे ही फूटा, जैसे तेजी से दौड़ते हुए गिर पड़ने पर बच्चे के कण्ठ से चीख फूटती है, "हमने यह सरकार इसलिए बनाई थी कि वह हमारे अधिकार सीमित कर दे, छीन ले, पर हमें जीवन की सुविधाएं दे (अर्थात् हमने रोटी इसलिए पकायी थी कि वह हमारे द्वारा खायी जाए)। यह सरकार हमने इसलिए नहीं बनाई थी", उनका स्वर बहुत ऊंचा हो गया, "कि यह हमें हर जगह पंक्तियों में खड़ा रखे, थकए और परेशान करे (अर्थात् हमारा घी निकाल कर उसे उस रोटी पर चुपड़ा जाए)। हम यदि सरकार द्वारा निर्देशित प्रत्येक कार्य आज्ञा मानकर कर देते हैं, तो सरकार को भी ऐसी व्यवस्था करनी चाहिए कि हमारा अन्न हमें उचित समय पर अपने घरों में मिले (अर्थात् सरकार अपना 'सरकारीपन' ही छोड़ दे)। पर हमारी सरकार को हमें अपमानित करने, हमारे साथ बिल्ली चूहे का खेल खेलने में मजा आता है।"

वे तनिक देर के लिए ऐसे रुके जैसे क्लच दबाकर मशीन को पहियों से असम्पर्कित कर दिया गया हो। उन्होंने जेब से अपना राशन-कार्ड निकाला और गाड़ी को फिर गेयर में डाल दिया, "यह चूहा बिल्ली द्वारा खेलाये जाने से इन्कार करता है। बिल्ली को, चूहे को या तो जीने देना होगा, या चीर-फाड़कर खा जाना होगा—पर वह उसे खेला-खेलाकर मारने का मजा नहीं ले पायेगी। मैं आज आपके सामने अपना राशन-कार्ड फाड़ता हूं और प्रण करता हूं कि कभी भी राशन की दुकान पर नहीं जाऊंगा—चाहे मैं अपने परिवार समेत भूखा ही मर जाऊं.....।"

उनके हाथों ने राशन-कार्ड के उसी प्रकार टुकड़े कर दिए, जैसे फिल्मी नायिकाएं, खलनायक के प्रेमपत्र के कर डालती हैं।

एक शोर-सा मच गया; जैसे खलनायक के पीड़ित हृदय का चीत्कार सारे वातावरण मे अश्रुगैस के समान घुल गया हो; और क्षण-भर में ही शोर ऐसे दब गया, जैसे किसी ने तेज हवा में फड़फड़ाते हुए कागज पर भारी-भरकम पेपर-वेट रख दिया हो।

मिस्टर कालिया दीवार से फिसल आयी छिपकिली के समान धप्-से धरती गिर पड़े थे; शायद उत्तेजना के आधिक्य ने उन्हें वैसे ही अचेत कर दिया था, जैसे खौलता हुआ दूध पतीले में से उफन कर स्टोव की आंच बुझा देता है।

''पागल है साला!'' राशन तौलने वाले नेवले ने कहा।

''पागल नहीं है।'' दो-तीन चूहे एक-साथ किकियाए, ''सब ठीक कह रहा है।''

10

स्वराष्ट्र मंत्री ने राजधानी के महापौर को मिलने के लिए बुलाया था। महापौर को स्वराष्ट्र मंत्री से एक शाश्वत शिकायत थी कि वे मिलने के लिए बुला तो लेते हैं, पर उन्हें घर आये अतिथि से मिलने की तमीज नहीं है। कोई किसी को मिलने के लिए बुलाता है, तो उसका अर्थ होता है कि उसके घर में कोई खुशी हुई है और वह चाहता है कि उसकी खुशी को सब लोग बांटें। पर स्वराष्ट्र मंत्री की बानगी निराली है, जब किसी को डांटने के लिए मूड होगा तो उसे अपने घर बुला भेजेंगे। डांटने के लिए और कोई नहीं मिलेगा तो महापौर तो है ही, जैसे ताश का जोकर, कोई न मिले तो जोकर को लगा दिया। वह शायद स्वराष्ट्र मंत्री पर उनके विभाग का प्रभाव था: घर की बात ठहरी, पत्नी खीझती है तो पति को डांट लेती है। और किसी को डांटने कहां जाये। महापौर भी स्वराष्ट्र मंत्री से कुछ उसी शैली में डरते हैं, जैसे कोई सीधा पति अपनी गुस्सैल पत्नी से डरता है। वे सदा ही कांपते चूहे के समान उनके घर के भीतर जाते थे और रोते हुए मेंढक के समान बाहर निकलते थे।

आज जब महापौर ने कमरे में पैर रखा तो वहां स्वराष्ट्र मंत्री अकेले नहीं थे। उनके साथ गृह-सचिव और लोक-लेखा-समिति के सदस्य भी उपस्थित थे। उन्हें देखकर महापौर की वही अवस्था हुई जो पत्नी से डरते हुए घर में घुसने पर वहां सास और साली को भी बैठे देखकर होती है। महापौर समझ गये कि मामला कुछ अधिक गम्भीर है। उन्होंने याद करने का प्रयत्न किया कि आखिर बात क्या हुई? पिछले दिनों उनसे ऐसी कौन-सी भूल हुई है कि न केवल उनकी शिकायत ससुराल तक जा पहुंची, बल्कि वहां से लोग भी आये बैठे हैं। नगर निगम में गड़बड़ तो है, कम नहीं काफी है; पर गड़बड़ तो सारे देश में चल रही है। देश की गड़बड़ के लिए तो स्वयं स्वराष्ट्र मंत्री जिम्मेदार हैं, पर उनसे तो कुछ नहीं कहा जा सकता न। बाजार से महंगी सब्जी खाने पर उन्हें तो डांट पड़ सकती है, पर सब्जी जल जाने पर वे पत्नी से कुछ नहीं कह सकते। स्वराष्ट्र मंत्री को डांटने वाला कोई नहीं है।

प्रधानमंत्री स्वयं उनके अपने आदमी हैं। और प्रधानमंत्री उनके साथ ऊंची-नीची बात करेंगे तो प्रधानमंत्री ही नहीं रहेंगे। स्वराष्ट्र मंत्री के गुट के लोगों ने ही उन्हें प्रधानमंत्री बनाया था।

खैर–महापौर ने सोचा–आज यदि स्वराष्ट्र मंत्री ने कुछ भी कहा तो वे संसद की अगली बैठक में अपने लोगों से कहकर दो-चार ऐसे प्रश्न तो करवा ही देंगे कि स्वराष्ट्र मंत्री अपनी हेकड़ी भूल जाएं।

महापौर ने बारी-बारी उन तीनों को नमस्ते की। नमस्ते बड़ी महत्वपूर्ण चीज है। उसका वैज्ञानिक अध्ययन किया जाये तो युगान्तकारी निष्कर्ष हाथ लगते हैं।

एक बार रामलुभाया ने घर बदला था और नये मुहल्ले में जा बसे थे। जब वे नये-नये थे, तो सारे दुकानदार उन्हें नमस्ते करते थे। तब उनके घर में कुछ मेहमान आये हुए थे। सामान भी ज्यादा खरीदना पड़ता था और शायद समय भी नहीं होता था–बस अपनी परेशानी में भाव-ताव नहीं पूछा करते थे। दुकानदार उन्हें बड़ा साहब समझते थे और नमस्ते करते थे।

जब वे सामान ले चुकते तो दुकानदार अपने नौकर को आवाज लगाता–"ऐ! साहब का समान गाड़ी में रखकर आओ।"

"गाड़ी नहीं है।" रामलुभाया कह देते।

"आज पैदल ही आये हैं।" दुकानदार उनकी शालीनता पर अपनी प्रसन्नता जताने के लिए अपने गन्दे दान्तों की प्रदर्शनी कर देता।

रामलुभाया के मन में बहुत सारी टुथ-पेस्टों, दन्त-मंजनों तथा डेंटल सर्जनों के विज्ञापन घूमने लगते। पर वे अपने हृदय के भाव दुकानदार से उसी प्रकार छिपा लेते, जैसे दुकानदार अपना खाता, इन्कन-टैक्स अफसर से छिपाता था।

"हां! बाजार तक पैदल ही आया हूं।" रामलुभाया कह देते। पर उसे यह नहीं बताते कि शेष जगहों पर वे बस में जाते हैं। गाड़ी उनके पास है ही नहीं।

एक दिन उन्होंने उसके नौकर को गाड़ी में सामान रखने से नहीं रोका। वह लिफाफे उठाये हुए बाहर आया तो उन्होंने मुन्ने की बच्चा-गाड़ी की ओर संकेत दिया, "बाबा के पास रख दो।"

उनकी गाड़ी का भेद खुला तो दुकानदारों ने उन्हें नमस्ते करनी बन्द कर दी।

तभी बाजार में एक नयी दुकान खुली। रामलुभाया नयी दुकान के सामने से गुजरे तो दुकानदार ने उन्हें नमस्ते कर दी। उन्हें अच्छा लगा कि किसी दुकानदार ने तो उन्हें नमस्ते की। अब तक तो कोई नहीं करता था, इसी ने क्यों की? फिर वे झेंप-से गये, हो सकता है कि उसने किसी और के भ्रम में उन्हें नमस्ते कर दी हो। जैसे किसी नागरिक को सैनिक अधिकारी समझकर सन्तरी सलामी दे दे। यह बहुत

बुरी बात होगी। जिस दिन उसे पता चलेगा कि वे 'वह' नहीं हैं, जिसे समझकर उसने नमस्ते की थी तो उसे उनपर कितना क्रोध आयेगा कि उन्होंने 'वह- लगकर उसे धोखा दिया था। हो सकता है कि उसी भ्रम में वह उन्हें कई महीनों तक नमस्ते करता चले: और जब उसे उनकी असलियत का पता चलेगा तो क्या वह चाहेगा कि उसकी नमस्ते का बदला उतारने के लिए वे भी उतनी ही बार उसे नमस्ते करें। वे तो उसे लगातार चार-छः महीने नमस्ते नहीं कर सकेंगे। दुकानदार तो अपनी दुकान के दरवाजे के बीचों-बीच बैठा रहता है और घण्टे-दो-घटे में ही चार-छः नमस्ते ठोक देता है। वे ऐसा करते हुए तो एकदम पागल लगेंगे।

नये दुकानदार ने रोज-रोज नमस्ते करके उनकी आफत कर दी और आखिर तंग आकर उन्हें अपनी पत्नी से कहना पड़ा कि अब वे महीने भर का राशन इस नये दुकानदार से ही लिया करेंगे।

दुकानदार उन दोनों को नमस्ते करता, बड़े सम्मान से कुरसी पर बैठाता, कोका कोला पिलाता, पर चाहता कि वे चीजों के भाव न पूछें। एक बार उसने डालडा के डिब्बे में पच्चीस पैसे अधिक लगा लिये, दालों में पांच-पांच, दस-दस पैसे बढ़ा दिये। रामलुभाया ने शिकायत की तो उसने एक बार नमस्ते और अधिक कर दी। उन्होंने हिसाब लगाया, उन्हें यह नमस्ते बहुत महंगी पड़ रही थी। सेल्स-टैक्स के समान यह नमस्ते-टैक्स हर चीज को महंगी कर रहा था। दाल का हर चम्मच एक नया पैसा महंगा हो गया था। सब्जी की हर छौंक में दुकानदार की एक नमस्ते थी और रामलुभाया की जेब के दस पैसे। रामलुभाया ने उससे सामान लेना बन्द कर दिया और दुकानदार ने अपनी नमस्ते बन्द कर दी। उसने महीने में कोई डेढ़ सौ नमस्ते बचायीं और रामलुभाया ने लगभग पन्द्रह-बीच रुपये बचा लिये।

कॉलेज में लड़के भी कुछ दुकानदारों के हिसाब से नमस्ते करते हैं। एक लड़का बड़ी शालीनता से रामलुभाया को दिन में दो-तीन बार नमस्ते किया करता था। पर उनकी क्लास में वह अपने आस-पास के लड़कों से बहुत बातें करता था। वे जब डांटने के विचार से उसकी ओर देखते, वह उन्हें आंखों-ही-आंखों में कहता, "देखो, मैं तुम्हें दिन में तीन बार नमस्ते करता हूं।" और वे हर बार उसे छोड़ दिया करते थे। एक बार उन्होंने उसे डांट ही दिया। बस अगले दिन से उसने उन्हें नमस्ते करनी बन्द कर दी। वह लड़का उनसे तीन वर्ष पढ़ा, पर उसने फिर कभी नमस्ते नहीं की। उन्होंने हिसाब लगाया, उस लड़के के एक बार डांटने की मूर्खता पर उन्होंने अपने हिस्से की हजारों नमस्ते खो दी थीं।

पर एक बार उन्हें उसका ठीक उलटा एक लड़का मिल गया। वह उन्हें कभी भी नमस्ते नहीं करता था। बस-स्टैण्ड पर मिलता तो बहुत घूर-घूरकर देखता। सिगरेट

पी रहा होता, तो उन्हें देखकर, अन्य लड़कों के समान सिगरेट छिपाता भी नहीं। उलटे इस अन्दाज से धुआं उड़ाता जैसे चेतावनी दे रहा हो। "खबरदार, जो मुझे डांटा!"

रामलुभाया डरते रहे और चुप रहे। पर एक दिन गुस्से ने डर को ढांप लिया और उनहोंने लड़के को डांट दिया। डांटकर मन-ही-मन डरते रहे कि जाने वह लड़का क्या करे। लड़के ने किया यह कि रामलुभाया को देखकर सिगरेट फेंक दी और नियमित रूप से नमस्ते करने लगा। वह जब तक कॉलेज में रहा, रामलुभाया को नमस्ते करता रहा। उस एक डांट ने रामलुभाया को लगभग हजार-एक नमस्ते दिलवाईं। इन दोनों लड़कों का हिसाब करने पर भी वे घाटे में रहे, क्योंकि दूसरा लड़का दिन में केवल एक बार नमस्ते करता था।

कुछ लड़के नमस्ते करने या न करने की नीति प्रत्येक वर्ष के आरम्भ में निर्धारित करते हैं। यदि वर्ष के आरम्भ में वे नमस्ते करने का निर्णय लेते हैं, तो वर्ष भर करते ही जाते हैं। और यदि वर्ष के आरम्भ में उन्होंने नमस्ते नहीं की तो रामलुभाया समझ जाते हैं कि वे अब इस वर्ष नमस्ते नहीं करेंगे। अधिकांश लड़के अपना टाइम-टेबल देखकर अपनी नीति की घोषणा करते हैं। वे टाइम-टेबल देखकर पता लगाते हैं—क्या रामलुभाया इस वर्ष उनकी क्लास लेंगे? यदि 'हां' तो वे उन्हें नमस्ते करेंगे। यदि 'नहीं' तो वे नमस्ते नहीं करेंगे। इस नीति को देखते हुए, रामलुभाया को बहुधा अपने विभाग के अध्यक्ष से कहना पड़ता है कि कि एक ही क्लास के सप्ताह में चार पीरियड लेने से, वे ज्यादा अच्छा यह समझते हैं कि उन्हें हर क्लास में कम-से-कम एक पीरियड अवश्य दिया जाये, ताकि उनकी नमस्ते की ग्राहकी बनी रहे। एक क्लास छूट गयी तो वर्ष भर में हजारों नमस्ते से वंचित हो जाने का भय उन्हें त्रस्त किए रहता है।

कुछ लड़कों को अध्यापक के प्रति नहीं, विषय के प्रति श्रद्धा होती है। रामलुभाया का पिछला घर जिस मुहल्ले में था, वहां के नाई का लड़का, दिन में बाप के साथ दुकान पर काम करता था और शाम को किसी कॉलेज में पढ़ने जाता था। उसे कहीं से पता लग गया था कि रामलुभाया भी किसी कॉलेज में पढ़ाते हैं—उसे नहीं पढ़ाते तो क्या हुआ, आखिर तो अध्यापक हैं। वे जब भी जाते, वह बड़े सम्मान से उन्हें नमस्ते किया करता था।

एक दिन बहुत संकोच करते-करते उसने रामलुभाया से पूछ ही लिया कि वे राजनीतिशास्त्र पढ़ाते हैं या अंग्रेजी? प्रश्न कुछ अटपटा था। अधिकांशतः लोग पूछते हैं कि 'आप क्या पढ़ाते हैं?' पर उसने केवल दो ही विषयों से सम्बद्ध प्रश्न किया था। उन्होंने उसे बता दिया कि इन दोनों विषयों में से वे कुछ नहीं पढ़ाते। उसने यह पूछने की भी आवश्यकता नहीं समझी कि वे क्या पढ़ाते हैं। उसकी श्रद्धा समाप्त हो चुकी थी। उसके पश्चात् उसने उन्हें कभी भी नमस्ते नहीं की। उन्हें यह कभी भी

मालूम नहीं हो सका कि उसने जितनी बार नमस्ते की थी वह अंग्रेजी को की थी या राजनीतिशास्त्र को।

कुछ लोग मौसमी नमस्ते करते हैं। परीक्षा के दिनों में जिस प्रकार मन्दिरों में भीड़ बढ़ जाती है, वैसे ही रामलुभाया के दरबार में 'नमस्ते' की बहुत भीड़ हो जाती है। परीक्षा से पहले वाली नमस्ते परचे में पूछे जाने वाले प्रश्नों की जिज्ञासु होती है और परीक्षा के बाद वाली अंक बढ़वाने वाली नमस्ते। वर्ष आरम्भ होने से कुछ पूर्व, जैसे ही मुहल्ले का कोई लड़का, सहसा रामलुभाया को नमस्ते करने लगता है, वे समझ जाते हैं कि उसने हायर सैकेंडरी की परीक्षा पास कर ली है और अब उसे कॉलेज में प्रवेश चाहिए। कॉलेज में प्रवेश मांगती नमस्ते का सबसे बड़ा गुण यह है कि लड़के का सारा परिवार नमस्ते करने लगता है, जैसे किसी लड़की का रिश्ता पक्का करने से पूर्व उसका सारा परिवार नमस्ते किया करता है।

तो नमस्ते करके महापौर बैठ गये। स्वराष्ट्र मंत्री ने उन्हें इतना ही समय दिया कि वे बैरे द्वारा लाया गया पेय पी लें और पूछताछ आरम्भ हो गई, जैसे फ्री स्टाइल कुश्ती में पहलवान इस बात की प्रतीक्षा करता है कि प्रतिद्वन्द्वी फिर से उठकर अपने पैरों पर खड़ा हो जाये ताकि उसे दुबारा दबोच लिया जाए। पर महापौर मन-ही-मन बहुत संकुचित हो रहे थे, क्योंकि पूछताछ शासकीय धरातल पर न होकर बड़े घरेलू धरातल पर थी। उनके लिए यह उतना ही अनपेक्षित था जितना किसी पुलिस-अधिकारी का किसी से भद्रतापूर्वक व्यवहार करना। जब महापौर अपने परिवार के प्रत्येक व्यक्ति का कुशल-क्षेम अलग-अलग बता चुके और स्वराष्ट्र मंत्री यह जानकर प्रसन्न हो चुके कि महापौर के परिवार में सब लोग प्रसन्न एवं हृष्ट-पुष्ट हैं और देश के कमीने लोगों के समान दुःखी एवं अस्वस्थ नहीं हैं, तो स्वराष्ट्र मंत्री ने अपने मुंह में पान का एक बीड़ा डाला, जैसे तोप में बारूद भरा हो और उन्होंने तोप दाग दी।

"शर्माजी! आपकी परिवहन-व्यवस्था पिछले डेढ़ महीने में कितनी हानि उठा चुकी है?"

महापौर झुंझलाये: अरे परिवहन-व्यवस्था सवारियां उठाती है, लोगों के नखरे उठाती है, झगड़े उठाती है, मार-पीट कराती है, यह हानि की बात कहां से आ गयी।

"जी कोई हानि नहीं उठायी गयी।" महापौर अपने अभ्यासनुसार घिसे हुए रिकार्ड के समान बोले। ऐसे प्रश्नों के उत्तर के लिए उन्हें सोचना नहीं पड़ता, केवल रिकार्ड पर सुई रख देनी पड़ती है। ऐसा रिकार्ड बजने के लिए बहुत तत्पर होता है। वे अच्छी तरह जानते हैं, राजनीति के वेदों में गायत्री मंत्र के समतुल्य एक मंत्र है—अपने अधीन कार्य करनेवाले किसी भी संस्थान में हानि स्वीकार न की जाये, ऐसा स्वीकार करना घोरतम पाप है।

चुम्बक के समान, ध्रुवों के विकर्षण के समान स्वराष्ट्र मंत्री के होंठ विकर्षित होकर अलग हट गये तथा उनके दांत मसूढ़ों समेत इस प्रकार मंचस्थ हुए, जैसे सहसा यवनिका हटने पर नाटक का कोई दृश्य मंचस्थ होता है (लोग इसी प्रक्रिया को उनका मुस्कराना मानते हैं), ''शर्माजी! आपकी परिवहन-व्यवस्था की आय का साधन क्या है?''

''जी! सवारियां! जी हां! सवारियां।'' महापौर की जीभ का गेयर फंस-सा गया।

''पिछले डेढ़ महीने में दिल्ली-परिवहन की बसों में कितनी सवारियां चढ़ीं? क्या आपकी बसें खाली नहीं चल रहीं?''

क्या मूर्खतापूर्ण प्रश्न है—महापौर ने सोचा—वे क्या किसी बस के कण्डक्टर हैं कि उनसे सवारियों की गिनती पूछी जा रही है। या उनको कोई काम नहीं है कि सवारियां गिनते फिरें। विरह में आकाश के तारे गिनने वालों के विषय में तो उन्होंने सुन रखा है, पर सवारियां गिननेवाले पागलों के विषय में उन्होंने कभी कुछ नहीं सुना था।

''जी! खाली नहीं चल रहीं। एकदम खाली नहीं चल रही।'' महापौर ने फन उठाया, ''आपको जिसने भी यह सूचना दी है, गलत सूचना दी है। मुझ कहने दीजिए कि उसने आपको बहकाने का प्रयत्न किया, जो असफल हो गया, क्योंकि आप समझदार हैं; वह सफल भी हो सकता था, यदि आप समझदार न होते।'' उनका रुकता-रुकता-सा इन्जन अब गर्म होकर बाकायदा फटफटा रहा था, ''मैं जानता हूं कि मेरे विरुद्ध वैसे ही षड्यंत्र चल रहे हैं, जैसे सारे देश में रहट चल रहे हैं। लोग मुझे बदनाम करना चाह रहे हैं पर भंगियों के कोसने से सांड नहीं मरा करते.....।''

''शर्माजी!''' स्वराष्ट्र मंत्री ने अनाड़ी ड्राइवर के समान पूरी गति से चलती गाड़ी में सहसा भरपूर ब्रेक लगा दी, ''बहकिए मत! मेरी बात का जवाब दीजिए। क्या आपकी बसें खाली नहीं चल रहीं?''

इस ब्रेक से गति ही समाप्त नहीं हुई, महापौर की गाड़ी हल्की सवारी के समान डगमगा गयी। वे घिघिया पड़े, पर उन्होंने अपनी रामधुन जारी रखी, ''देखिए, मैं अब भी यही कहता हूं कि हमारी बसें खाली नहीं चल रही हैं। बसें खाली चल ही नहीं सकतीं, आप किसी से भी पूछ लीजिए। बिना पेट्रोल के बस कैसे चलेगी। हमारी बसें भी भरी टंकी से ही चलती हैं।.....जी हां। वैसे भी हर बस में एक-न-एक सवारी होती है। और कोई न हो तो कण्डक्टर तो होता ही है। आप उसे खाली कैसे....।''

स्वराष्ट्र मंत्री शास्त्रीय दृष्टि से अतिहसित तथा महापौर की दृष्टि से अशिष्ट हंसी हंसे। उस हंसी ने महापौर की गाड़ी को पंक्चर कर दिया और उसके चारों पहिये

एकदम बैठ गये। गृह सचिव और लोक-लेखा-समिति के सदस्य बड़ी कंजूसी से थोड़ा-सा मुस्कराये और उसकी आंखें से ऊब तथा उदासीनता के उल्लू झांकने लगे।

"शर्मा जी! आप घबरा गये हैं।" स्वराष्ट्र मंत्री ने विश्लेषण किया, "आप कण्डक्टर को तो सवारी नहीं मानेंगे न! फिर यदि बस में एक-आध सवारी हो भी, जिसे खुर्दबीन से ढूंढ़ना पड़े तो क्या फर्क पड़ता है। आपने पहले ही स्वीकार किया है कि आपकी परिवहन-व्यवस्था की आय का मुख्य साधन सवारियां हैं। जब सवारी कोई है नहीं तो आपका मान लेना चाहिए कि आय भी कोई नहीं है। महात्मा गांधी ने अच्छे साधन से अच्छा साध्य प्राप्त करने तथा बुरे साधन से अच्छा साध्य प्राप्त न करने की बात कही है। बिना साधन के साध्य प्राप्त करने की बात उन्होंने नहीं कही है, इसलिए आपकी बात हम नहीं मान सकते। साहित्यिक क्षेत्र में बिना कारण के कार्य होने को विभावना अलंकार कहते हैं, पर सवारी बिना आय की कल्पना वे भी नहीं कर सके हैं। अर्थ यह हुआ कि पिछले डेढ़ महीने में आप लाखों रुपये की हानि उठा चुके हैं।"

महापौर के ढोल के भीतर एक तेज आवाज गूंज रही थी–हानि उठाओ तुम। हानि उठाये तुम्हारा बाप। हानि क्या काले धन की गठरी है कि उसे हम उठायेंगे। हमने जिल्लत उठाई है, झूठी सौगन्धें उठाई हैं, दूसरों के नाम परमिट उठाकर स्वयं चीजें उठाई हैं, पर हानि नहीं उठाई........

पर ढोल की आवाज को ढोल में रोककर वे बगलोल के समान रोते हुए सख्ती से बोले, "मैं कोई उठाईगिरा नहीं हूं श्रीमन्। कि हानि उठाता फिरूं। आप यह कहें कि हमें कोई लाभ नहीं हुआ, तो मैं मान जाऊंगा। पर लाखों रुपये की हानि की बात मैं कैसे मानूंगा (मान लूंगा तो मुझे दिल का दौरा नहीं पड़ जायेगा)। मैं कहता हूं (और मुझे यही कहना चाहिए) कि यह नगर निगम तथा मुझे बदनाम करने का सरासर निराधर प्रयास है।"

"शर्माजी!" इस बार स्वराष्ट्र मंत्री महापौर से इस प्रकार पेश आये, जैसे दूध न देने के लिए अड़ गयी भैंस से ग्वाला पेश आता है, 'चुपचाप मेरी बात सुनिए। यहां प्राइमरी स्कूल वाले तर्क मत दीजिए। यह आपकी शोभा के अनुकूल नहीं है (क्योंकि आप अपर प्राइमरी तक पढ़े हुए हैं, परीक्षा आपने नहीं दी तो क्या हो गया)। डेढ़ महीने से जो बसें चल रही हैं, उनमें पेट्रोल खर्च नहीं हो रहा? उनकी मरम्मत नहीं हो रही है? परिवहन के सारे कर्मचारी–कण्डक्टर, ड्राइवर, ट्रैफिक इंस्पेक्टर, मिस्त्री, क्लर्क इत्यादि–क्या वेतन नहीं ले रहे? यह सारा धन जो खर्च हो रहा है, इसे आप क्या कहेंगे?

"क्या कहूंगा?" महापौर उस छोटे बच्चे के समान हो गये, जो बिना कुछ समझे-बूझे बड़ों द्वारा कहे गये वाक्यों के अन्तिम भाग को दुहरा मात्र देता है।

"मेरी बात सुनिए।" स्वराष्ट्र मंत्री ने 'सब को सम्मति दे भगवान' शैली में कहा, "ये आपके सामने गृह-सचिव तथा लोक-लेखा-समिति के अध्यक्ष बैठे हैं। उन्होंने आपके द्वारा लाखों रुपये नष्ट किये जाने पर भयंकर रोष प्रकट किया तथा आपको बन्दी कर, आप पर देशद्रोह का मुकदमा चलाये जाने का सुझाव दिया है।"

"तो मुझे बताइये, मैं क्या करूं? मैं आदमी हूं कोई पक्की सड़क तो हूं नहीं कि मुझ पर मुकदमा जैसी भारी-भरकम चीज चलायी जा सके।" महापौर ने जेब से खादी का साफ-स्वच्छ, सफेद-झक्क, धोबी का धुला हुआ रूमाल निकाला, उसकी सारी तहें खोलीं और उसे अपनी आंखों पर रख लिया, "अब आप ही बतायें श्रीमन्! मैं क्या कर सकता हूं। मेरी बात तो कोई मानता ही नहीं। मुझे तो लोगों ने पुराने जमाने की विधवा बुढ़िया समझ लिया है। मैं कब से लोगों से कह रहा हूं कि बसों में चढ़ा करो। पर मेरी कोई सुनता ही नहीं (दे और दिल उनको, जो न दे मुझको जुबां और)। या तो मैं उनके कानों में श्रवण यंत्र लगवाऊं, या अपने गले में लाऊड-स्पीकर। मेरी तो समझ में एक ही बात आती है कि मैं निर्दोष हूं।"

"आप ऐसा कीजिए," महापौर को स्वराष्ट्र मंत्री एक बड़ी-सी सुझाव पेटी नजर आ रहे थे, "कि या तो कुछ ऐसा हो कम-से-कम इतने लोग बसों में अवश्य चढ़ें कि परिवहन-व्यवस्था अपना बोझ स्वयं उठा सके या फिर यह घोषणा करवा दीजिये कि हमें यह सूचना देते हुए अपार हर्ष हो रहा है कि परम पिता परमेश्वर की असीम अनुकम्पा से हमारा नगर नागरिक-परिवहन के सन्दर्भ में आत्मनिर्भर हो गया है, अत: अब दिल्ली-परिवहन की कोई आवश्यकता नहीं रह गयी है। हम उसे बन्द करते हुए अन्य नगरों के सम्मुख यह आदर्श रख रहे हैं कि वे लोग भी इसी प्रकार अपनी परिवहन-व्यवस्थाओं को निरर्थक सिद्ध कर उन्हें बन्द कर दें।"

"मैं आपकी बात समझता हूं।" महापौर अपनी समझदारी का प्रमाण देते हुए एकदम हल्के हो गये और गैस के गुब्बारे के समान कुरसी के ऊपर-ही-ऊपर मंडराने लगे, "चाहता तो मैं भी यही हूं कि इस व्यवस्था के मुर्दे की अन्तिम-क्रिया कर दी जाये, पर लोग मुझे बदनाम करेंगे कि मैंने नयी कार खरीद ली है तो अब बसें बन्द कर रहा हूं। इसलिए आपके सम्मुख विचारार्थ एक सुझाव रख रहा हूं।"

"आप बहुत समझदार हैं।" स्वराष्ट्र मंत्री का चेहरा प्रमाण-पत्र में बदल गया था, "क्या सुझाव है आपका?"

महापौर की आंखें, गन्दा पानी बाहर निकालने वाली नाली के समान बन्द हो गयीं और उनके चेहरे के आंगन में उत्साह का पानी भर आया, जिसमें हंसी के मेंढक

ऊब-डूब खेल रहे थे। उनका ऊदबिलावपन कहीं उत्साह की तह में डूब गया था। वे ललकार कर बोले, ''मैंने कई बार कहा है, प्रेस-प्रतिनिधियों के सामने भी और अपनी पत्नी के सामने भी कि मैं इस समस्या को सुलझाने की योग्यता रखता हूं। इसे आप लोग मुझ पर छोड़ दीजिए। पर मेरी कोई सुनता ही नहीं।

''मैं सुन रहा हूं।'' स्वराष्ट्र मंत्री एक सेंसिटिव माइक के समान सजग थे, ''और इसे मैं आप पर ही छोड़ रहा हूं। आप मुझे बता भर दीजिए कि आप इस समस्या को कैसे सुलझाएंगे।''

''देखिए।'' महापौर का उत्साह बांध-तोड़ वेग से बढ़ता जा रहा था, ''मैं कहता हूं, परिवहन की समस्या के मूल में हमारा पिछड़ापन ही है। हमें इस समस्या को युग के अनुरूप ग्रहण करना चाहिए। यह जंबो-जेट-युग है। हमें अपनी परिवहन-व्यवस्था इसी युग के अनुकूल बनानी चाहिए। हमें प्रत्येक बस-स्टाप पर बने शेड को एक अच्छे एयर-कण्डीशन्ड वेटिंग हाल में बदल देना चाहिए, जहां आ जाने पर यात्रियों को बसों की प्रतीक्षा सुखद लगने लगे। वे लोग चाहने लगें कि बसें देर से आएं, और देर से आएं, और देर से आएं, न ही आएं। बस समय से आये तो यात्री लोग ड्राइवर पर समय से आने के लिए नाराज हों। जैसा कि विमान-व्यवस्था में होता है, वहां एक सुन्दर-सी रिसेप्शनिस्ट हो, जो यात्रियों को सूचनाएं, आश्वासन तथा मुस्कानें दिया करे। जो यात्री वहां प्रतीक्षा करें, उन्हें उनकी इच्छा तथा पसन्द के अनुसार कोई पेय-पदार्थ दिया जाये। बाजार में बिकनेवाले पेय-पदार्थ न मिलें तो हम उनके स्थान पर सन्तरे या गन्ने का जूस दे सकते हैं (उससे लोगों का स्वास्थ्य भी बनेगा)। परीक्षण के तौर पर हम भुने हुए भुट्टे भी देकर देख सकते हैं (लोग भुट्टा खाते रहें और बार-बार बसों के आने-जाने के विषय में पूछ भी नहीं पायेंगे)। हमें सारे नगर में बुकिंग एजेन्सीज खोल देनी चाहिएं, जहां यात्रार्थी लोग अपना टिकट अग्रिम रूप मे खरीद सकें। अग्रिम रूप से टिकटें खरीदवाने में हमारा बहुत लाभ है। यात्रार्थी लोग टिकट खरीदेंगे, और उनके (भारतीय) बच्चे (अपने अभ्यासनुसार) खेलते हुए उन टिकटों को फाड़ देंगे। परिणाम यह होगा कि हमें तो पैस मिल जाएंगे, पर वे बस में यात्रा नहीं कर सकेंगे.....।''

सहसा महापौर ने रुककर स्वराष्ट्र मंत्री के चेहरे को इस प्रकार देखा, जैसे घास काटते-काटते रुककर घसियारा मुड़कर देखता है कि कितनी दूर तक की घास कट गयी। पर वहां गहरी धुंध छाई हुई थी, भाव का दीपक दिख ही नहीं रहा था।

महापौर की रुकावट पर स्वराष्ट्र मंत्री ने प्रश्न-चिह्न लगाया, ''और?''

महापौर का अवरुद्ध प्रवाह पछाड़ खाकर आगे बढ़ा, ''और यह कि प्रत्येक बस में विमान-परिचारिका के समान एक बस-परिचारिका भी हो, जो सड़क चलते

लोगों को बुलाये, बस में आये लोगों का मुस्करा कर स्वागत करे, उन्हें आराम से बैठाये और चाय, कॉफी या जो पेय वे चाहें, उन्हें दे। आप मेरी बात मानिए, आपकी परिवहन-व्यवस्था न बी.ओ.ए.सी., पान-अमरीकन और एयर एण्डिया को मात कर जाये तो नगर निगम के टाउन हॉल में आकर, दस जूते मुझे मारिएगा, मैं इस बात की शिकायत भी नहीं करूंगा कि आपने मुझे पुराने जूतों से क्यों पीटा।''

स्वराष्ट्र मंत्री के चेहरे ने उलूक मुद्रा धारण कर रखी थी, जिससे न कोई भाव छनता था, न परिवर्तित होता था। उन्होंने फिर पूछा, ''आपको और कुछ कहना है।''

महापौर को स्वराष्ट्र मंत्री के स्थान पर अपने प्रेमिका बैठी नजर आयी, जो कह रही थी, ''आज जो कहना है, कह लो प्रियतम! आज कोई भाव मन में मत रखो। आज की रात फिर आये-न-आये।''

''जी!'' महापौर केवड़े के फूल के समान महक उठे, ''जी, यदि केन्द्र सरकार इस योजना के लिए पांच-सात करोड़ रुपया दे दे, तो मुझे कुछ नहीं कहना है।''

केवड़े की महक ने स्वराष्ट्र मंत्री के भीतर सोया हुआ नाग जगा दिया। वह फुफकार कर बोला, ''आपको कुछ नहीं कहना, पर मुझे कुछ कहना है। आपकी मूर्खता अद्‌भुत है। ऐसा अद्वितीय मूर्ख मैंने पहले कभी नहीं देखा। आप जा सकते हैं।''

''जी!'' महापौर का मुंह किसी मशीनी खिलौने के मुंह के समान भौंचक खुल गया।

पर स्वराष्ट्र मंत्री कमरे से वाक-आऊट स्टेज कर चुके थे।

11

चेतन अपने दफ्तर से ऐसी हालत मे लौटा, जैसे रस निकालने की मशीन में पेरा जाने के बाद गन्ना बाहर निकलता है। उसने चाय पी, जैसे कुप्पी से टंकी में पेट्रोल डाला हो; और टाइपराइटर लेकर सन्तों की सहज समाधि में चला गया, उसकी अंगुलियां की-बोर्ड की माला के मनके फेरती जा रही थीं।

उसकी पत्नी ने शाम चार बजे से ही मुठभेड़ की पूरी तैयार कर ली थी। उसने चाय पीने की प्रक्रिया को एक कांफ्रेंस के रूप में देखा था। चाय पीते हुए उसने चेतन को बताया था-बच्चों के निकरें एकदम फट गयी हैं। उनके पास पहनकर, स्कूल जाने के लिए कपड़े नहीं हैं। इस कांफ्रेंस की तैयारी उसने कई बार की थी। पर चेतन या तो कांफ्रेंस से अनुपस्थित हो जाता, या फिर उसके प्रस्तावों को वीटो कर देता था। वह दफ्तर से लौटता था और अपने टाइपराइटर का तान-पूरा लेकर

राग अलापने बैठ जाता था। पिछले महीने उसने अपनी इकलौती विशिष्ट साड़ी—जो रिश्तेदारों के घर केवल विशिष्ट अवसरों पर पहनी जाती है—बहुत अधिक गन्दी होने पर ड्राइक्लीनिंग के लिए दी थी। दुकानदार कह रहा था, 'बहनजी! अब इसे ड्राइक्लीनिंग की जगह डाई करवा लो। साफ तो अब यह क्या होगी।' वह साड़ी आज तक दुकान पर ही पड़ी है। उसे लाने के लिए चेतन के पास समय नहीं है; और जब समय होता है तब पैसे नहीं होते। झगड़ा चेतन के समय और पैसों में है और अबला साड़ी मुफ्त में कष्ट उठा रही है। महा-शक्तियों के झगड़ों में छोटे देश बेचारे मुफ्त में पिस जाते हैं। महाशक्तियों ने अपनी यह आदत शताब्दियों से पाल रखी है और उसे रिटायर करने पर ही नहीं आ रहीं। झगड़ा राम और रावण का था और बीच में बाली और जटायु जैसे छोटे-छोटे देश पिस गये। झगड़ा कर्ण ओर अर्जुन में था कि धनुर्विद्या में ओलंपिक चैम्पियन कौन होगा—और मचा दिया महाभारत। अगले सारी दुनिया में से स्वयं चल-चल-कर कुरुक्षेत्र के महाश्मशान में अपनी बुकिंग कराने आ पहुंचे।

अपने घर के कपों को देखती तो चेतन की पत्नी को लगता था कि वह उन दिनों की प्रतीक्षा में है जब अष्टावक्र जैसे कपों में मेहमानों को चाय पिलाना फैशन माना जायेगा। जब एक जैसे सही-सलामत हैंडल-युक्त कप-सासर देखकर लोग नाक-भौं चढ़ाएंगे कि "कितने बैकवर्ड" लोग हैं, साबुत और एक जैसे कपों में चाय पीते हैं। पर फैशन था कि कम्बख्त आगे बढ़ ही नहीं रहा था और लोग अपनी आदिम प्रवृत्तियों में बंधे हुए सही-सलामत कपों में चाय पीते जा रहे हैं। चाहते हैं कप में कोई दरक तक न हो, कहीं से कोई छिलपट उतर न गयी हो। समाज की इसी रूढ़िवादिता तथा हठधर्मी से भरपूर अत्याचार से बाध्य होकर वह कितने दिनों से एक सस्ते-से टी-सेट की फरमाइश उतने ही आग्रह से कर रही थी, जितने आग्रह से पत्नी अपने पति से हनीमून-शापिंग की पुनरावृत्ति का अनुरोध किया करती है। पर चेतन है कि 'हनीमून' शब्द को समझने से ही इन्कार कर देता है।

आज बड़े लड़के को उसकी स्कूल की आंटी ने यह कहकर कि फटे कपड़ों में स्कूल नहीं आना चाहिए, सुबह-सुबह वैसे ही लौटा दिया था, जैसे कम टिकट का बहाना कर डाकघर वाले पत्र को बिना मोहर लगाये ही लौटा देते हैं। विदेशों में अपने दूत का इतना अपमान सुनकर उसने सोच लिया था कि यदि चेतन ने आज कान्फ्रेंस में ठीक तरह से उसकी बात नहीं मानी तो युद्ध होगा। चेतन के विरुद्ध शिकायतों के सैकड़ों केंचुए उसकी आत्मा से चिपके हुए कुलबुला रहे थे। उसने सोच लिया था कि यदि चाय पीकर चेतन उसके साथ बाजार चलने के लिए तैयार नहीं हुआ तो वह उसके टाइपराइटर पर बैठने से पहले ही "शेलिंग" आरम्भ कर देगी।

पर चेतन एकदम जंगली सुअर के समान व्यवहार कर रहा था, सिर झुकाया और भागे। उसने सिरा उठकार देखा ही नहीं कि पत्नी क्या कहना चाहती है। चाय भीतर उड़ेली और टाइपराइटर के की-बोर्ड पर उसकी अंगुलियां घुड़दौड़ करने लगीं।

कांफ्रेंस फेल हो गयी थी। शत्रु की दृढ़ता को देख चेतन की पत्नी ने शेलिंग का कार्यक्रम भी पेंडिंग में डाल दिया था। उसके हाथ में एक ही चीज रह गयी थी–राजनीति। तो फिर वह धरना देगी। आखिर चेतन उसकी बात कब तक नहीं मानेगा। वह चेतन के ऐन सामने मूढ़ा रखकर बैठ गयी।

'धरना' शुद्ध भारतीय राजनीति का उपकरण है और 'मूढ़ा' उसका उपयुक्त साधन। वस्तुतः यूरोप वाले न कभी धरने की कल्पना कर सके हैं, न मूढ़े की। उनके यहां सोफा होता है, जो बहुत भारी होता है। आप उसे अपनी इच्छा से जहां-तहां रखकर नहीं बैठ सकते। सोफा जहां पड़ा है, वहीं उस पर बैठना पड़ेगा। उनकी गार्डन चेयर्स हैं, वे बाग में रहेंगी। डायनिंग चेयर्स है, वे खाने की मेज के साथ रहेंगी। इजी चेयर्स हैं, वे कहीं आराम कर रही होंगी। देसी फर्नीचर का कोई जवाब नहीं है–चाहे मूढ़ा हो, चाहे चौकी हो, चाहे पटरा हो, पीढ़ी हो, पीढ़ा हो, आसन हो। रसोई में रखकर खाना खा लो, बैठक में रखकर सजकर बैठ जाओ, पुस्तक लेकर बैठ जाओ तो पढ़ाई कर लो, धूप में रखकर धूप सेंको और गाजर मूली तथा गन्ने का आनन्द लो। धूप के ढलने के साथ-साथ पीढ़ी सरकाते चलो और अपने अंगने से गली में जा बैठो। ऐसा मजा सोफे में नहीं है।

यह इसी भारतीय फर्नीचर का सांस्कृतिक प्रभाव है कि भारतीय राजनीति के अन्दोलनों में 'धरना' नामक तकनीक का विकास हुआ। 'धरना' बैठक में नहीं दिया जा सकता। 'धरना' वहीं दिया जा सकता है, जहां वह व्यक्ति उपस्थित हो जिससे अपनी बात मनवानी है। वह व्यक्ति कहीं भी बैठ सकता है, इसलिए धरने के लिए भारतीय फर्नीचर की ही आवश्यकता पड़ेगी।

भारतीय फर्निचर में एक गुण और है; इसमें पीठ टेकने का कोई साधन नहीं होता। अतः, जो व्यक्ति आपके सामने बैठेगा, वह पीठ न टिका सकने के कारण तन कर नहीं बैठ सकेगा। उचित यही है कि अपने घर आये व्यक्ति को ऐसा ही फर्नीचर दिया जाये, जिस पर वह नम्र होकर ही बैठ सके।

हमारे फर्नीचर के कारण 'धरना' विकसित हुआ। 'धरना' का आध्यात्मिक संस्करण 'समाधि' है। 'समाधि' हम उस धरने को कहते हैं, जो ईश्वर नामक अधिकारी से अपनी मांगें पूरी करवाने के लिए दिया जाता है। भारतीय फर्नीचर के समान फर्नीचर के अभाव में बेचारा पश्चिम समाधि से वंचित ही रह गया। परेशान होकर पश्चिम के देश पूर्व के देशों में आकर समाधि लगाकर बैठ गये। पूर्ववालों को यह बात पसंद नहीं आयी। बड़ी मुश्किल से पश्चिमवालों की समाधि तोड़-कर

उन्हें यहां से खदेड़ा गया। पर उन गरीबों का मन पश्चिम में लगता ही नहीं। बार-बार लौट-लौटकर यहीं चले आते हैं, 'छुटती नहीं यह जालिम मुंह से लगी हुई।'

जिस प्रकार विष का प्रतिकार विष से होता है, वैसे से ही 'धरना' का प्रतिकार 'धरना' से ही होता है। रामलुभाया को जब इस बात का पता नहीं था, बड़ी परेशानी में पड़ गये थे, पर पता लगते ही परेशानी से छूट गये। एक बार शहर का एक आवारा लड़का रामलुभाया के दरवाजे पर धरना देकर बैठ गया कि रामलुभाया अपनी लड़की का विवाह उसके साथ स्वीकार करेंगे, तभी वह उठेगा। रामलुभाया परेशान हो गये। सारे शहर में उनकी लड़की की बदनामी हो रही थी। उन्होंने उस आवारा को डांटा-फटकारा, डराया-धमकाया, मनाया, खुशामद की, पैर छुए, ललचाया, पर वह आवारा किसी प्रकार भी नहीं माना। अन्त में रामलुभाया अपने मित्र छेदीलाल के पास गये। छेदीलाल धरना-स्पेशलिस्ट था। उसने रामलुभाया की परेशानी सुनी तो मुस्कराया। वह उसी क्षण दालमण्डी की सबसे बदनाम और घटिया वेश्या को ले आया। वेश्या उस आवारा आदमी के सामने धरना देकर बैठ गयी कि वह तो तभी उठेगी, जब वह आवारा आदमी उससे विवाह कर लेगा। हीरे ने हीरे को काट दिया, धरने ने धरने को उखाड़ दिया। आवारा आदमी धरना छोड़कर भाग गया।

चेतन इस कला से अच्छी तरह परिचित था। उस पर पत्नी के धरने का कोई प्रभाव नहीं पड़ा। वह धरने के उत्तर में अपने धरने में और गहरा उतर गया। वह तो तभी उठेगा, जब वह सारे कागज टाइप कर लेगा। पत्नी बैठी हुई थी और चेतन की दृष्टि पाण्डुलिपि पर थी और अंगुलियां की-बोर्ड पर खटा-खट्, खटा-खट्।

धरना दो प्रकार का होता है—एक बेकाम धरना, दूसरा सकाम धरना। सकाम धरने में आदमी काम करता जाता है और जब उठता है तो उपलब्धि के साथ उठता है। बेकाम धरने में वह बोर हो जाता है। चेतन सकाम धरने में बैठा था, इसलिए धरने के दबाव में उसके काम की गति बढ़ती जा रही थी। पर उसकी पत्नी बेकाम धरने में बैठी थी, इसलिए बोर हो गयी।

पत्नी ने सोचा, धरने मे बैठे-बैठे कोई काम करना चाहिए। धरने में बैठा आदमी घूरने का काम बड़ी सुविधा और सरलता से कर सकता है। वह घूरने लगी। घूरना आंखों की बड़ी अच्छी कसरत है। कसरत-विशेषज्ञों का कहना है कि जिस कसरत से शरीर को पसीना आ जाये। वह कसरत अच्छी होती है। घूरने से आंखों को पसीना आ जाता है। यह देखा गया है कि जिसकी आंखे अच्छी तरह पसीना बहाती हैं, वे काफी दूर तक साफ-सुथरा देख भी सकती हैं। पर घूरने की आदत बड़े परिश्रम से बनायी जा सकती है, जैसे ताश खेलने की आदत या सुबह सैर करने की आदत। इन तीन निकम्मी आदतों को बड़े लोग बड़े शौक से पालतू जानवरों के सामन पालते हैं।

पर चेतन की पत्नी की गिनती बड़े लोगों में नहीं हो सकती, इसलिए वह उखड़ गयी। घूरने को वानप्रस्थ देकर वह बोली, "कब तक टाइप करोगे?"

यदि पत्नी ने पूछा होता, "मुझे कब तक प्यार करोगे?" या 'तुम कब तक मेरी प्रतीक्षा करोगे?" तो चेतन शायद स्पष्ट उत्तर नहीं दे सकता। क्योंकि इन प्रश्नों का उत्तर होता है 'जीवन भर।' पर असन्तोषी पत्नी कहती है, 'बस! इसी जीवन तक। क्या एक ही जीवन में बोर हो जाओगे?' तो पति कहता है, 'बोर क्यों होऊंगा। पर डरता हूं कि दूसरी मिली, वह तुम से भी दो कदम आगे हुई तो। ए नोन डेविल इज आल्वेज बैटर दैन अननोन वन। तुम चुड़ैल हो तो क्या हुआ, दूसरी चुड़ैलों से तो अच्छी हो। इसलिए मैं तुम्हारी प्रतीक्षा करूंगा। अगले जन्म में भी, उससे अगले में भी उससे. .....।' पर प्रश्न 'प्यार' या 'प्रतीक्षा' के विषय में नहीं था। टाइप के विषय में था। इसलिए चेतन ने बड़ा स्पष्ट उत्तर दिया, "बारह बज जायेंगे। कल सुबह यह काम देना है।"

यह उत्तर देते हुए उसने पत्नी के बालों को नहीं सहलाया था। अपनी अंगुलियों से उसके गालों और होंठों को नहीं टटोला था। उसकी अंगुलियां टाइपराइटर के काले-कलूटे अंगों से खेलती रही थीं। उसकी पत्नी सूरदास की 'राधा' होती तो जलकर कहती, "मेरे कान्हा! इस काली-कलूटी अष्टवक्रा कुब्जा में तुम्हें क्या दिखायी देता है कि मुझे छोड़कर इससे क्रीड़ा कर रहे हो।" पंजाबी लोकगीतों की नायिका होती तो कहती, 'हे विधाता! तू मुझे टाइपराइटर ही बना दे, ताकि मेरा माही दिन-रात मुझसे खेला करे!' पर चेतन की पत्नी बड़ी समझदार स्त्री थी। उसने अपनी इस सौत के विरुद्ध कभी आक्रोश प्रकट नहीं किया था। वह जानती थी कि उसकी सौत 'वर्किंग वुमन' थी। यदि सौत चली गयी तो घर की आय कम हो जायेगी। राधा को यदि इस बात का पता होता तो वह घर में बैठकर रोने के बदले कहीं कोई छोटी-मोटी नौकरी ही कर लेती।

चेतन की पत्नी, पत्नी न होकर उसकी प्रेमिका होती तो कहती, 'तुम बारह बजे तक टाइप करोगे तो मेरा लहंगा कब आयेगा बलमा?' पर वह पत्नी थी, इसलिए बोली, "और बबलू का निकर?"

शेष हर मामले में प्रेमिका अच्छी होती है, पर इस मामले मे पत्नी ही अच्छी सिद्ध हुई है। प्रेमिका बारह मीटर का लहंगा या छी मीटर की साड़ी मांगती है, पर पत्नी केवल आध मीटर का बबलू की निकर।

"कल यह काम दूंगा तो पैसे मिलेंगे। फिर बबलू की निकर भी आ जायेगी।" चेतन की अंगुलियां टाइपराइटर पर नहीं करघे पर चल रही थीं, जहां बबलू की निकर का कपड़ा बुना जा रहा था।

"कल बबलू को नंगे ही स्कूल भेज दूं?" पत्नी ने फायरिंग शुरू कर दी।

चेतन ने निकर बुननी बन्द कर दी। वह पत्नी के चेहरे की पाण्डुलिपि पढ़ने लगा। पर जो कुछ उस पाण्डुलिपि में उसने पढ़ा, उसे टाइप करने में उसकी अंगुलियां समर्थ नहीं थी। वह झल्लाकर बोला, ''क्या चाहती हो?''

''तुम क्या चाहते हो?'' पत्नी ने एयर-रेड के सायरन की सूचना के बिना ही अश्रु-बाम्बिग आरम्भ कर दी, ''सुबह उठकर तुम्हारा नाश्ता तैयार करूं। तुम्हें दफ्तर भेजूं। फिर बच्चों को तैयार करूं और उन्हें स्कूल भेजूं। फिर घर की सफाई करूं। बर्तन मांजूं। कपड़े धोऊं। दोपहर का खाना पकाऊं। बच्चों को खिलाऊं। उन्हें सुलाऊं। फिर घर के फटे हुए कपड़े सियूं। रात को खाना बनाऊं और फिर शाम को तुम आओ तो सीधे मुंह बात भी न करो। मैं कितने दिनों से तुम्हारी प्रतीक्षा करती-करती ही सो जाती हूं। मुझे पता ही नहीं लगता कि तुम सोने के लिए कब आते हो। मैं भी आखिर मनुष्य हूं.....।''

पत्नी की सारी बाम्बिंग बेकार गयी, क्योंकि चेतन के चेहरे पर उगा हुआ कोई भी दुर्ग ध्वस्त नहीं हुआ था, ''तुम क्या समझती हो कि घर आते ही जो मैं टाइप करने बैठ जाता हूं, वह अपने शौक के लिए करता हूं। मेरा मन दफ्तर में दिन-भर टाइप करते हुए भरता नहीं है क्या? घर आता हू तो लोगों का निजी काम करता हूं, ताकि कुछ पैसा कमा सकूं; और तुम समझती हो कि मैं यहां पोलो खेल रहा हूं।''

पत्नी ने बचे खुचे बम संभाल कर रख लिये। आंखे पोंछ डालीं। इस आदमी से सिर मारना एकदम बेकार है। इसे तो कुछ सूझता ही नहीं। घर के लोगों को भी टाइप की मशीन समझता है। जब जरूरत हुई टाइप कर ली और फिर बन्द करके रख दिया, 'पड़े रहो।' घर के लोग प्राणवान् हैं, उनसे कभी कोई बात करनी होती है, जिसे इस बात का भी एहसास नहीं उसे क्या कहा जाये। वह यदि कहेगी कि वह बोर हो जाती है, तो कह देगा, मनुष्य की नियति यही है। यदि वह अकेलेपन की शिकायत करेगी तो वह कह देगा कि संसार में हर व्यक्ति अकेला है। और यदि उसे अपनी अकेलापन याद आ गया तो उसे अपने मां-बाप भी याद आ जायेंगे। फिर वह कहेगा, यदि उसे अपना अकेलापन इतना ही खलता है तो उसे सास-ससुर तथा जेठ-जिठानी से अलग होने के लिए इतना शोर नहीं मचाना चाहिए था।

'तो वह क्या करे?' वह एकदम परेशान हो गयी।

पुरुष परेशान होता है तो नारी के आंचल में जा छिपता है, नारी परेशान होती है तो रसोई-माता की गोद में शरण ढूंढती है। वह रसोई में चली गयी। गुस्से में उसने मुक्कियां मार-मारकर आटा बहुत बढ़िया गूंथा, रोटिया खूब करारी सेंकी, सब्जी खूब अच्छी तरह भूनी। यदि कहीं उस समय वह कपड़े धोने बैठती तो निश्चित रूप से धोबी के धुले कपड़े भी उसके सामने आत्महत्या की ही बात सोच सकते थे।

जीवन में पति-पत्नी के झगड़े के इस महत्वपूर्ण योगदान की ओर अभी समाजशास्त्रियों ने ध्यान नहीं दिया है। यह बात अब पूरी तरह प्रमाणित हो चुकी है कि पत्नी नाराज होती है तो घर के महीनों के लगे जाले तक साफ हो जाते और पति नाराज होता है तो दफ्तर में फाइलों का ढेर साफ कर देता है (यहां यह पूर्व निश्चित कर लेना चाहिए कि पति-पत्नी उस नस्ल के तो नहीं हैं, जो झगड़े के बाद खाट लेकर पड़ जाते हैं)। देश और राष्ट्र के हित में यह है कि नाराज होकर अधिक काम करने वाले पति-पत्नी को नियमित रूप से सप्ताह में एक-आध बार परस्पर नाराज करवाने की व्यवस्था की जाये।

उसने बच्चों को खाना खिलाकर सुला दिया; और स्वयं इस प्रतीक्षा में बैठ गयी कि चेतन जब उससे खाना मांगेगा तो वह उसे खाने को पड़ेगी। पर चेतन का विश्वास 'आ बैल मुझे मार' नीति में नहीं था। वह टाइपराइटर के साथ ही काफी संतुष्ट था, जो उसकी उंगलियों के संकेत मात्र से चलता था। ऐसे अच्छे जीव को छोड़, लड़ने को तैयार बैठी पत्नी से वह क्यों उलझता। वह सकाम था, अतः उसे भूख नहीं लगी, पत्नी निष्काम थी, अतः बोर हो गयी। पता नहीं भगवान कृष्ण ने लोगों को निष्काम होने का उपदेश क्यों दिया। शायद वे लोगों को अधिक-से-अधिक बोर करना चाहते थे। यदि कुरुक्षेत्र के मैदान में लोग निष्काम अर्थात् बोर न हुए होते, तो निश्चित रूप से वहां महाभारत-जैसा भयंकर युद्ध न हुआ होता। संसार में जन्मे हर निष्काम आदमी ने सदा भीषण रक्तपात का प्रबन्ध किया है।

साढ़े दस बजे वह पूछने आयी, "खाना भी खाओगे या कागज और कार्बन खा लिये हैं?"

चेतन ने केवल 'दो शब्द' कहे, "दे जाओ।"

ये 'दो शब्द' वस्तुतः दो शब्द ही थे, पुस्तक के आरम्भ के 'दो शब्द' नहीं। वस्तुत पुस्तक के आरम्भ के 'दो शब्द' अथवा मंच पर बोले गये 'दो शब्द' गिनती-विज्ञान से बाहर की चीज हैं, अतः मुहावरेदानी में आ जाते हैं। मुहावरेदानी की आड़ लेकर लोगों ने गिनती-विज्ञान के साथ जो-जो अत्याचार किये हैं, वे याहिया खां के अत्याचारों के काव्यात्मक वर्णन में उपनाम के काम आयेंगे। 'दो शब्द' के शीर्षक के अन्तर्गत लोग दसियों पृष्ठ लिख जाते हैं, और 'दो शब्द' बोलने की अनुमति लेकर लोग घण्टों बोल जाते हैं। 'दो मिनट' में तैयार होने वाले लोग सारी शाम बिताकर भी तैयार नहीं होते। अतिथि 'दो दिन' बिताने आते हैं और महीना पक्का काट जाते हैं। दो फुल्के खानेवाले परिवार-भर के लिए गुंथा हुआ आटा समाप्त कर जाते हैं। हीगल ने सच कहा है कि प्रत्येक सत्य अपने गर्भ मे अपने विरोधी सत्य को धारण किये रहता है। नरेन्द्र कोहली नामक वैज्ञानिक ने पता लगाया है कि प्रत्येक विज्ञान अपने गर्भ में विरोधी विज्ञान को धारण किये रहता है। इसी विज्ञान के अन्तर्गत

यह बात स्थापित की जा सकती है कि गिनती-विज्ञान अपने गर्भ में मुहावरा-विज्ञान को धारण किये रहता है। मुहावरा विज्ञान दो शब्द कहने के लिए मुंह खोलता है तो गिनती-विज्ञान से उसकी आंखें चार हो जाती हैं। उनके मिलने की चार दिन की चांदनी बहुत जल्दी नौ दो ग्यारह हो जाती है और उसमें कुछ तीन-तेरह हो जाता है, फिर बैठे आठ-आठ आंसू रोते रहते हैं। भावार्थ केवल इतना है कि इन दोनों में पटती नहीं, जिस व्यक्ति को गिनती याद रहती है, वह मुहावरे भूल जाता है और जो मुहावरे याद रखता है, गिनती कभी उसके पल्ले नहीं पड़ती।

पत्नी ने बात बहुत चुभती हुई कही थी, जिसे चेतन टाल गया था। यदि पत्नी कवि होती तो पति की इस अरसिकता पर वह सिर धुन-धुन-कर रोती—"अरसिकेषु काव्य निवेदनम् शिरसि मा लिख! मा लिख! मा लिख।" और कहीं चेतन कवि होता तो पत्नी की इस वाग्विदग्धता पर पछाड़ खाकर उसके चरणों में गिरता—"देवि! मां! सहचरी! प्राण?"

पर दोनों में कवि कोई नहीं था इसलिए बात आगे नहीं बढ़ी (पति-पत्नी में से कोई भी कवि न हो तो उसका लाभ शाश्वत है)। पत्नी थाली परोस उसके मत्थे मार गयी और चेतन अपनी वर्किंग-प्रेयसी के सहवास में खाना उसी प्रकार निगल गया जैसे अजगर साबुत हरिण निगल जाता है। उसका ध्यान उस शरीफ आदमी के समान सिर झुकाये गली में से गुजर गया, जो यह कभी नहीं देखता कि बाकी घरों में क्या हो रहा है। इसका शुभ-लाभ यह हुआ कि उसे यह पता नहीं चला कि उसकी पत्नी ने खाना नहीं खाया है। यदि कहीं उसका ध्यान इस ओर चला जाता तो बात बुरी तरह उलझ जाती। तब पत्नी कहती "मुझे भूख नहीं है।" चेतन उसे मनाता। वह अपनी शिकायतें करती। तात्पर्य यह कि वह वीकली-दाम्पत्य-नाटक पूरी ताम-झाम से दुहराया जाता, जो अपने देश की एक अत्यन्त लोकप्रिय विधा है।

पर पाठकों को बोर करने वाले लेखक से, उन्हें बोरियत से बचानेवाला ईश्वर बड़ा है। हे प्रभु! तू अत्यन्त दयालु है। करुणानिधान है। दीनानाथ है। जिसका बचानेवाला कोई नहीं है, उसे बचानेवाला तू है। पता नहीं तेरी करुणा ने बांह पसारकर चेतन के ध्यान को पकड़ लिया, या लेखक के फाउंटेनपैन को। पर जो भी तूने किया, उससे पाठक-समुदाय बच गया। तू धन्य है प्रभु! तुझे करोड़ों नमस्कार हैं।

चेतन ने खाना समाप्त कर बिगड़ैल बच्चे के समान थाली परे खिसका दी। जिस प्रकार प्रभु दैत्यों और राक्षसों का संहार करते हैं, उसी प्रकार उसने रूमाल से अपने हाथों की अस्वच्छता का नाश किया; और फिर से अपनी श्यामा प्रेमिका के केशों के घने जंगलों में क्रीड़ारत हो गया। न उसने शास्त्रों के शौच सम्बन्धी उपदेश को याद रखा, न कर्मकाण्ड को ही उसने लिफ्ट दी और न डेण्टल-सर्जनों की चेतावनियों की ओर ही आंख उठाकर देखा। कुल्ला करने के लिए उठने का कष्ट उसने नहीं किया।

एक बार तो पत्नी के मन में आया कि वह भूखी सो रहे। वह चेतन के निकट गयी तो उसकी टाइप-समाधि की छाया में उसे वैसे ही बुद्धत्व प्राप्त हुआ, जैसे सिद्धार्थ को बोधिवृक्ष की छाया में प्राप्त हुआ था। गौतम का सुजाता की खीर खा लेना भूखे रहकर आन्दोलन करने की असफलता का सबसे बड़ा ऐतिहासिक प्रमाण है। वह आन्दोलन चाहे ईश्वर-प्राप्ति के लिए हो, चाहे ज्ञान-प्राप्ति के लिए, चाहे बबलू की निकर-प्राप्ति के लिए। इतना ज्ञान प्राप्त करते ही पत्नी ने त्रिया-हठ त्याग दिया। चेतन की थाली उठा ली और रसोई में जाकर उसने चुपचाप खाना खा लिया। फिर बाहर गली में आ गयी, जहां सब लोगों की अपने-अपने घरों के सामने चारपाइयां बिछी हुई थीं। बच्चे सो गये थे, वह भी अपनी चारपाई पर लेट गयी।

इस देश के कुछ भागों के निवासियों को गर्मियों में खुले आकाश के नीचे सोने का हठ है। घर में आंगन है तो आंगन में सोयेंगे, आंगन नहीं हो तो छत पर सोयेंगे, छत पर सोना सम्भव नहीं होगा तो गली में सोयेंगे। जो लोग इस प्रकार गलियों में नहीं सोते, वे गलियों में सोनेवालों को असभ्य और नीच समझते हैं, पर यह उनकी भूल है। गली में सोने के कई साधारण तथा कई असाधारण लाभ हैं। साधारणत: यह देखा जाता है कि जहां लोग गलियों को केवल आने-जाने के काम में लाते हैं, और सोने के लिए उसका उपयोग नहीं करते, वहां गलियां भीड़ी और तंग होती हैं, वहां गन्दगी और बदबू होती है। स्वच्छता विज्ञान, शरीर विज्ञान, नागरिक विज्ञान, चिकित्सा विज्ञान, समाजशास्त्र तथा अध्यात्म शास्त्र के मतों के अनुसार गली चौड़ी, धूपवाली, हवादार और साफ-सुथरी होनी चाहिए; और यह तभी सम्भव है, जब लोग रात को गलियों में सोयें। यदि उन्हें रात को अपने मकान के सामने गली में सोना है तो घर के सामने की नाली में वे बदबूदार इत्र बनाने का कारखाना कभी पसन्द नहीं करेंगे।

एक बात और है : घरों के सामने गली में सोने से चोरों का आवागमन कम हो जाता है । परिवार नियोजन की दष्टि से भी गली में सोना पर्याप्त लाभदायक है। असाधरण लाभ ये है कि कभी कभी असाधारण दृश्य देखकर असाधारण मनोरंजन होता है तो मुहल्ले के लोगों को एक दूसरे के अन्तरंग भेदों का पता चलता है जिससे आत्मीयता बढ़ती है और मुहल्ले में भ्रष्टाचार फैलाने में सहायक होती है।

चेतन ने जब एकरसता से कुछ उकताकर अपनी श्यामा प्रेमिका के चेहरे से आंखें हटाकर घड़ी को देखा जो अपनी टिक टिक की भाषा में उसे बड़ी देर से बुला रही थी तो बारह बजने मे कुल चार मिनट थे काम अभी शेष था पर सुबह दफ्तर भी जाना था। उसने सोचा—अब सो ही जाना चाहिए।

उसने कागज समेटे बत्ती बुझाई और बाहर निकल घर को ताला लगा दिया वह चारपाई पर लेटा तो पत्नी कुनमुनाई ''आ गये।''

पर आ गये में प्रश्न से अधिक सूचनाएं थीं। अभी क्या जल्दी थी रात बहुत बाकी है। टाइपराइटर थका नहीं होगा दुनिया के सारे कागज समाप्त तो नहीं हो गये। देखो आकाश पर चन्द्रमा अभी टाइप ही तो कर रहा है तुम इतनी जल्दी थक गये धिक्कार है तुम्हें। जाओ काम करो, काम है तो जहान है इत्यादि-इत्यादि।

''हां।'' चेतन ने अपने शरीर को चारपाई पर इस प्रकार पसरा दिया जैसे शरीर न हो कोई चादर हो जिसे सारी चारपाई को ढांप लेना चाहिए, सवेरे मेरी नींद जल्दी न खुले तो जगा देना। दफ्तर जाने से पहले भी कुछ टाइप कर लूंगा।

और उसने ऐसे करवट बदल ली, जैसे वायरलैस पर सन्देश देकर कहा हो, 'ओवर एण्ड स्टाप'।

''अभी सोये हैं नहीं और उठने की बात पहले।'' पत्नी ने अपनी टिप्पणी की।

चेतन की मुंदती हुई आखों ने सोने से पहले देखा गली के कोने वाले मकान की बुढ़िया दूध की खाली बोतलें लिये मिल्क बूथ की ओर जा रही है।

''यह साली न मरेगी न किसी को चैन से सोने देगी'' चेतन के आस्तिक मन ने सोने से पहले प्रार्थना की और सो गया।

सहसा कुछ हुआ। जो कुछ हुआ, उसके अनेक पक्ष हैं। यदि निर्माणवादी दृष्टि से देखा जाये तो 'चेतन जाग गया' ध्वंसवादी तोड़क फोड़क दृष्टि से 'चेतन की नींद टूट गयी', क्रान्तिकारी दृष्टि से चेतन की अवस्था में क्रान्तिकारी परिवर्तन हुआ वह सोये से जाग गया। उसने देखा अंधेरा अभी काफी था, पर अंधेरे के स्वत: हटने की प्रतीक्षा में बैठे रहने से तो कभी प्रकाश नहीं हुआ। उसने कलाई में बधी घड़ी देखी तीन बजकर तेरह मिनट हुए थे।

घड़ी ने जैसे उसे डंक मार दिया। वह एकदम हडबड़ाकर उठ बैठा।

वह बुढ़िया तो बारह बजे ही अपनी बोतलें बूथ के सामने रख आयी थी, और लोग भी रख आये होंगे। और वह अभी तक सोया ही पड़ा था। अब जायेगा, बोतलें लाइन में रखेगा, तो उसकी बारी आते-आते दूध खत्म हो जायेगा सन्तों को बहुत पहले ही पता था कि देर तक सोनेवालों को दूध नहीं मिला करता, इसलिए बहुत पहले से वे 'उठ जाग मुसाफिर भोर भई, अब रैन कहां जो सोवत है' की चेतावनी देते रहते थे। अपना यह क्षीर-प्रिय देश लोगों को सदा दूध लाने के लिए सवेरे-सवेरे जगाता रहा है, चाहे वह 'संध्या' करने के बहाने हो, गंगा स्नान के बहाने हो, या उषा-वर्णन के बहाने। पर जगाता वह दूध लाने के लिए ही है।

उसने घर का ताला खोला और बोतलें लेकर, 'हटो व्योम के मेघ पंथ से, स्वर्ग लूटने हम आते हैं। दूध! दूध! ओ वत्स तुम्हारा दूध खोजन हम जाते हैं' के अन्दाज में वह मिल्क-बूथ की ओर चल पड़ा।

बूथ के सामने बोतलों की दूर तक लाइन लगी हुई थी, जैसे हनुमानजी के मन्दिर में मंगलवार को दशर्नार्थियों की लगती है। लोग शायद रात-भर बोलतें ही रखते रहे थे। मुहल्ले में सन्तों की वाणी का जो इतना प्रचार हो रहा था, उसका यह परिणाम तो होना ही था। जिस मुहल्ले में 'रात गंवाई सोई के.....' का कीर्तन होगा, वहां लोग क्यों सोयेंगे, वे तो रात का सदुपयोग मिल्क-बूथ के सामने बोतलों की लाइन लगाने के लिए करेंगे। उसने सन्तों की बात नहीं मानी। रात-भर सोता रहा। अब बोतलें रखने पर तो दूध की बारी कल ही आयेगी।

उसने सुना, दूर कहीं कोई लाउडस्पीकर उपदेश दे रहा था-

"कल मरना सो आज मर, आज मरना सो अब।
पल भर में पुलिस आयेगी, बहुरि मरेगा कब?"

साले जीने भी नहीं देते-उसने बहुत भेद-भरे स्वर में स्वयं को सूचना दी-बारह बजे रात तक काम करो-मरो और तीन बजे फिर दूध के लिए दौड़ पड़ो, फिर उस पर भी दूध नहीं मिलेगा। उसे लगा 'दिनकर' ने भी उसके समान ही पीड़ित होकर लिखा होगा: "कब्र-कब्र में अबुध बालकों की हड्डी रोती है। 'दूध-दूध' की कदम-कदम पर सारी रात सदा होती है।" पर आगे कवि ने लिखा, "'दूध-दूध' दुनिया सोती है।" यह बात गलत है। दूध दुनिया को सोने नहीं देता। सुबह बच्चे बिना दूध के रह जायेंगे और उसे चाय भी नहीं मिलेगी।

'बड़ी आयी दिल्ली दुग्ध योजना' -उसने मुंह चिढ़ाया-यह तो 'दिल्ली जगाओ योजना' है। दिल्ली मिल्क स्कीम-फार्स, टोटल फार्स। धोखा.....'

और सहसा उसने अपनी बोतलें जमीन पर जोर से दे मारीं। जोर का पटाखा बजा और दोनों बोतलों के टुकड़े हंसते-किलकारियां मारते बिखर गये। वह बड़ी प्रसन्नता से उन्हें देखता रहा, जैसे कोई बच्चा अपने खिलौनों की बढ़ती हुई जनसंख्या को देखकर प्रसन्न होता है। फिर उसने अपनी जेब में से टीन का बना हुआ 'दिल्ली दुग्ध योजना' का अपना टोकन निकाला और भरसक उसकी गेंद बनाने का प्रयत्न करता रहा। जो गेंद बनी, न वह गोल थी, न उछलती थी, न सुन्दर थी। उसने उसे अंधेरे आकाश की ओर उछाल दिया और पलटकर यह भी नहीं देखा कि न्यूटन के सिद्धान्त के अनुसार अभी भी पृथ्वी में गुरुत्वाकर्षण शक्ति शेष है या नहीं।

उसने नजर उठाकर देखा। उसने कुछ दूर, मिल्क बूथ के एकदम पास कुछ लोग सन्तरी के समान खड़े बूथ की रक्षा कर रहे थे और उसकी ओर देखने का कष्ट उठाकर उसे आबलाइज भी कर रहे थे।

उसने अंधेरे में, अपने बिना ब्रश किये हुए दांत दिखाकर उन्हें चिढ़ाया। उन लोगों की ओर से कोई प्रतिक्रिया नहीं हुई। उसने अपनी बाई आंख दबायी और बड़े मैत्रीपूर्ण ढंग से बोला, "दूध की दो बोतलों के लिए रात-भर जागते हो कमीनों!

सालो, तुम्हें नींद नहीं आती? अनिद्रा की बीमारी है तुम्हें? अब रात-भर की नींद बहुत मूल्यवान् है। दो बोतल दूध तो उसका पासंग भी नहीं है। इतनी-सी चीज के लिए रात-भर जागना, कहां का न्याय है?''

उनकी ओर से उत्तर नहीं आया तो स्वयं ही बोला, ''नहीं है न! तो सालो फिर अन्याय क्यों सहते हो? मत सहो। आओ मेरे साथ। देखो मैं कैसे विरोध करता हूं।''

उसने फिर उनकी और देखा। वे लोग या तो इतनी दूर थे कि उसकी बातें नहीं सुन पा रहे थे या फिर बहरे थे। वैसे सामान्यतः लोग विद्रोह की बात सुनते ही, बहरे न हों, तो भी बहरे हो जाते हैं। या फिर चेतन बोल ही बहुत धीरे रहा था।

सहसा वह जोर से हंसा—मुक्ति की हंसी! ज्ञान की हंसी!

उसने लाइन में पड़ी बोतलों को उठा-उठाकर पटकना और ठोकरें मारना आरम्भ किया......

''अबे क्या कर रहा है।'' बूथ के पास खड़ी जड़ भीड़ जोर से चीखी और उसकी ओर झपटी जैसे डूबते सूर्य की ओर अन्धकार झपटता है।

उसके पास पहुंचने तक वह बीस-बाईस बोतलें तोड़ चुका था। पर जैसे भगवान के अवतार के बाद राक्षस अधिक अत्याचार नहीं कर पाते, वैसे ही उस भीड़ के पास आ जाने पर वह और अधिक बोतलें नहीं तोड़ सका। क्वार्टर सेंचुरी की तमन्ना उसके मन में ही रह गयी।

अब भीड़ ने 'जय बजरंग बली' का नारा लगाकर बोतलों का प्रतिशोध लेने के लिए उसकी हड्डियां तोड़नी शुरू कर दीं।

''मैं दूध की दो बोतलों के लिए रात-भर नहीं जागूंगा,'' टूटती हुई हड्डियां चीख रही थीं, ''और तुम्हें भी नहीं जागने दूंगा।''

लोगों ने कुछ नहीं कहा, वे अन्धे-बहरे होकर अत्यन्त अनुशासित रूप से अपने कर्त्तव्य का पालन करते जा रहे थे। राम नाम की लूट को वे लूटते जा रहे थे। बाद में पछताने को कोई भी तैयार नहीं था। ऐसा सार्वजनिक महोत्सव फिर हो या न हो। किसी को इतने मुक्त-हस्त पीटने का ऐसा सुनहरा अवसर फिर आये या न आये। लोगों ने उसे पीट-पीटकर लहूलुहान कर दिया था, पर वह मंसूर के अवतार-सरीखा अपने 'अनल-हक' पर डटा हुआ था, ''मैं रात भर नहीं जागूंगा...।''

12

पाठकों से निवेदन है कि अब तक जो कुछ हुआ सो हुआ, कम से कम इस अध्याय को वे गम्भीरता पूर्वक पढ़ें। बात एक संसद की है, जो हम सबके लिए सम्माननीय है। सावधान!

लोक सभा का अधिवेशन आरम्भ करवाकर घडी की सुइयां बहुत आगे नहीं बढ़ी थीं कि सारे विपक्षी दलों के सदस्यों ने अपनी टिड्डी-शक्ति एकत्रित कर शासक दल पर आक्रमण कर दिया।

टिड्डियां बड़ी भंयकर चीज हैं और मानव जाति की घोर शत्रु मानी गयी हैं। कहते हैं कि एक बार टिड्डियों ने पठानों के एक गांव पर आक्रमण करने की मूर्खता की। सारे गाव में खबर फैल गयी दुश्मन आया है। सारे समर्थ पुरूषों ने अपनी अपनी बन्दूकें संभाल लीं और गांव की सीमा पर आकर मोर्चा संभाल लिया। टिड्डियों का दल अभी दूर था, पर दो एक बहकी हुई टिड्डियां वहां आ गयीं। एक टिड्डी एक पठान की नाक पर बैठ गयी। दूसरे ने बन्दूक संभाली और दाग दी। टिड्डी मर गयी। और वह नाक वाला पठान भी शहीद हो गया। पीछे का टिड्डी दल किसी ओर दिशा में मुड़ गया। वह इस गांव की ओर आया ही नहीं। सब लोग गांव में लौटे। पूछा गया, मुकाबला कैसा रहा? जवाब मिला: ''खूब मुकाबला बराबर का रहा। एक आदमी दुश्मन का मरा,एक आदमी हमारा मरा। बाकी दुश्मन डरकर भाग गया।''

पर संसद-भवन में टिड्डयां नहीं आयी थीं, केवल विपक्षी दलों के सदस्य मिलकर टिड्डी दल के समान बलवान हो गये थे। टिड्डी दल निर्माण से पहले वे लोग स्वयं भी नहीं जानते थे कि वे इतना सशक्त आक्रमण कर सकेंगे। न सत्ताधारी दल इस आकमण के लिए तैयार था कौन जानता था कि इजराइल इतनी तीखी मिर्च सिद्ध होगा, जिसे चबाने के प्रयत्न में अरब राष्ट्रों के साथ-साथ महाशक्तियों की नाक और आंखो में से पानी बहने लगेगा।

बात एक टिड्डी के समान बहुत छोटी थी।

सुबह के समाचारपत्रों में एक समाचार प्रकाशित हुआ था कि कल शाम एक व्यक्ति केन्द्रीय सचिवालय की सीढ़ियों पर गिर कर बेहोश हो गया था। (लोग आजकल गिरने से पहले स्थान अच्छी तरह चुन लेते हैं। अपने घर के बाथरूम में गिर कर बेहोश होना ही सुविधाजनक है। गिर कर मरना अत्यन्त निरर्थक चीज है, जब बेहोश होने से भी उतनी ही पब्लिसिटी मिलती है तो मरा क्यों जाये। और यदि मरना ही है तो फिर गिरने की तकलीफ क्यों उठायी जाये, गिरे बिना भी तो मरा जा सकता है। मरना तो मरना ही है।) तो वह व्यक्ति केन्द्रीय सचिवालय की सीढ़ियों पर गिर कर बेहोश हो गया था। आसपास के लोगों ने उसे उठा कर वेलिंगडन अस्पताल पहुंचाया था। (कोई समय था जब गिरे हुओं को उठाने पर बहुत बल दिया जाता था। सारे सुधारक इसी बात पर जोर देते आये हैं कि गिरे हुए लोगों को उठाया जाये। जो व्यक्ति इस काम में सबसे आगे-आगे रहता था। उसे 'पतित पावन' की उपाधि दी जाती थी। पर उपाधि के साथ नकद पुरस्कार नहीं था। इसलिए यह उपाधि बहुत लोक-प्रिय नहीं हो सकी। पर तब बात केवल उठाने तक की थी, अस्पताल

पहुंचाने की नहीं। जब से अस्पताल खुले हैं, जैसे रास्ते में गिरी हुई कोई चीज उठाकर पास के थाने में पहुंचा दी जाती है)। अस्पताल में डॉक्टरों ने उसका परीक्षण करके बताया था कि उस व्यक्ति के पेट में कम-से-कम पिछले अड़तालीस घण्टों से अन्न नहीं गया था। (पता नहीं अन्न को यह बुरी आदत कहां से पड़ी है कि किसी के पेट में जाता है, किसी के पेट में नहीं जाता। कुछ लोग होते हैं कि न किसी रिश्तेदार के घर जायेंगे, किसी के घर नहीं जायेंगे। आम तौर पर प्रचलन यह है कि अमीर रिश्तेदारों के घर जाया जाये और गरीब रिश्तेदारों के घर न जाया जाये। आप अपने से अमीर रिश्तेदार के घर जायें और वह अपने से अधिक अमीर रिश्तेदार के घर। इसे ट्रैफिक पुलिस वाले 'एक-पक्षीय-मार्ग' या वन वे ट्रैफिक कहते हैं। इसमें सबसे बड़ा लाभ यह है कि दुर्घटनाओं की सम्भावना बहुत कम हो जाती है। कहते हैं कि रामलुभाया एक बार चोरी के अपराध में पकड़े गये। पुलिस वालों ने पूछा, "तुम्हारी जमानत देने वाला तुम्हारा कोई अमीर रिश्तेदार इस नगर में है?" रामलुभाया बोले, "हैं तो बहुत सारे, पर मैं गरीब हूं न! इसलिए वे मुझे पहचानते नहीं हैं।" पुलिस वालों ने कहा, "अच्छा अमीर न सही। तुम्हारा कोई गरीब रिश्तेदार है, जो तुम्हारी जमानत दे सके?" रामलुभाया बोले, "बहुत सारे। पर वे गरीब हैं न! इसलिए उन्हें मैं नहीं पहचानता।")। डॉक्टरों ने यह भी बताया कि वह भूख से काफी दुर्बल हो गया है किन्तु अब वह ख़तरे से बाहर है।

होश में आने के पश्चात् उस व्यक्ति ने बताया कि उसका नाम गणपत कालिया है, और वह वित्त-मंत्रालय में सेक्शन अफसर है (वैसे यह सूचना देने के लिए उसका होश में आना आवश्यक नहीं था। यह वह बेहोशी में अपना आइडेंटिटी कार्ड से भी बता सकता था। वैसे इससे उसकी बेहाशी में भी कोई अन्तर नहीं पड़ा था। बेहोश व्यक्ति 'बेहोश' ही कहा जायेगा, चाहे वह सेक्शन अफसर हो, या स्वयं सेक्रेटरी। यह समाज का विचित्र अत्याचार है कि वे लोग क्लर्क को भी बेहोश ही कहते हैं और सचिव को भी। होना यह चाहिए कि अफसरों की कोटियों के अनुसार ही उनकी बेहोशी के लिए भी पृथक्-पृथक् संज्ञाएं होनी चाहिए। भाषा की इस कंगाली पर कोई भी प्रसन्न नहीं है)। पर इसके बाद की सूचनाएं महत्वपूर्ण थीं। उसने बताया कि पिछले अड़तालीस घण्टों से उसके घर से अन्न नहीं है; क्योंकि उनके घर में राशन समाप्त हो चुका है ('राशन' उस वस्तु का नाम है, जो प्रत्येक सप्ताह या मास में समाप्त होकर गृहस्वामिनी को परेशानी करती है और प्रतिक्रियावश गृहस्वामिनी गृहस्वामी को परेशान करती है। इस प्रकार पति-पत्नी में झगड़ा करवाने वाले दुष्ट तत्त्वों में सबसे पहला नाम राशन का है)। उस व्यक्ति ने कहा कि राशन की दुकान पर लगी लम्बी 'क्यू' में खड़े होकर अपमानित होने से वह इन्कार करता है। न वह किसी सदाव्रत के लिए क्यू में खड़ा होगा, न लंगर की क्यू में और न राशन की दुकान

की क्यू में। अत: न वह इस महीने राशन लाया है, न लायेगा। वह अपनी नौकरी ईमानदारी से कर रहा है, सरकार द्वारा मांगे गये सारे टैक्स, बिना किसी आपत्ति के दे रहा है, तो फिर यह उसका मौलिक नागरिक अधिकार है कि उसके परिवार को आवश्यकतानुसार अन्न उसे सुविधा तथा सरलतापूर्वक मिले। सरकार का टैक्स लेकर सुविधाएं न देना वैसे बेईमान दुकानदार का व्यवहार है, जो पैसे लेकर सौदा न दे। अत: वह उसका विरोध करता है।

अन्त में समाचारपत्रों ने कुछ और सूचनाएं दी थीं। (यह शायद इसलिए किया गया था, क्योंकि शेष सूचनाएं गणपत कालिया नामक व्यक्ति ने दी थीं, और ग्राहकों से मूल्य समाचारपत्र ले रहा था। अत: मूल्य के उन पैसों को न्यायोचित ठहराने के लिए कुछ सूचनाएं समाचार-पत्रों ने भी दी थीं। उन सूचनाओं के अनुसार गणपत कालिया का वक्तव्य गलत नहीं था, क्योंकि उसके परिवार के अन्य लोगों–जिनमें उसकी अस्वस्थ पत्नी, सड़क-दुर्घटना से पीड़ित पुत्र तथा एक युवती पुत्री सम्मिलित हैं–के भूखे होने के समाचार की पुष्टि कर ली गयी थी।

सुबह इस समाचार को सब ने पढ़ा था, पर किसी ने भी विशेष महत्त्व नहीं दिया था। वस्तुत: समाचारपत्रों में इस प्रकार के समाचार छापना एकदम निरर्थक है। 'बेड-टी' या 'ब्रेक-फास्ट' के समय समाचार पत्र में यदि किसी के भूख से बेहोश होने या मर जाने का समाचार पढ़ा जाये, तो उसका क्या महत्त्व हो सकता है। जब लोगों का पेट भरा होता है, या भरा जा रहा होता है तब किसी के भूखे होने की बात अच्छी नहीं लगती। खाते हुए किसी जानवर को भी आस-पास किसी भूखे जन्तु का आभास मिलते ही वह झपट पड़ता है। उसी प्रकार मनुष्य भी खाते हुए अपने आस-पास भूख की चर्चा नहीं सुनना चाहता। पर खाद्य-मंत्री का भाषण दोपहर के कुछ आस-पास हुआ था। उस समय तक लोगों का पेट उतना भरा हुआ नहीं था, जितना कि सुबह समाचार पढ़ते समय था। खाद्य-मंत्री ने अपने भाषण में बड़े गर्व से यह कहा कि उन्होंने इस वर्ष की आवश्यकतानुसार पर्याप्त अन्न एकत्रित कर लिया है और अगले वर्ष तक देश इस क्षेत्र में आत्मनिर्भर हो जायेगा। भूखे पेटों को भरे पेट की यह बात बुरी लगी। सभी को अपनी-अपनी भूख याद आ गयी। सब को वैसे ही आग लग गयी, जैसे बारूद में चिंगारी पड़ने से लग उठती है, या भारत की विजय से पाकिस्तान में आग लग जाती है। आग लगने पर विस्फोट होते ही हैं। सारे विपक्षी सदस्यों में विस्फोट हो उठा।

विपक्षी दल के जो नेता सबसे पहले उठ सके, वे उठे, और जो उठ खड़ा हो, वह बोलता भी है। जिसे बिना विरोध के बोलने दिया जाये, वह अच्छे मूड में बोलता है। इन सारे सिद्धान्तों का ध्यान रख, उन्होंने बड़े अच्छे मूड में अपना भाषण आरम्भ किया:

"माननीय अध्यक्ष महोदय,

महामान्य खाद्य-मंत्री का भाषण मैंने काफी धैर्य से सुना (जो मेरे स्वभाव के एकदम विरुद्ध है)। उनके भाषण से मेरा काफी मनोरंजन हुआ (जिसके लिए मैं उनका आभारी हूं)। पेट तो मेरा उससे नहीं भरा, पर जी भर गया और परिणामस्वरूप मेरी आंखें भी भर आयीं। मुझे आश्चर्य होता है (वस्तुतः होता नहीं है, पर यह मेरी शैली है) कि जिस देश के समाचारपत्रों में कुछ ही घण्टे पूर्व यह समाचार प्रकाशित हुआ हो कि उस देश के वित्त-मंत्रालय के एक सैक्शन अफसर राजधानी के केन्द्रीय सचिवालय की पतित पावनी, पवित्र सीढ़ियों पर, भूख से बेहोश होकर गिर पड़े हों, उस देश के खाद्य-मंत्री किस निर्लज्जता से (या बेशरमी! तेरा ही आसरा) यह घोषणा कर रहे हैं कि वे देश की आवश्यकतानुसार अन्न जमा कर चुके हैं। यदि आपके पास आवश्यकतानुसार अन्न है (हमें विश्वास है कि कम-से-कम आपके घर में तो होगा ही) तो खुले बाजार में क्यों सस्ते दामों नहीं बिकने देते? क्यों उसे राशन की कुछ गिनी-चुनी दुकानों तक ही सीमित रखे हुए हैं? आप क्यों अपने सम्मानित नागरिकों को बाध्य करते हैं कि वे अन्न जैसी वस्तु के लिए, दफ्तर से लौटने के बाद भी क्यू में घण्टों खड़े रहें और स्वयं को अपमानित अनुभव करें। मैं श्री गणपत कालिया का हार्दिक प्रशंसक हूं कि उन्होंने अपनी बेशरम सरकार के मुंह पर एक करारा तमाचा मारा है (जो उसे नहीं लगा, और मिस्टर कालिया स्वयं ही बेहोश हो गये हैं)। ऐसा अर्थशास्त्र इस देश में जन्म ले रहा है कि देश के पास इतना अन्न हो कि उसको सम्भालकर रखने के लिए देश के पास कोई स्थान न हो, और फिर भी अन्न का राशन करना पड़े या उसका मूल्य दिन-प्रतिदिन बढ़ता जाये। (सावधान! यह सूचना बाहर देशों में न जाने पाये, नहीं तो वे लोग अपनी अर्थशास्त्र की पुस्तकें फाड़ देने के लिए बाध्य हो जायेंगे, और ऐसी घटिया तथा निकम्मी पुस्तकें लिखने की ग्लानि मात्र से आत्महत्या कर लेंगे)। मैं चाहूंगा कि अन्य लोग भी (जिनमें मैं निश्चित रूप से सम्मिलित नहीं हूं) मिस्टर कालिया के समान ही अपने राशनकार्ड फाड़ दें, और बसों के बहिष्कार के समान ही राशन की दुकानों का भी बहिष्कार कर दें।"

वक्ता के एक ओर बैठते ही खाद्य-मंत्री दूसरी ओर से इस प्रकार उठ खड़े हुए, जैसे वे दोनों सी-सा खेल रहे हों और एक के नीचे आते ही दूसरा स्वतः ऊपर आ जाता हो।

वे बोले, "मैं नहीं जानता कि माननीय सदस्य के भाषण में कितना सार है, क्योंकि सपरेटा दूध बहुत सारा दिखता है, किन्तु उसमें से मक्खन सौ ग्राम भी नहीं निकलता। यदि राशन लाकर ही नहीं, उसे पकाकर, थाली परोसकर आपके सामने रख दी जाये और आप अपने हाथ से कौर उठाकर अपने मुंह में नहीं डालेंगे, तो आपका पेट नहीं भरेगा....।"

शासक दल के (जागते हुए) सदस्यों ने धड़ाधड़ तालियां बजा दीं। वातावरण सजग हो उठा। जो सदस्य भाषणों को न समझने के कारण बोर होकर सो गये थे, वे भी तालियों के शोर से जाग गये। उबासियों और अंगड़ाइयों के बीच उन्होंने शोध करना आरम्भ किया कि आखिर तालियां किस बात पर बजी थीं।

जैसे सोने के लिए लेटना अनिवार्य है, आदमी खड़ा-खड़ा नहीं सो सकता, वैसे ही शोध के लिए बोर होना, अंगड़ाइयां और उबासियां लेना अनिवार्य है। यदि कोई शोधकर्ता बोर हुए बिना शोध कर लेता है, तो निश्चित रूप से उसका शोध निम्न कोटि का है। इस बोरियत का प्रतिकार करती है कॉफी। इसलिए शोध-कार्य के साथ कॉफी भी अनिवार्यतः जुड़ गयी है। जिस प्रकार अनुमति-पत्र के बिना कोई व्यक्ति सैनिक कार्यालयों में नहीं जा सकता, उसी प्रकार कॉफी का कप पिये बिना कोई व्यक्ति शोध-गृह में प्रवेश नहीं कर सकता। कदाचित् यही कारण है कि शोधार्थी लोग पुस्तकालय में कम और कॉफी हाउस में अधिक दिखायी पड़ते हैं। कहीं-कहीं तो ऐसा भी होता है कि कॉफी के कपों की एक नियत संख्या पी लेने पर, शोध कार्य पूर्ण मान लिया जाता है।

उन सदस्यों के शोध आरम्भ करने पर भी सारे भवन में एक विचित्र-सी आलसी गुनगुनाहट फैल गयी। अध्यक्ष ने स्कूल मास्टरों के समान मेज पर छड़ी बजाकर शान्ति स्थापित की।

खाद्य-मंत्री फिर बोले, ''मित्रो! एक व्यक्ति की सनक यह प्रमाण्ति नहीं करती कि देश में अन्न नहीं है (यह तो तभी प्रमाणित हो सकता है, जब देश का हर व्यक्ति सनक जाये)। आप राशन की किसी भी दुकान पर चले जायें और देखें कि वहां आवश्यकतानुसार अन्न है या नहीं (पर कृपया केवल देखें ही मांगे नहीं! क्योंकि कुछ चीजें शोभा के लिए ही होती हैं)। सरकार ने इस बात का प्रबन्ध किया है कि प्रत्येक परिवार को उसकी आवश्यकतानुसार अन्न मिले (शर्त यह है कि उस परिवार का कोई भी सदस्य कम-से-कम चौबीस घण्टे क्यू में खड़ा होने की क्षमता रखता हो, राशन की दुकान वाले लालाजी की खुशामद कर सकने में समर्थ हो; और कम तुलता और रसीद में अधिक लिखा जाता देखकर भी चुप रहने का संयम उसमें हो) और इसीलिए राशन की व्यवस्था की गयी है; किन्तु यदि कोई नागरिक बाजार से राशन लाने से इन्कार कर दे तो इसमें सरकार का क्या दोष। इस तर्क से तो यही सिद्ध हो सकता है कि इस देश में कुछ भी उपलब्ध नहीं है (यहां तक की चोर, डाकू, बेईमान और मंत्री तक नहीं) क्योंकि कुछ भी आपको बैठे-बिठाये अपने घर पर नहीं मिल सकेगा। सम्माननीय विपक्षी सदस्य यदि देखना चाहें तो स्वयं देख सकते हैं कि यह तर्क कितना हास्यास्पद है। एक व्यक्ति के पागलपन के लिए सरकार को श्रेय देना अनुचित है (हां! सारा ही देश पागल हो जाये, तो बात और है)। जब तक अन्न के

अभाव के कारण, कुछ लोगों की मृत्यु की सूचना न मिले (जिसकी प्रतीक्षा हम बड़ी व्याकुलता से कर रहे हैं) तब तक अन्न के अभाव की बात को स्वीकार नहीं किया जा सकता।

खाद्य-मंत्री अपना भाषण समाप्त कर बैठ गये और सत्ताधारी दल के सदस्यों ने तालियों की ड्रिल आरम्भ कर दी। जब ड्रिल नासमझ बच्चे की मांगों के समान खिंचती ही चली गयी और सलामी का कोई भी आभास न मिला तो अध्यक्ष को स्वयं उसे सलामी देनी पड़ गयी। तालियों की गड़गड़ाहट रुक गयी।

तालियां रुकने का अनिवार्य परिणाम–प्राकृतिक स्थिर नियमों के अनुसार–दूसरे नेता का खड़े होना है। वे बोले:

"हमने खाद्य-मंत्री का स्पष्टीकरण सुना, पर खेद के साथ कहना पड़ता है कि वह खाद्य-मंत्री का नहीं खाद-मंत्री का स्पष्टीकरण लगा, क्योंकि उनका कोई भी तर्क मस्तिष्क को प्रभावित करता नहीं–उस मस्तिष्क को जिसमें 'ग्रे-मेटर' है, उस मस्तिष्क की बात मैं नहीं कहता, जिसमें खाद भरी है।

"उनका कहना है कि बाजार में पर्याप्त अन्न है। ऐसी स्थिति में पुनरावृत्ति का जोखिम उठाकर भी मैं अपने पूर्व के विपक्षी दल के वक्ता का प्रश्न दोहराऊंगा कि यदि अन्न का अभाव नहीं है, तो उसे राशन की कुछ दुकानों तक ही सीमित क्यों रखा गया है? पर्याप्त अन्न होते हुए भी उसे बेचने का अधिकार गिने-चुने राशन-विक्रेताओं को देना क्या यह सिद्ध नहीं करता कि (श्रीमन्त) सरकार ने अपने कुछ (अत्यन्त) प्रिय व्यापारियों को आश्रय देने के लिए राशन की यह (काली) व्यवस्था लागू की है.....।"

इस बार विपक्षी दलों के सदस्य अपनी हथेलियों को पीट कर ही संतुष्ट नहीं हुए। वे सत्ताधारी दल के सदस्यों को पीट नहीं सकते थे, इसलिए उन्होंने अपने सामने के मेजों को खूब अच्छी प्रकार पीटा (यह समझकर कि यह फर्नीचर भी तो सत्ताधारी दल की ही सम्पत्ति है)। और 'शेम-शेम' के गोले दाग दिये।

वक्ता फिर बोले–"माननीय मंत्री जी कहते हैं कि बाजार में अन्न है और उसे नहीं लेने जाने वाला व्यक्ति पागल है। मैं उनसे पूछता हूं कि वे यही तर्क दिल्ली-परिवहन की बसों के विषय में क्यों नहीं देते। आप कह सकते हैं कि बसें तो सड़कों पर चलती थीं, उसमें चढ़ नहीं पाने वाले पागल हैं। बात यह है कि कौन-सी चीज कहां उपलब्ध है, कहां नहीं। चीजें तो सारी उपलब्ध हैं। बाजारों में दुनिया-भर की चीजें दुकानों के शोभा-गवाक्षों में सजी हुई हैं। साधारण व्यक्ति उसे पा ही तो नहीं सकता। मूल बात तो नागरिक अधिकारों की है। श्री गणपत कालिया नितान्त सत्य कहते हैं, जब वे कहते हैं कि वे दिन-भर दफ्तर में सरकार की सेवा में रहते हैं तो उनके पास न इतना समय होता है न शक्ति कि दफ्तर से लौटकर वे

राशन की दुकान की पंक्ति में इस प्रतीक्षा में खड़े रहें कि जब तक उनकी बारी आये, तब तक दुकान बन्द हो जाये। कितने दुःख की बात (बल्कि अत्यन्त लज्जा की बात) है कि एक व्यक्ति जिसकी पत्नी बीमार हो, जिसके बेटे का शरीर (किसी महाभाग की कृपा से) सड़क-दुर्घना में चूर होकर प्लास्टर में जकड़ा पड़ा हो और जो अपना सारा समय और शक्ति सरकार की सेवा में लगा देता हो, सरकार उसके लिए अन्न तक नहीं जुटा सकती। ऐसी (निकम्मी) सरकार से तो सरकार का न होना ही अच्छा है.....।'' और फिर विपक्षी दलों के सदस्यों की तालियों के मधुर स्वर के पार्श्व-वाद्य-संगीत के बीच उन्होंने अपना भाषण समाप्त किया, ''श्री गणपत कालिया के ही समान, इस देश का प्रत्येक नागरिक आज समाज और सरकार के होते हुए भी उसी प्रकार जी रहा है, जैसे आदिम व्यक्ति जंगल में जीता था, या जैसे सौतेली मां की छाया में एक यतीम बच्चा जीता है। प्रत्येक व्यक्ति अपना कुआं स्वयं खोदता है और पानी पीता है। जब सामाजिक दायित्व पर नागरिक अधिकार नाम की कोई वस्तु ही नहीं है तो सरकार के टैक्स क्या मंत्रियों और उनके परिवारों के पोषण के लिए लिया गया दान हैं?''

फिर तालियां बजीं और बजती ही चली गयीं, जैसे अंग्रेज भारत में आये थे और आते ही चले गये थे। सत्ताधारी दल के तीन सदस्य बोलने के लिए एक-साथ उठ खड़े हुए थे, जैसे बोलना भी दल की टिकट पाने-जैसा ही कोई काम हो। पर तालियां थीं की सड़क पार करते हुए सुअरों के झुंड के समान रुक ही नहीं रही थीं।..... सहसा शासक दल के बैंचों से भी तालियां बजनी आरम्भ हो गयीं (न्यूटन ने कहा है न, हर क्रिया के बराबर और विरोधी प्रतिक्रिया होती है) तालियां बजती गयीं, बजती गयीं। फिर फर्नीचर बजने लगा (है न छूत की बीमारी) सहसा किसी जूता-कम्पनी के विज्ञापन स्वरूप, एक चप्पल उड़ती हुई आयी और शासक-दल के बैंचों पर पड़ी। फिर भवन में घमासान देश-सेवा आरम्भ हो गयी, जो बड़ी देर तक चली और अगले दिन उसका बड़ा मनोरंजक वर्णन समाचार-पत्रों में छपा।

13

डिपो की कैण्टीन में लोग मच्छरों के समान भिनभिना तो नहीं रहे थे, पर भीड़ कम भी नहीं थी। तीस-चालीस कण्डक्टर और ड्राइवर बिखरे हुए, इसी ढंग से बैठे थे, जिस सुथरे ढंग से अपने देश में लोग गलियों में अपनी सवारियां पार्क करते हैं। सन्तों ने कहा है न, बाहरी बन्धन आवश्यक है, मूल चीज तो भीतरी बन्धन है। वैसे ही अब ड्यूटी का बाहरी बन्धन समाप्त हो गया था, लोग अपने भीतरी बन्धन से ही जब मन होता था, डिपो में आ बैठते थे। ड्यूटी का यह भीतरी बन्धन उन्हें तब

पुकारता था, जब घर में पत्नी से लड़ाई हो जाती थी या बच्चे तंग करने लगते थे, या मिलने-जुलने वाले बोर करने लगते थे। घर और ड्यूटी-स्थान दो सपत्नियों के समान है। एक के परेशान करते ही दूसरी याद आने लगती है। सरकार को चाहिए कि वह जनता को घरों में इतना परेशान रखे कि वे दफ्तरों में ऐसे चिपके रहें, जैसे गिरने के भय से छिपकली छत से औंधी चिपकी रहती है।

अधिकारी लोग बैठे-बैठे बोर हो जाते तो दिन में एक-आध बार, किसी-न-किसी रुट पर एक-न-एक बस चला कर पब्लिक की नब्ज देख लेते थे। रोगी की अवस्था सुधरने पर ही नहीं आ रही थी। रोगी शायद भूल ही गया था कि इससे भी भिन्न उसकी कोई अवस्था हुआ करती थी। लोग समय से कुछ आगे बढ़ गये थे और परिवहन-व्यवस्था के न होने के आदी हो गये थे। वे भूल गये थे कि ऐसी कोई व्यवस्था कभी उनके नगर में थी। इसलिए, कभी-कभार जब वे आदिम युग के इस अवशेष को सड़क पर ढेर-सा धुआं उगलकर हवा गन्दी करते देखते तो उन्हें उस पर कुछ इसी प्रकार का क्रोध आता था, जैसे सामान्यत: एक भयंकर विशालकाय डायनासौर को रिंग रोड पर टनों गोबर त्यागते देखकर आयेगा। बसें अतीत स्मृति के रूप में संग्रहालय में रखने योग्य वस्तु बन गयी थीं। नगर का सारा व्यापार बसों के अभाव में भी अतयन्त सुविधापूर्वक चल रहा था।

पर इस सारी स्थिति में परिवहन-व्यवस्था के कर्मचारी एकदम प्रसन्न नहीं थे (जैसा कि उन्हें चाहिए था)। वे लोग आधुनिक युग में पालकी उठाने वाले कहारों के समान निरर्थक हो गये थे। एक अफवाह बड़े जारों पर थी कि शीघ्र ही केन्द्रीय सरकार दिल्ली-परिवहन को अनावश्यक घोषित कर बन्द कर देगी। परिवहन-व्यवस्था के कर्मचारियों के मन में वैसी ही पीड़ा थी, जैसी भरी रसोई में से, बेचने के लिए छांट-कर अलग कर दिये गये बर्तन के मन में होती है, या मेटर्निटी वार्ड में जाकर बांझ स्त्री के मन में होती है। अफवाह में (जैसा कि होना चाहिए था) यह बात भी सम्मिलित थी कि परिवहन के कर्मचारियों में से जितने लोगों को सम्भव होगा अन्यत्र खपाने का प्रयत्न किया जायेगा। किन्तु दूसरे स्थानों पर कितने लोग खप पायेंगे--इसका किसी को पता नहीं था। ऑपरेशन के पश्चात् बंध्या भी मां बन ही जायेगी, इनकी गारंटी तो भारतीय मानक संस्थान भी नहीं दे सकता।

गारंटी देना बड़ा लाभदायक धंधा है। पहले गारंटी केवल दुकानदार दिया करते थे। फिर बड़ी-बड़ी फर्में देने लगीं। आपने एक वर्ष की गारण्टी पर मशीन खरीदी। तीसरे दिन मशीन खराब हो गयी। आपने मशीन कम्पनी को वापस कर दी। कम्पनी ने तीन सौ बासठ दिन मशीन अपने पास रखकर वापस लौटा दी--वर्ष भर की गारंटी पूरी हुई। अब गारंटी देने का काम सरकार और सरकारी एजेंसियां करती हैं। यहिया खां बांग्ला देश के शरणार्थियों के वापस लौटाने की गारंटी नहीं दे सके, इसलिए

उनका शासन समाप्त कर दिया गया। जो गारंटी दे दे, वह शासक हो जाता है, जो न दे सके, वह डिस्पैचर।

तो परिवहन के कर्मचारियों को गारंटी देने वाला कोई नहीं था, इसलिए वहां एक अनिश्चित-सी चिन्ता थी। वे लोग निश्चित नहीं थे कि उन्हें चिन्ता करनी चाहिए या नहीं।

बहुत देर के बाद एक मेज से आवाज उठी, जैसे कब्रिस्तान में लाशों के दफन किये जाने के बाद पिशाच बोला करते हैं, ''मैं तो पहले ही कहता था, सालो! तुम कण्डक्टर-ड्राइवर हो, हिटलर-यहिया खां के नाती-पोते नहीं। पर तब तो तुम समझते थे कि बस तुम्हारे बाप को दहेज में मिली है। जिसे बस में बैठा लिया, उस पर जैसे अहसान किया। बसों को वक्त से बेवक्त तुम लोग करते रहे। स्टॉप पर खड़ी सवारियों की भीड़ की उपेक्षा कर, खाली बसों को दौड़ाने का कम्पीटीशन तुम करते रहे। ईश्वर की बनायी जनता से तू-तड़ाक तुम करते रहे। अब लिया है जनता ने बदला। करो सालो! क्या करते हो अब।''

''देख भाई! यह समय इन बातों का नहीं है!'' किसी दूसरे ने ऊथां के स्वर में कहा, ''इस प्रकार सोचो तो सारा दोष हमारा ही नहीं है। हम कह सकते हैं, लोग लाइन क्यों नहीं बनाते थे। हमारे मना करने पर भी, पहले से ठुसी हुई बसों में जबर्दस्ती चढ़ जाते थें। चलती बसों सें लटक जाते थे। बार-बार कहने पर भी टिकट नहीं खरीदते थे। धोखा देते थे, झूठ बोलते थे, झगड़ा करते थे। हमें सरकारी कर्मचारी न समझकर, अपनी मां के दहेज में आया दास समझते थे।''

''मैं भी यही कहता हूं।'' एक वृद्ध ड्राइवर अपनी लम्बी दाढ़ी को हाथ में भींचकर बोला, जैसे वह दाढ़ी न होकर माइक या स्पीकर टेबल हो, ''यह समय इसलिए नहीं है कि हम देखें कि दोष किसका है—उसका या हमारा। दोष तो उसका है जिसने हमें बनाया। न वह हमें बनाता, न हम मुसीबत में फंसते। पर खैर, 'समरथ को नहिं दो गोसाई।' वह समरथ है, उस पर तो हम मुकदमा चला नहीं सकते। देखना तो यह कि अब हम क्या करें।'' उसने रुक कर स्कूल मास्टर के समान निरीक्षण किया—सब लोग उसकी बात सुन रहे हैं न, कोई आपस में फुसफुसा तो नहीं रहा, ''कल यदि सरकार, दिल्ली परिवहन को अनावश्यक घोषित कर बन्द कर दे; और हमारे दो-तीन अफसरों और लीडरों को अच्छी-अच्छी नौकरियों पर सुन्दर तितलियों के समान चिपका दे और बाकियों को कीड़ों-भुनगों के समान दुत्कार कर भगा दे कि और नौकरियां नहीं है, तो तुम क्या करोगे?''

''गले में फांसी लगा लेंगे या 'खू' में कूद पड़ेंगे'', एक कोने में बैठे कण्डक्टर ने इस वीरता से अपना चमड़े का थैला मेज पर पटका, जैसे कहा हो कि धरती फोड़कर पाताल में घुस जायेगा, या चांद पर चढ़ दौड़ेगा।

"खू में मत कूदो शैदाइयो! वह तुम्हारी मां की गोद नहीं है।" उस बूढ़े ड्राइवर ने फिर कहा, "पर कम से कम इतना सोच लो कि तब क्या करोगे? कुछ करोगे भी या डबल घण्टी देकर, आगे चल पड़ोगे?"

"क्या करना है।" एक जवान कण्डक्टर ने मूंछों पर इस अन्दाज से अंगुली रखी, जैसे अंगुली राइफल के घोड़े पर रखी हो, "हम लड़ मरेंगे।"

"हां!" लड़ने की ही कसर है।" बूढ़े ने फिर कहा, "मरने का प्रबन्ध तो हो ही चुका है।"

जवान कण्डक्टर ने क्षण भर कर रुककर लोगों को देखा कि वे लोग लड़कर मरने को तैयार हैं या उसी को मार बैठने की सोच रहे हैं। वह ट्रेड यूनियनों में काफी काम कर चुका था कि किस समय मर्द का खून खौलते पानी के समान हो जाता है और उसका हृदय रूपी अण्डा उसमें जाकर पूरी तरह उबल कर सख्त हो जाता है। तब उसके हृदय में पत्नी तथा बच्चों का प्यार, बूढ़े मां-बाप की ममता, तथा भाई-बहनों का स्नेह, अण्डे के जर्दी-सफेद के ही समान उबल कर सख्त हो जाते हैं।

जवान कण्डक्टर भाषण की मुद्रा में चीख कर बोला, "हम मर्द हैं और जवान हैं। आप मेरी मानें, हम धनिये-पुदिने की गड्डियां नहीं हैं, जिन्हें पीसकर उनकी चटनी बनायी जा सके। वैसे जो कुछ हमारे साथ हो रहा है, इसमें साफ-साफ हमारी विरोधी यूनियन की बदमाशी है।" उसके मस्तक पर विरोधी यूनियन का प्रेत उसी प्रकार स्थपित हो गया था, जैसे रेडियो और दूरदर्शन का एरियल मकान की छत पर स्थापित होता है। "मैं तो तभी कहता था कि दूसरी यूनियन मत बनने दो। अब खाओ पपीता। यह सब तुम्हारे उन्हीं जवाइयों का किया-कराया है। अब होगा यह कि विरोधी यूनियन वालों को सरकर दूसरे विभागों में कोट में लगे फूल के समान टांक लेगी और तुम आलू-छोले या गंडेरियों की रेहढ़ी लगाना।" वह फिर रूका, और इस बार इतनी जोर से चीखा जैसे उसके शरीर में हजारों जोंको ने एक साथ डंका मार दिये हों और अब वह रो देगा, "मै कहता हूं हमें दूसरी यूनियन पर उसी प्रकार टूट पड़ना चाहिए, जैसे पचास मंजिला मकान भूचाल में टूटकर पृथ्वी पर गिरता है । हमें उनकी हस्ती मिटा ही नहीं देनी चाहिए–उनके अस्तित्व के फर्श को धो-पोंछकर साफ भी कर देना चाहिए।"

उसका गला रुंध गया था। वह चुप हो गया (जैसा कि गला रुंध जाने के बाद हो जाना चाहिए। पर न तो लोगों ने तालियां बजायीं, न उसका समर्थन किया और न ही जनता में जोश आया। लगा कि अत्यन्त जोशीले भाषण के बाद भी उसके साथ वही किया जा रहा है, जो पकिस्तान की जनता ने जनरल आगा मुहम्मद यहिया खां के साथ किया। लोग पहले के समान ही उदासीन-से बैठे बीड़ियां पी रहे थे, और चाय के प्याले को घूर रहे थे, या फिर दिल्ली-परिवहन-प्रदत्त मजबूत चमड़े के बैगों को कसकर पकड़े शून्य में घूर रहे थे।

घूरने की क्रिया का हमारे जीवन में वही स्थान है, जो ताश के पत्तों में जोकर का होता है। जहां कोई पत्ता न लगे, वहां जोकर लग जाता है। और जब कोई काम न हो तो आदमी घूरने लग जाता है । यदि हमें कोई बुरा-भला कहे, गाली दे या पीट दे तो उत्तर में कोई भी प्रतिक्रिया व्यक्त करने पर हम ओर अधिक पिट सकते हैं, पर घूरने से हमको कोई नहीं रोक सकता। किसी बात की प्रतीक्षा हो और समय खाली हो तो लोगों को घूरकर वह समय निःशुल्क बिताया जा सकता है। पाकिस्तान जब कभी भी अपने देश की जनता की गरीबी से परेशान हो जाता और कुछ नहीं कर पाता तो भारत को घूरने लगता है।

रामलुभाया को आरम्भ से ही घूरने की बहुत आदत थी। उपने छात्र जीवन में जब उन्होंने एक लड़की को बहुत घूरा तो लड़की ने बोर होकर अध्यापक से शिकायत कर दी। अध्यापक ने डांट कर पूछा,''क्यों घूर रहे थे?''

रामलुभाया तड़क कर बोले, ''इसे कैसे पता चला कि मैं घूर रहा था?''

''मैने स्वयं अपनी आंखो से देखा है।'' लड़की बोली।

''तो इनका देखना देखना है और मेरा देखना घूरना ?''

परिणाम यह हुआ कि अध्यापक ने उस लड़की को बहुत डांटा कि वह क्लास में लड़कों को घूरती है। वस्तुतः रामलुभाया के घूरने से अध्यापक महोदय भी डर गये थे।

एक बार अपने विदेश-भ्रमण में सागर-तट पर धूप में सिंकती एक विदेशी तरूणी को रामलुभाया ने पेट भर घूरा। तरूणी कुछ नाराज हो गयी और उसने पुलिस में शिकायत कर दी। पुलिस वालों ने रामलुभाया को मजिस्ट्रेट के सामने प्रस्तुत किया ओर उस पर एक महिला को घूरने का अभियोग लगाया।

मजिस्ट्रेट काफी समझदार चीज था। उसने निर्णय लिखा, ''किसी महिला को घूरना, उसके आकर्षण की स्वीकृति है, अपराध नहीं।''

पर कैंटीन में बैठे कण्डक्टर-ड्राइवर शून्य को घूर कर उसकी प्रशंसा नहीं कर रहे थे, क्योकि शून्य 'महिला' नहीं है। जवान और जोशीले कण्डक्टर के भाषण के बाद वहां और अधिक भंयकर चुप्पी छा गयी थी। बांग्ला देश को यहिया खां ने खूब घूरा था। परिणाम यही हुआ कि उसके घर में भंयकर चुप्पी छा गयी । जवान कण्डक्टर का मन चाह रहा था कि या तो अपना सिर फोड़ ले, या फिर भंयकर चुप्पी को देखकर सदर मुहतरम जनरल आगा मुहम्मद यहिया खां तथा उनके योग्य उत्तराधिकारी मिस्टर जुल्फिकार अली भुट्टो का जी भी यही चाहा होगा। पर मन की इच्छा सदा पूरी नहीं होती। बड़ों ने कहा है-मारने वाले से बचाने वाला अधिक शक्तिशाली होता है। हम विश्व-शक्ति उसी को मानते हैं, जो स्वयं मारे तो नहीं पर मार खाते हुए को बचाने का बहाना कर तुरन्त उपस्थित हो जाये।

तभी उस वृद्ध ड्राइवर ने एक बार फिर से अपना मुंह खोला, जैसे पहला कौर खाकर, भोजन करने वाला व्यक्ति, दूसरे कौर के लिए अपना मुंह खोलता है,"वाह मेरे शेर ! तुम्हारा कोई जवाब नहीं। न निक्सन और न चाओ-एन-लाई। बेड़ा गर्क होने में कोई कसर है, तो वह तुम पूरी कर दो। लड़ मरो, ताकि नौकरियां तो जायें ही, उससे पहले ही श्मशान घाट चले जाओ, कुछ अस्पतालों के बिस्तरों पर करवटें बदलो, कुछ जेलों में आराम करो। शाब्बाश, शाब्बाश कुंआरी यूनियन की औलाद! शाब्बाश!"

जवान कण्डक्टर के मन में आया कि अपना चमड़े का थैला जोर से मारकर, वृद्ध ड्राइवर के सिर को कृतार्थ कर दे। पर फिर उसे लगा कि सब लोग उस बूढ़े -खूसट से ही सहमत हैं। ऐसे समय में तो बड़े-बड़े न्याय-युद्ध बन्द करने पड़ते हैं, यह तो मामूली-सी बात थी। आखिर राष्ट्र संघ की इतनी-सी महत्ता तो मान ही लेनी चाहिए।

इस बार फिर सब से पहले वाला व्यक्ति बोला, "मैं भी यही कहता हूं। कि आपसी झगड़े भुला दो। आपसी झगड़ा तो फुर्सत का शुगल है भाई। जब फिर से सब-कुछ ठीक-ठाक हो जायेगा, तो फिर आपस में लड़ लेंगे। अपने देश की इस परम्परा को तो हमें निभाना ही चाहिए। इस समय आपस मे लड़ मरने का कोई लाभ नहीं है। इस समय तो हम सब को मिलकर एकदम एक हो जाना चाहिए - एकदम पिल-बाक्स की दीवार! और हमें अपनी सरकार से सीधे ऐसे जा टकराना चाहिए जैसे जंगली सुअर अपने शिकार से जा टकराता है । हमें सरकार को बता देना चाहिए कि हमें नौकरियों से निकाल देना ढाका में पाकिस्तानियों से आत्म-समर्पण करा लेने के समान सरल नहीं है । दिल्ली-परिवहन कोई पके केले का छिलका नहीं है, जिसे केला खाकर अनावश्यक घोषित कर नाली में फेंका जा सके। और सरकार को यह सब जता देने के लिए, हम मीटिंग करें, जुलूस निकालें, भूख-हड़ताल करें और अपनी सरकार को वैसे ही हिला दें, जैसे रसोई के बर्तनों को चोरी से भीतर घुस आयी बिल्ली हिला देती है!"

"किस सरकार को ?" इस बार वृद्ध ड्राइवर के चेहरे पर विनोद पेट्रोल ड्यूटी कर रहा था, "उस सरकार को, जो पहले से हिल चुकी है। जब तक तुम अगने आन्दोलन की तैयारियां करोगे, तब तक शायद यह सरकार ही न रहे, मेरे बच्चो!" वह जोर से हंसा, "दिल्ली परिवहन को सरकार आनवश्यक घोषित नहीं करेगी, उसे जनता ने अनावश्यक घोषित किया है। और जिस रास्ते पर पब्लिक जा रही है उसी रास्ते पर चलती रही तो सरकार भी वार्डरोब में ढंके पुराने फैशन के कोट के समान बेकार हो जायेगी। सब लोग अपना काम स्वयं कर लेंगे, अपना बोझ अपने कन्धे पर उठा लेंगे, कष्ट सहने को तैयार हो जायेंगे तो फिर सरकार का क्या काम?"

"तो तुम क्या चाहते हो चाचा?" जवान कण्डक्टर उस परम्परागत झगड़ालू पत्नी के समान हाथ झटककर बोला, जो घर बैठी सयानी लड़की के लिए योग्य वर न खोज सकनेवाले पति से झगड़ती है,

"चुपचाप बैठे देखते रहें और रामधुन गाते रहें?"

"वह कर सको तो सबसे अच्छा।" वृद्ध ने उसकी बदतमीजी का बुरा नहीं माना, जैसे दुनिया राष्ट्रपति निक्सन की बदतमीजियों का बुरा नहीं मानती, "नहीं तो, या तो जनता को पंगु बनाओ या बसों को बहुत आवश्यक प्रमाणित करो, ताकि बसों का धन्धा चले और तुम्हारी नौकरियों बनी रहें।

"चाचा ठीक कहते हैं," वेद कहते हैं: 'हे प्रभु ! हमें इतना शक्तिशाली बना कि लोग हमारे मित्र बनें।' चाचा ठीक कहते हैं, अपने को इतना उपयोगी बनाओ कि पब्लिक तुम्हें अनावश्यक न कह सके। मेरा अपना सुझाव यह है। कि दिल्ली-परिवहन का अपना एक अच्छा, बडा जन-सम्पर्क विभाग बनाया जाये,और जब तक स्थिति सामान्य न हो जाये, तब तक सारे फालतू कण्डक्टर-ड्राइवर और ट्रैफिक इंस्पेक्टरों को उसी का काम करने के लिए कहा जाये उस जन-सम्पर्क-विभाग का काम यह हो कि वह जलसे करे, जूलूस निकाले, इश्तहार बांटे, गली-गली कीर्तन करता फिरे। मतलब यह है कि वह इस बात का प्रचार करे कि 'बस' पब्लिक के लिए कितनी जरूरी चीज है । घर-घर जाया जाये लोगों को समझाया जाये। पब्लिक के बच्चों को उनके स्कूलों से घरों तक, और घरों से स्कूलों तक, मुप्त पहुंचाया जाये। उन्हें बसों में बैठने के लिए प्रोत्साहित करने के लिए पुरस्कार-स्वरूप बिस्कूट और टाफियां दी जायें, इत्यादि। इस प्रकार जनता को ललचाया जाये, बहकाया जाये, मनाया जाये कि लोग बसों में यात्रा करने के लिए तैयार हो जायें।"

"वह सब करते रहना, वृद्ध डाइवर के साथ बैठे व्यक्ति ने कहा, "पर एक काम अभी कर डालो। यूनियन को इस बात के लिए तैयार रखो कि सरकार ने हममें से किसी एक को भी नौकरी से निकाला तो यूनियन स्ट्राइक का केवल नोटिस ही नहीं देंगी, वरन् सचमुच स्ट्राइक कर देगी।"

"स्ट्राइक !" वृद्ध समय की आवाज के समान जोर से हंसा," जैसे साले अभी तुम चौबीसों घण्टें ड्यूटी ही करते रहते हो! सुनो! सुनो! आज नपुंसक भी बलात्कार की धमकी दे रहा है। "

14

बड़े सरकारी अस्पताल में भगदड़ मची हुई थी। वैसे तो सरकार अस्पताल बनाती ही इसलिए है कि उसमें भगदड़ मची रहे। वस्तुत: अपने देश में अज्ञान बहुत

फैला हुआ है। जिस किसी से बात करो, वहीं अपने-आपको बहुत दु:खी समझता है। अपने-आपको दु:खी समझने का दम्भ वह इसीलिए करता है, क्योंकि वह दूसरे का दु:ख नहीं जानता।

पिछले दिनों रामलुभाया कुछ बीमार हो गया। काफी कष्ट में रहा, जैसा कि अक्सर बीमार लोग रहते है। अपनी पीड़ा के ताप में तपकर रामलुभाया ने सत्य का यह अनमोल रत्न पाया कि इस संसार में सभी बीमार हैं।

उन दिनों जो भी रामलुभाया से मिलता, वही तुरन्त पूछ बैठता,''भई? क्या बात है? तुम्हारे चेहरे पर तो अब वह पहले जैसी रौनक ही नहीं रही।''

उन्हीं दिनों, रामलुभाया ने यह भी जाना था कि रौनक नामक एक महत्वपूर्ण चीज होती है जो बड़े शहरों, बाजारों, पार्कों और मेले -ठेले में तो होती ही है-कभी-कभी चेहरे पर भी होती है और पहले वह रामलुभाया के चेहरे पर भी थी, किन्तु अब नहीं है। अपने देश में किसी चीज को खोकर ही उसका मूल्य जाना जाता है जैसे बंगला देश के शरणार्थी थे, हमें संसार की सहानुभूति मिलती रही, और हमें उस सहानुभूति पर पलते रहे। जैसे ही वे शरणार्थी हमने खोये संसार का रूख बदल गया। तब कहीं जाकर हमें उन शरणार्थियों का मूल्य मालूम हुआ। एक सच्चे देशभक्त के रूप में रामलुभाया ने भी अपने चेहरे की रौनक खोकर ही उसका मूल्य पहचाना था।

रामलुभाया ने अपने देश की पुलिस-परम्परा में रिर्पोट लिख ली कि 'रौनक' गुम हो गयी है। अंग्रेजों का समय होता तो रिर्पोट तक न लिखी जाती। अब रिर्पोट तो लिखी जाती है । परतन्त्रता तथा स्वतन्त्रता में यही मौलिक अन्तर है। किन्तु गुमी हुई चीज का पता लगाना, स्वतन्त्र भारत की पुलिस के लिए भी आवश्यक नहीं है।

पर जब कोई रामलुभाया से पूछ बैठता, ''क्या हुआ है?'' तो उसे उत्तर देना पड़ता। गणतन्त्र में उत्तर देना पड़ता है। प्रश्न पूछा जाये तो संसद में भी उत्तर देना पड़ता है, उत्तर दिए बिना गति नहीं है। रामलुभाया भी कह देता,'' ''अस्वस्थ हूं।''

आगें का वार्तालाप अस्वस्थता की टेकनिकल डिटेल में खो जाता। रामलुभाया को बताना पड़ता कि अस्वस्थता से उसका क्या तात्पर्य है। लोग पूछते, ''क्या होता है? वह कह देता, ''दिल डूबता है।'' उत्तर मिलता,''डूबता है तो डूबने दो। सूर्य रोज डूबता है। क्या फर्क पड़ता है। गैस होगी। मुझे भी थी। मेरा दिल तो बहुत डूबता था। पूरे छ: वर्ष डूबता रहा है। मर कर बचा हूं । कोई क्या सहेगा इतनी तकलीफ जो मैंने सही है।'' रामलुभाया को लगता, किसी ऐसे ही मरीज ने वह पंज़ाबी लोक-गीत लिखा होगा: ''मैयों तेरे नाल कट्टी के होर कोई कट्टे वी नां।''

कोई कहता,'' ब्लड प्रेशर लो होगा। मुझे भी था। दिन भर पड़ा रहता था। आज भी उसी प्रकार तकलीफ में हूं। पर अपनी विल-पावर के बल पर जी रहा हूं।

रामलुभाया ने पाया कि लोग हाल उसका पूछते हैं और बीमारी अपनी सुना जाते है। अपनी बीमारी और कष्टों की चर्चा प्रत्येक व्यक्ति कुछ इस शहीदाना ढंग से करता है कि रामलुभाया सेंत-मेंत में ही अपने-आपको उसके सम्मुख तुच्छ मानने लगता है। इस प्रकार प्रत्येक व्यक्ति अपना बड़प्पन जताकर चला जाता है और रामलुभाया स्वयं को कोसता रह जाता है।

अपनी इस मूर्खता से उबरने के लिए रामलुभाया ने नया नारा लगाया,''मेरा लिवर खराब है।'' पर जिस पहले मित्र को उसने यह बताया, उसने अपने माथे पर त्यौरियां चढ़ाकर, बहुत ऊंचाई से रामलुभाया पर, एक घृणाभरी भरपूर दृष्टि ड़ाली और होंठ भींचकर बोला,''तुम्हारा केवल लिवर काम नहीं करता, मेरे पेट में तो अलसर है। चौबिसों घण्टे पीड़ा से तड़पता हूं और फिर भी हंसता हूं। तुम तो जरा-सी बात में चीं बोल गये।''

रामलुभाया फिर अपनी हीन-भावना से पीड़ित हो उठा। उस समय इस भावना से उबरने के लिए और उस मित्र के सामने अपनी महत्ता जताने के लिए उसके सामने एक ही विकल्प था कि वह मित्र की ही मुद्रा में ईंट का जवाब पत्थर से देता, ''तुम्हें अलसर है, मुझे तो कैंसर है।'' पर ऐसी अशुभ बात, अपने ही विषय में रामलुभाया के मुंह से निकली नहीं और अपने मित्र की दृष्टि में वह सदा के लिए तुच्छ होकर रह गया।

कुछ ऐसी ही बात इलाज को लेकर भी हुई। जो व्यक्ति रामलुभाया के स्वास्थ्य के विषय में पूछताछ करता था, वह स्वयं भी भुक्तभोगी निकलता था; और इस अधिकार से वह दवाओं के विषय में रामलुभाया को काफी बड़ा डोज पिलाता था किन्तु, दवाओं के विषय में दिया गया वह भाषण रामलुभाया के इलाज के लिए अधिक होता था जब कोई व्यक्ति दवाओं के नाम गिना-गिनाकर रामलुभाया के इलाज के लिए कम, उसे उसकी अल्पज्ञता जताने के लिए अधिक होता था। जब कोई व्यक्ति दवाओं के नाम गिना-गिनाकर रामलुभाया को यह सुझाता कि वह कितना मूर्ख है कि इतनी छोटी-छोटी बातें भी नहीं जानता तो वह अपने रोग और शारीरिक कष्ट को भूलकर अपने ज्ञान के अभाव से ही पीड़ित हो जाता था। अन्त में उसने उसका भी निराकरण खोज निकाला। जब कोई व्यक्ति अपनी प्रयुक्त रामबाण दवाओं के नाम गिनाकर गर्व की दृष्टि रामलुभाया के चेहरे पर डालता तो वह होंठ बिचकाकर कह देता, ''यह दवा भी खायी थी, कोई लाभ नहीं हुआ।'' इस उत्तर से जहां वह अपनी हीन-भावना से उबर जाता था, वहीं यह भी जता देता था कि उसका रोग, अन्य लोगों के रोग से अधिक गम्भीर है। अतः वह दूसरों से अधिक गौरवशाली व्यक्ति है।

पीड़ा सहन करना, वस्तुतः गौरव का द्योतक माना गया है। जो जितनी अधिक पीड़ा सह सका, वह इलाज मे उतान ही महान् माना गया। रामलुभाया ने जब से इस

सत्य को पाया है, अस्पतालों को वह बड़ी श्रद्धा भरी नजर से देखने लगा है। पहले वह समझता था कि अस्पतालों की चारदीवारी के भीतर के लोग दुःखी हैं, पीड़ित हैं। जब वह मान लेता है कि लोंग महान हैं, और गौरव और महानता की उपलब्धि के लिए ही अस्पतालों में पड़े हुए हैं।

जो लोग दूसरों की परेशानी को नहीं जानते, वे अज्ञानी हैं, अतः अपनी पीड़ा की कूप-मंडूकता में ही स्वयं को महान् मानते चले जाते हैं। इसी कूप-मंडूकता को दूर करने के लिए सरकार ने अस्पताल बनवाये हैं: ताकि वहां की भगदड़ में जनता एक बार भी फंस जाये तो वास्तविक परेशानी की कुछ झलक पा जाये।

पर आज भगदड़ रिवर्स गेयर में चल रही थी। जनता में कम अस्पताल के स्टाफ में अधिक भगदड़ थी। वे मैडिकल सुप्रिंटेडेंट, जो दूरबीन से भी कभी नहीं देखे जा सकते थे, आज ऊपर से लेकर नीचे तक के सभी डाक्टरों के साथ सशरीर अस्पताल में उपस्थित थे। और तो और वे हाउस सर्जन, जो या तो अस्पताल के कैंटीन में पाये जाते थे, या किसी सुन्दर युवती रोगिणी के फील्ड ऑफ ग्रेविटी में भी वास्तविक अस्पताल के भीतर, बड़ा गद्यात्मक मूड धारे, ठोस यथार्थ के समान उपस्थित थे। 'नर्स' नामधारी सारे जीव–ड्यूटी पर थे। अस्पताल के व्यापक स्टाफ में से एक भी जन्तु छुट्टी पर या आफ ड्यूटी नहीं था।

अस्पताल में आपतकालीन स्थिति घोषित कर दी गयी थी।

अस्पताल के सामने वाले लान्स में टैंटों की पंक्तियां गाड़ दी गयी थीं–जैसे बारातियों, शरणार्थियों या युद्ध-बन्दियों के आने पर गाड़ी जाती है। नन्हें-नन्हें फूलों की कोमल क्यारियों का भी किसी ने ध्यान नहीं रखा था। लोगों की सौन्दर्य भावना टैंटों की भीड़ में कुचली जाकर ऐसे मर गयी थी, जैसे नगर के मुख्य चौराहे पर, भारी गाड़ियों की भीड़ में कोई बीमार चुहिया दबकर मर जाये। टैंटों को अधिक-से-अधिक संख्या में ठूसकर कुछ इस प्रकार लगाया गया था, जैसे बारात में जोकर लोग अपने पेट में अधिक-से-अधिक चीजें ठूसते हैं। अस्पताल की स्थायी बार्डों में रोगियों के बिस्तर फर्श पर लगा दिए गये थे और उनकी चारपाइयां इस आपतकालीन वार्ड में भेज दी गयी थीं, जैसे आत्मसंतुष्ट गृहस्वामी, अभ्यागतों से कहता है, आज तुम चारपाइयों पर सो लो, हम तो रोज ही सोते हैं। इस समय सारे अस्पताल में एक भी टूटी-फूटी चारपाई तक इधर-उधर पड़ी नहीं रह गयी थी, जैसे घर में गरीब रिश्तेदारों के आने पर फटी-पुरानी चादरें भी उपयोग में आ जाती हैं। अस्पताल के कम्पाउंड में स्थित डाक्टरों, नर्सों, यहां तक कि चपरासियों तक के घरों से सारी चारपाइयां मंगा ली गयी थीं।

पुलिस की गाड़ियां और अस्पताल की एम्बुलेंसे इस धड़ल्ले से ला-लाकर रोगियों को पटक रहीं थीं, जैसे बोझ ढोने वाले मजदूर बाहर खड़े ट्रक से अनाज

की बोरियां ला-लाकर व्यापारी के गोदाम में पटकते हैं। चीटियों की पंक्ति के समान, रोगियों का तांता क्षण भर के लिए भी टूट नहीं रहा था। नर्सों की कमी के कारण, पुलिस के जवान ही, मरीजों को ला-लाकर वार्ड में पटक रहे थे।

मैडिकल सुप्रिटेडेंड अत्यन्त चिन्तित मुद्रा में, उस महिला के समान एक चारपाई से दूसरी चारपाई तक आ-जा रहे थे, जिसके सारे के सारे जवान बेटे किसी दुर्घटना में पीड़ित होकर साथ-साथ की चारपाइयों पर पड़े हों। आज उनके चेहरे पर स्वाभाविक रौब-दाब नहीं था। उनका चेहरा वर्षा की बूंद के लिए तपड़ती, ताप से पीड़ित, जगह-जगह से फट गयी, दरारों भरी धरती के समान वीरान था।

टहलते-टहले मैडिकल सुप्रिंटेंडेंट एक चारपाई के पास जाकर रुक गये।

"कोई आशा डॉ. चड्ढा?" उन्होंने पूछा।

डॉ. चड्ढा ने अभी-अभी रोगी को सुई चुभोई थी। सिरिंज अभी भी रोगी की बांह में ही थी। वे उसे इस प्रकार पकड़े खड़े थे जैसे मोची जूता सीते हुए सुआ चमड़े के आर-पार कर, अचानक आ गये नये ग्राहक की ओर देखने लगता है। उन्होंने स्प्रिट भीगी रुई से वेन को दबाया और सिरिंज बाहर खींच ली। उन्होंने कोई उत्तर नहीं दिया। वे अभी भी मरीज के चेहरे को अपनी नजरों से छेदे जा रहे थे, जैसे उनकी नजरें, नजरें न हों-सेलाइन वाटर, ग्लूकोस या रक्त पहुंचाने वाली सुइयां हों। मरीज का चेहरा उनके सारे प्रयत्नों के बावजूद ऐसे ही जड़ था, जैसे पूर्ण बहुमत होने पर सत्ताधारी दल विरोधी दलों की आवाजें के प्रति हो जाता है।

डॉ. चड्ढा ने अपनी दृष्टि मरीज के चेहरे से हटाकर, स्टैंड पर लटकी हुई ग्लूकोस की शीशी पर टिका दी, जैसे हैंगर पर से उतारकर कोट किल्ली पर टांग दिया हो। शीशी में से बूंद-बूंद टपकने वाला तरल पदार्थ मरीज के शरीर में जाकर नली में ही इस प्रकार जमा होता जा रहा था, जैसे टिकट न होने के कारण हॉल में प्रवेश न मिलने से, थियेटर के बाहरी दरवाजे पर भीड़ बढ़ती जाती है।

उन्होंने मैडिकल सुप्रिंटेंडेंट की ओर देखा और रांकिंग डौल के समान निराशा में सिर हिला दिया, "ये लोग कुछ भी एब्जार्ब नहीं कर रहे हैं।"

'हम उनमें से एक को भी नहीं बचा पाये हैं।" मैडिकल सुप्रिंटेडेंट डॉ. चड्ढा के गले लगकर रोने लगे, "यदि यह सब इसी प्रकार चला तो मंत्री के अस्पताल पहुंचने से पहले हीं या तो मुझे आत्महत्या कर लेनी होगी, या इसी प्रकार एक चारपाई सम्भाल लेनी होगी।"

"आप व्यर्थ की चिन्ता न करें सर!" डॉ. चड्ढा ने अपना रुमाल सुप्रिंटेंडेंट की ओर बहती हुई नाक साफ करने के लिए बढ़ा दिया, "इसमें हमारा कोई दोष नहीं है। जिस स्टेज पर उनको हमारे पास लाया जा रहा है, उस स्टेज पर डाक्टर तो क्या चीज है प्रधानमंत्री भी कुछ नहीं कर सकते। हमारे पास तो उनको इसलिए

लाया जा रहा है कि हम उनका परीक्षण करके उन्हें मृत घोषित कर दें। डाक्टरों का यही तो महत्त्व है, नहीं तो इंजेक्शन तो नर्सें और कम्पाऊंडर भी लगा सकते हैं। ''इसे देखिए'', उन्होंने साथ वाली चारपाई की ओर इशारा किया, ''इसे हमने कल ही डिस्चार्ज किया था और आज फिर बेरंग लिफाफे के समान लौट आया है। न्यूटन ने पृथ्वी के गुरुत्वाकर्षण की बात तो कही थी, पर अस्पताल के गुरुत्वाकर्षण का पता वह नहीं लगा सका। वह हमारे हिस्से पड़ा है। ये लोग अन्न का दाना भी पेट में नहीं डालेंगे, तो बचेंगे कहां से। इब इनकी अंतड़ियों की यह हालत हो गयी कि कुछ एब्ज़ार्ब ही नहीं करती।''

''मुझे बचाओ, मैं क्या करूं।'' मैडिकल सुप्रिंटेंडेंट परेशानी में दोनों हाथों से छाती पीटकर मरनेवालों का स्यापा करते हुए बोलो, ''मंत्री जी अभी यहां आ जाएंगे। तब मैं उनको क्या उत्तर दूंगा। वह कम्बख्त गणपत कालिया, कल शाम को, मुझसे बिना पूछे ही मर गया था, उसकी पत्नी और बेटा आज सबेरे मर गये हैं। उन्हें तो मरना ही था, मर गये–साले मेरी भी हत्या कर गये। अभी तक हमने उनकी मृत्यु की न्यूज को डिस्क्लोज नहीं किया है। लोगों को पता चलेगा तो जानते हो वे इस अस्पताल की ईंटों को करतालों के समान बजाते हुए सारे नगर में कीर्तन करते फिरेंगे।''

''सर!'' डॉ. चड्ढा बोले, ''गणपत कालिया की लड़की भी नहीं रही है।''

''शी आलसो।'' सुप्रिटेंडेंट ने चेहरा अपनी हथेलियों छिपा लिया, ''हे भगवान! अब क्या होगा।''

एक जवान लड़की का मरना बहुत बड़ी ट्रेजेडी है। वस्तुतः यह घनघोर पाप है। इस प्रकार की मृत्यु से उनके असंख्य प्रमियों, विवाह के लिए अनेक प्रत्याशियों तथा अपने पुत्र से उसका विवाह कर सकने की इच्छा रखनेवालों कई सम्भावित ससुरों को बहुत कष्ट होता है। इसलिए जवान लड़कियों को कम-से-कम मरना नहीं चाहिए।

रामलुभाया के पड़ोस में बहुत पहले एक जवान लड़की आत्महत्या करके मर गयी थी। रामलुभाया को वह किस्सा आज तक याद है। उसके पड़ोसी यूनिवर्सिटी में अंग्रेजी के प्रोफेसर थे। उनहोंने अंग्रेजी में ऑक्सफोर्ड से पी-एच. डी. की थी। अनेक वर्षों तक अंग्रेजों को अंग्रेजी पढ़ाते रहे थे और अंग्रेजी की शुद्धता के उतने ही पक्षपाती थे, जितना हिटलर आर्यों की रक्त की शुद्धता का था।

उन्हीं प्रोफेसर साहब की एक जवान लड़की थी, जो अपनी आयु की इच्छानुसार एक जवान लड़के से प्रेम करती थी। प्रोफेसर साहब वर्षों तक अंग्रेजी पढ़ाने के बावजूद भी भारतीय पिता थे; और भारतीय पिताओं को वह लड़का कभी पसन्द नहीं आता, जिससे उनकी बेटियां प्रेम करती हैं। प्रोफेसर साहब को भी लड़का

एकदम पसन्द नहीं था। उन्होंने न केवल उस लड़के के साथ अपनी बेटी का विवाह करने से इन्कार कर दिया, बल्कि लड़की का उस लड़के से मिलना-जुलना भी बन्द करवा दिया।

लड़की सही किस्म की प्रेमिका थी। उसने पिता के इस अत्याचार को सहन करना अस्वीकार किया और आत्महत्या का कारण बताते हुए अपने पिता के नाम एक पत्र लिखकर उसने आत्महत्या कर ली।

प्रोफेसर साहब को सूचना मिली। पत्र भी उसके हाथ लगा। लगे जार-जार रोने। पत्र पढ़ते जायें और रोते जायें। आखिर में उन्होंने अपना सिर पीट लिया। जब उन्होंने सिर पीटा तो मित्रों-संबंधियों ने उनका हाथ पकड़ लिया, "सब्र कीजिए प्रोफेसर साहब! मरनेवाली तो अब मर गयी, वह लौटकर नहीं आयेगी।"

प्रोफेसर साहब ने बड़ी मुश्किल से आंसू पोंछे और टूटती हुई हिचकियों के मध्य में से बोले, "अरे साहब! मरनेवाली तो खैर मर गयी, पर अंग्रेजी कम्पोजिशन की इतनी गलतियां!"

पर डॉ. चड्ढा ने गणपत कालिया की बेटी की मृत्यु पर कुछ नहीं कहा। वे चुपचाप खड़े रहे—न वह लड़की कोई पंत्र लिख कर मरी थी, न वे अंग्रेजी के प्रोफेसर थे। इसलिए उनका चुप रह जाना ही अच्छा था।

"डॉ. चड्ढा!" सहसा मैडिकल सुप्रिंटेंडेंट ने अपने चेहरे पर से हथेलियों का घूंघट हटाया, "इसी वार्ड में मेरे लिए भी एक बेड लगवा दीजिए। दोपहर से मैं भी अन्न खाना छोड़ रहा हूं। मेरा नौकर भी राशन के लिए घण्टों लाइन में खड़ा रहता है।

15

'दिल्ली-दुग्ध-योजना' के मैनेजर के कमरे में भीड़ लगी हुई थी।

जब गुस्सा एक स्थान पर इकट्ठा हो जाता है तो किसी को चोट लग जाती है। कुछ मकड़े इकट्ठे हो जाते हैं तो जाला लग जाता है। लोग इकट्ठे हो जायें तो भीड़ लग जाती है। तो मैनेजर के कमरे में भीड़ लगी हुई थी। हुआ यह था कि नगर के विभिन्न कोनों में भेजी गयी दूध की गाड़ियां एक-एक कर वापस आ चुकी थीं। जो जाता है वह लौटता ही है (यह प्रकृति का अटल नियम है)। इसलिए गाड़ियां जाकर लौटती ही थीं। पहले भी लौटती थीं, अब भी लौटती हैं। पर, पहले मैनेजर के दफ्तर में भीड़ नहीं लगा करती थी। जब से जनता ने दिल्ली-दुग्ध-योजना का बहिष्कार किया था, तब से लौटी हुई गाड़ियों का मैजनेजर साहब को रिर्पोट देना अनिवार्य हो गया था– अत: उनके दफ्तर में रोज ही भीड़ लगती थी।

''सब लोग आ गये?'' मैनेजर ने पूछा।

''जी हां।'' पास बैठे एक क्लर्क ने कहा।

उस क्लर्क ने हाथ में कलम पकड़ रखी थी। उसकी गोद में अनेक कागज पड़े हुए थे–वह शायद रिपोर्ट लिखने की तैयारी में था। उसने अपनी बात के समर्थन के लिए ''क्यों जमूरे?'' शैली में उपस्थित लोंगों पर नजर डाली। पर कोई कुछ नहीं बोला।

''क्या रिपोर्ट है?'' मैनेजर ने पूछा।

''बोलो भाई!'' क्लर्क ने कहा।

लोगों ने एक-दूसरे की ओर चूहों के उस दल के समान देखा, जो बिल्ली के गले में घण्टी बांधने की तैयारी करके आया था–कौन घण्टी बांधे? अन्त में एक लम्बा-सा व्यक्ति बोला, ''साब! कल शाम को दूध की जो बातलें हम बूथ में रखकर आये थे, वे अब तक बासी हो गयी थीं (दूध की यह बड़ी बुरी आदत है, कि रात को रखो तो सबेरे तक बासी हो जाता है), इसलिए उन बोतलों को हम लौटा लाये हैं और ताजा दूध की बोतलें (स्वगत: 'बासी होने के लिए') इसलिए रख आयें हैं, कि कल जब जनता दूध लेने के लिए आये, तो कम-से-कम उसे दूध ताजा तो मिले। (स्वगत: वैसे हमें पूरा विश्वास है कि जनता कल भी दूध लेने के लिए नहीं आयेगी, और दूध बासी होकर ही रहेगा)।''

मैनेजर के मुंह का स्वाद कसैला हो गया। उसे ताजा दूध के बासी होने की यह प्रक्रिया एकदम पसन्द नहीं आयी थी। उसने अपने मुंह का कसैलापन उपस्थित भीड़ के चेहरे पर थूका, ''और?''

और कोई बोल तो नहीं रहा, यह देखने के लिए लम्बे आदमी के साथ वाले ने इधर-उधर उसी सावधानी से देखा, जिस सावधानी से एक होशियार ड्राइवर किसी भीड़-भड़क्के वाले चौराहे पर इधर-उधर देखता है। और कोई नहीं बोल रहा है यह देखकर उसके चेहरे पर वही प्रसन्नता झलकी जो सड़क खाली पाकर नौसिखिए अनाड़ी ड्राइवर के चेहरे पर झलकती है। उसने खखारकर गला साफ किया, जैसे चौराहा पार करने से पहले हार्न बजाया हो और बोला, ''साब! हम ताजा दूध की बोतलें बूथ में रख आये हैं और खाली बोतलें वापस ले आए हैं।''

''खाली बोतलें!'' मैनेजर खुशी से अपनी कुरसी पर उछल पड़ा। उसके चेहरे पर वही प्रसन्नता थी जो ग्यारह बेटियों के बाप को बारहवीं बार 'बेटा' सुनने से होती है, ''यानी लोगों ने हमारे बूथ से दूध लिया?''

''नहीं साब।'' उस व्यक्ति ने कुछ हिचकिचाकर अपनी समझदारी की व्याख्या की, ''हमने सोचा कि बासी दूध यहां वापस लाकर ही क्या करेंगे। उसे हम वहीं,

बूथ के पासवाली बड़ी नाली को पिला आये हैं। एक बात और है साब! आज शाम को दूध ले जाने के लिए भी खाली बोतलों की आवश्यकता पड़ेगी।''

मैनेजर के माथे पर त्यौरियों का मेला लग गया। वह अपना जन्मसिद्ध अधिकार याद कर अपने क्लर्क को घूरने लगा।

''उस फेंके गये दूध के पैसे कौन देगा?'' मैनेजर ने घूरने को कौमा लगाकर अपने क्लर्क से पूछा।

''इनके प्राविडेण्ट फण्ट में से काट लेंगे साहब!'' क्लर्क ने पूरी निश्चिन्तता से उत्तर दिया।

''तुम्हारा मतलब है कि आज की पेमेण्ट के लिए, मैं इनके रिटायर होने की प्रतीक्षा करूं?'' मैनेजर ने अपनी नजरों के भाले चलाये, ''और तुम्हें मालूम है कि हरियाणा और उत्तर प्रदेश के वे सारे ग्वाले, जिनसे हम दूध खरीदते हैं, अपनी पेमेण्ट के लिए सत्याग्रह करने अपनी भैसों के साथ दिल्ली आ रहे हैं। उनको मैं कहां ठहराऊंगा!''

''एक भैंस को मैं अपने घर ठहरा लूंगा।'' क्लर्क ने उदार प्रस्ताव रखकर आंखें मिचमिचाईं।

''तुम ईडियट हो!'' मैनेजर ने उसे कम्पलिमेण्ट देकर उसकी उपेक्षा कर दी, ''हां! और बोलो।''

''जी मेरी गाड़ी में से चार बोतलें बिकी हैं।'' तीसरे व्यक्ति ने महानतम विजय की घोषणा की।

''वैरी गुड।'' मैनेजर ने जोर से दाई हथेली का मुक्का मेज पर मारा और फिर बायें हाथ से दायें को सहलाते हुए कहा, ''वैरी गुड! आई से वैरी गुड! हमारा काम दुबारा शुरू हो रहा है, पर हो तो रहा है! वाह! वाह! मैं तुम्हें पुरस्कार दिलवाऊंगा। मैं तुम्हें ''भारत-रत्न'' और महावीर चक्र के लिए रिकमेंड करूंगा (पर वे मेरी रिकमेंडेशन मानेंगे नहीं) लोगों ने हमारा दूध फिर से खरीदना आरम्भ कर दिया। ''मैनेजर उस मेंढक के समान बार-बार अपनी कुरसी पर उछल रहा था जिसमे अनेक लाल चींटियां चिपक गयी हों, ''कैसे बेचीं तुमने चार बोतलें?''

''जी! वह......' वह व्यक्ति हकलाया, ''वे तो मेरी घरवाली ने रख ली हैं और साब! उसने पैसे भी नहीं दिये हैं। कहने लगी, ''तुम कौन उस दूध की खीर बनाओगे। नालियों की गन्दगी ही तो बहानी है.....'' साब! मैं उससे भी उतना ही डरता हूं..।'' उस व्यक्ति ने सहसा बोलना बन्द कर, अपनी समस्त शक्ति सिर खुजलाने के मोर्चे पर लगा दी।

सिर खुजलाना एक बड़ा महत्वपूर्ण काम है। सिर खुजलाना, शारीरिक कष्ट को प्रकट करता है। इसका अर्थ है कि सिर में जुएं हैं। सिर खुजलाकर लोग अपनी परेशानी भी प्रकट करते हैं और आगे की बात न कहने का यह स्थानापन्न भी है।

''नैवर माईंड!'' मैनेजर की प्रसन्नता का बैरोमीटर उसी प्रकार उत्फुल्ल रहा, ''दैड्स ए वैरी गुड आइडिया। तुम सब लोग रोज अपने-अपने घर दस-दस बोतलें ले जाया करो। तुम भी तो आखिर पब्लिक ही हो। तुम साले आज तक स्वयं को पब्लिक से अलग क्यों समझते रहे हो? तुम लोग हमारा दूध ले रहे हो, यानी पब्लिक हमारा दूध ले रही है। साली पब्लिक की ऐसी-तैसी! हमें अपनी बिक्री दिखानी है, बिक्री हम कैसे भी करें.....।''

मैनेजर ने रुककर क्लर्क की ओर देखा और बोला, ''ओ चमगादड़! सुना तुमने। तुम भी दस बोतलें अपने घर ले जाना, और खीर बनाकर अपने दादा का श्राद्ध करना।''

क्लर्क ने अपनी आंखें फिर से मिचमिचाईं और उसके होठों पर मुस्कराहट केंचुए-सी रेंग गयी। उसने उपस्थित भीड़ पर फव्वारे के समान अपनी दृष्टि छिड़की और अपनी बांह से कन्धे पर लम्ब बनाते हुए जोर से चीखा, ''मैनेजर साहब...।''

''जिन्दाबाद!'' सामूहिक चीख ने छत पर बैठे कबूतर उड़ा दिये।

''और सुनो!'' मैनेजर साहब के चेहरे पर सौ-सौ मुगल-उद्यान खिल आये, ''सौ-दौ सौ बोतलें मेरी गाड़ी में रख देना। घर जाऊंगा तो रास्ते में लोगों से पूछता जाऊंगा। शायद कुछ बोतलें बिक ही जाएं। आखिर यह भी तो सेल्शमैनशिप का ही एक अंश है। हां जाओ.....।''

और लोगों ने सचमुच ही मैनेजर की बात मान ली। इस प्रकार की आज्ञाकारिता, वे लोग केवल ''जाने'' के आदेश के सन्दर्भ में ही दिखाते थे।

16

लाला गोकुलचन्द की साइकिल कुछ इस प्रकार लदी-फदी थी, जैसे पुराने समय कें फेरी वालों का गधा लदा हुआ होता था। उन्होंने अपनी साइकिल को यत्न से स्टैंड पर खड़ा किया और हिला-डुलाकर देखा....कहीं गिरेगी तो नहीं। साइकिल अड़ियल टट्टू के समान स्थिर खड़ी थी, उसके गिरने की कोई सम्भावना नहीं थी! साइकिल की ओर से ध्यान हटा तो वे अपनी ओर से सचेत हुए। उन्हें लगा साइकिल ही नहीं, उनके अपने पैर भी संकोच से जकड़े हुए अड़ियल टट्टू ही हो रहे थे। वे सोच रहे थे, पता नहीं लोग उनके साथ कैसा व्यवहार करेंगें मन की गिरगिट

बार-बार नकार में सिर हिला रही थी। शायद लोग उनके साथ अच्छा व्यवहार नहीं करेंगे। हो सकता है, लोग बुरा ही मान जाएं। पर अब जब वे निकल ही पड़े थे, तो पीछे हटने का कोई अर्थ नहीं था। वे पाकिस्तानी सैनिक तो थे नहीं, कि गर्व से वीरतापूर्वक पीछे हटने की घोषणा करते।

वे लोकल बस के समान साइकिल से पास के नाले और गेट को अगला स्टॉप मानकर रुक गये। पहले सावधानी से इधर उधर ताका, जैसे भीतर न जाना हो, चोरी से अमरूद्ध तोड़ने हों, फिर जिद्दी बच्चे जैसे अड़ियल हाथ को समझा-बुझकार उसे गेट के कुण्डे को खटखटाने के लिए तैयार किया। पर, जब-जब भी गेट के भीतर कोई प्रतिक्रिया नहीं हुई तो वे न्यूटन को कोसते हुए गेट के भीतर घुसे, जिसने कहा था कि प्रत्येक क्रिया की समान तथा विरोधी प्रतिक्रिया होती है। इस कोठी में न्यूटन के सिद्धान्तों को झुठला दिया था।

बरामदे में उन्हें अनेक बटन दिखायी पड़े, जैसे बिजली के बटन न हों, दीवार पर हारमोनियम बनाने का प्रयत्न किया गया हो। उन्होंने बड़े ध्यान से उन बटनों को देखा: उनमें से एक पर घंटी का चिह्न बना हुआ था। लाला गोकुलचन्द ने इस प्रकार कांपती अंगुली से वह बटन दबाया, जैसे चाहते हों कि भीतर की घण्टी न ही बजे। पर घर के भीतर की कहीं घण्टी बजी और साथ ही लाला जी के हृदय गति का तबला भी द्रुत पर आ गया। उन्होंने अपने माथे पर उभर आयी बूदों को, छोटे तौलिये के आकार के अपने बड़े रुमाल से इस अन्दाज से पोंछा, जैसे असमय मंच पर आ जानेवाले अभिनेता को निर्देशक तुरन्त वहां से हटा देता है। खखार कर गला साफ किया, जैसे देखना चाहते हों कि उनका साऊंड बाक्स खराब तो नहीं हो गया। गला है तो क्या हुआ, है तो मशीन ही। इसलिए उसने काम लेने से पूर्व 'हैलो-हैलो! टेस्टिंग-टेस्टिंग' के अन्दाज में खखार कर देख ही लेना चाहिए। लाला जी अब दरवाजा खोलकर बाहर आनेवाले अपरिचित से बात-चीत करने के लिए पूरी तरह तैयार थे।

भीतर से किसी के आने की आहट हुई और दरवाजा खुल गया।

लाला गोकुलचन्द ने देखा, दरवाजा खोलनेवाली एक तरुणी थी। वे पहले से अधिक संकुचित हो उठे। उन्हें लगा कि उनके गले के माइक की बैटरी काफी कमजोर हो गयी है।

"कहिए!" तरुणी ने कहा।

"जी।" हिन्दी फिल्मों में दम तोड़ते हुए व्यक्ति के स्वर में लालाजी बोले, "मैं आपके डाकघर से आया हूं।"

"क्या काम है!" तरुणी अधखुला दरवाजा खोलकर बाहर आ गयी।

''काम!'' लाला जी हकलाए, ''मुझे तो कोई काम नहीं है....।''

उन्होंने तरुणी की ओर देखा। उसकी आंखें में उन्हें अपनी कन्फिडेंशियल फाइल नजर आयी, उसपर उनके विरुद्ध बड़े सख्त रिमार्क दिये गये थे। स्पष्टत: वह उन्हें अच्छा आदमी नहीं समझ रही थी। उसके मन में उनके प्रति अविश्वास और सन्देह था। यह बात लाला जी के लिए असह्य थी। आज तक वे अपने जीवन में उन्होंने किसी की भी आंखों में ऐसे भाव नहीं देखे थे। उनकी कन्फिडेंशियल फाइल में आज तक किसी भी अफसर ने उनके विरुद्ध रिर्माक नहीं दिये थे। वे जीवन में जो कुछ भी थे, अपनी ईमानदारी और साहस के बल पर थे। गांव के एक डाकिए से राजधानी के ब्रांच डाकघर के डाकपाल बन जाना, किसी रिश्तेदार के कारण सम्भव नहीं हुआ था। और फिर उन्होंने यहां आकर कोई पाप नहीं किया था।

अपनी ईमानदारी को याद करते ही जैसे उनके भीतर किसी मंत्री ने नये बने बांध का बटन दबा दिया और साहस का करोड़ों लीटर पानी उनके भीतर उमड़ पड़ा। मंत्री के बटन दबाने के चमत्कार उन्हें आज ही मालूम हुआ था, नहीं तो इसी भ्रम में पड़े थे कि वे हजारों कीड़े-मकोड़े, जिन्हें लोग मजदूर कहते हैं, वे ही बांध का निर्माण करते हैं। वे जान गये थे कि मजदूरों का ईंटे-सीमेण्ट ढोने का आत्मविश्वास गलत था, मंत्री का बटन दबाने का आत्मविश्वास ही सही था।

वे निस्संकोच हो गये और बांध में लहराते प्रवास के सबल आत्मविश्वास से बोले, ''आपको कुछ चाहिए? मैं आपको पोस्टकार्ड, अन्तर्देशीय, लिफाफे इत्यादि दे सकता हूं। (वैसे मैं दम्भ नहीं करता। देने वाला तो ऊपर बैठा है। पर आप इस समय मुझे उसी का निमित्त मानें।) एक्सप्रेस लिफाफे इस समय स्टाक में नहीं हैं यदि आप आर्डर दे दें, तो कल आपके घर पहुंचा दिये जायेंगे। मेरा डाकिया दे जायेगा। नहीं.....आपको उसके लिए कुछ अतिरिक्त नहीं देना होगा। हम 'फ्री-होम-डेलिवरी' सेवा आरम्भ कर रहे हैं।......आप मनीआर्डर करवाना चाहें रजिस्ट्री करवाना चाहें, पार्सल करवाना चाहें, तो करवा लें। आज न करवाना चाहें, तो जब करवाना चाहें, वह दिन बता दीजिएगा, हमारा आदमी आ जायेगा।''

वे उसी प्रकार से आकस्मिक ढंग से रुके, जैसे खुली सड़क पर तेजी से गाड़ी दौड़ाता हुआ ड्राइवर, बीच सड़क में बैलों को लड़ते देखकर सहसा रुक जाता है।

तरुणी अब तक उन्हें चुपचाप देखती जा रही थी, केवल उसकी आंखों में उनके प्रति अविश्वास का तापमान बढ़ता जा रहा था।

''हमें कुछ नहीं चाहिए।'' अन्त में वह बोली और अविलम्ब भीतर चली गयी।

उसने भीतर जाते ही, फटाक् से दरवाजा बन्द कर चिटकिनी चढ़ा ली, जैसे बाहर लाला गोकुलचन्द न खड़े हों, कोई पागल भैंस हो, जो बन्द दरवाज़े पर भी टक्कर मार सकती हो।

लाला गोकुलचन्द का अगला वाक्य मुंह में ही जम गया, जैसे तापमान के सहसा बहुत गिर जाने से बहता हुआ पानी जमकर बर्फ हो जाता है। उनके दांतों के नीचे उस वाक्य की बर्फ चरमरा रही थी।

लालाजी 'लौटकर बुद्धू घर को आये' शैली में अपनी साइकिल के पास आ गये। तरुणी के व्यवहार से उनके आत्मविश्वास के जलपोत को तारपीडो कर दिया था। जलपोत कब का डूब गया था और उसके बचे-खुले मलबे मे भी संकोच का खारा पानी समुद्र की लहरों के समान 'जल-राशि राशि-जल पर चढ़कर' पछाड़ खा रहा था। पहले ही घर में उसके साथ जो व्यवहार हुआ था, वह एकदम उत्साहवर्धक नहीं था। पर, उसके लिए वे उस तरुणी को दोष भी नहीं दे सकते थे। उसे क्या पता था, लालाजी किस मजबूरी में यह काम कर रहे हैं उसने तो यही समझा होगा कि वे कोई चोर या ठग हैं। या फिर किसी गिरोह ने सरकार से छिपाकर कार्ड-लिफाफे छापे हैं, और वे उस गिरोह के एजेंट के रूप में उन्हें बेचने आये हैं। कार्ड-लिफाफे, कार्ड लिफाफे हैं, कोई टींडा-बैंगन तो है नहीं, कि फेरीवाले घर-घर बेचते फिरें। ..... और फिर कोई उन्हें अपना मनीआर्डर या पार्सल कैसे दे देगा, रेडियों का लाइसेंस तक तो कोई बिना आइडेंटिटी कार्ड देखे दिखाता नहीं है। किसी को इस बात का विश्वास ही कैसे होगा कि वह अपनी चीज सही हाथों में दे रहा है। न वे कोई साधु-महात्मा हैं और न जनता उनके चतम्कार में विश्वास करनेवाली गृह-वधू, जो घर का सोना-गहना निकालकर उनके हाथों पर धर देगी।

उन्होंने बहुत गलत रास्ता अपनाया था—वे सोच रहे थे—आदमी गलत रास्ता अज्ञान के कारण अपनाता है और अज्ञान मोह के कारण होता है। उन्हें अपनी नौकरी का मोह इस रास्ते पर ले आया था। उनके सामने कल वाले उस व्यक्ति का चेहरा घूम गया। उसे एक्सप्रेस लिफाफा नहीं मिला था तो वह कितना भन्नाया था। गरजकर बोला था, ''यह डाकखाना है या पेखाना। पता नहीं ये इतने सारे कबूतर क्यों पाल रखे हैं सरकार ने। हरामखोर कहीं के।''

लालाजी ने अपनी पच्चीस वर्षों की नौकरी में किसी को इस प्रकार व्यवहार करते हुए पहली बार देखा था—वैसे ही जैसे हिन्दी फिल्मों में नायक पहली बार नायिका जैसी सुन्दर लड़की को देखता है, या अध्यात्म के क्षेत्र में मोक्ष पाकर पहली बार मुक्त 'ज्ञान' को देखता है। अब तक लालाजी ने डाकघर के विभिन्न काउंटरों के सम्मुख लोगों को घण्टों पंक्ति में चुपचाप खड़े देखा था, जैसे आदमी न हों, घर का कबाड़ हों, जिन्हें किसी उपेक्षित स्थान पर रखकर भूला जा सकता हो। और बारी आने पर भी जब उन्हें इच्छित वस्तु नहीं मिली तो उन्होंने किसी को इस प्रकार चीखते-चिल्लाते और डाकपाल का अपमान करते नहीं देखा था।

पर समय की गिरगिट रंग बदल रही थी, बदल चुकी थी। 'निष्ठुर-परिवर्तन' आ चुका था, जिसकी सूचना देना प्रत्येक चिन्तक अपना पुनीत कर्तव्य समझता था।

पहले किसी ने परिवहन-व्यवस्था, दुग्ध-योजना तथा राशन-व्यवस्था का बहिष्कार करते भी तो नहीं सुना था। यह बात लालाजी के मन में बहुत दिनों से थी। परिवहन-व्यवस्था के बहिष्कार के बाद उन्होंने जब कभी डाकघर के लोगों को पंक्ति में खड़े प्रतीक्षा करते देखा, उनका हृदय कांप गया था। यह पंक्ति खतरे की रेखा थी—डेंजर मार्क। यह समय की चेतावनी थी। खतरे की घण्टी जिसने नहीं सुनी, वह बाद में पछताया।

खतरे की घण्टी हो या विश्वविद्यालय में पीरियड खत्म होने की घण्टी। घण्टी एक महत्वपूर्ण चीज है। इसका अनुभव रामलुभाया को भी है।

रामलुभाया विश्वविद्यालय में क्लास ले रहे थे। वे रस-मग्न थे। उनकी आंखें बन्द थीं। हृदय मधुमती भूमिका में डूबा हुआ था। मस्तिष्क भाष्यों के वन में खो गये मृग-शावक के समान छलांगें लगा रहा था। उनकी वाणी में ओज था.....

सहसा एक छात्रा ने उन्हें टोक दिया, "आचार्य! घण्टी बज गयी है।"

रस भंग हो गया। आंखें खुल गयीं। हृदय मधुमती भूमिका से सीढ़ियां उतरता हुआ आर्ट्स फैकल्टी के कमरा नम्बर चौदह में उतर आया। मन भाष्यों को भूल उद्दण्डता की समस्या की चट्टान से सिर फोड़ने लगा। वाणी भीरु हो गयी.....

"पर अभी मेरा व्याख्यान तो चल रहा है।" रामलुभाया ने कहा।

"घण्टी का बजना सत्य है या व्याख्यान का चलना?" छात्रा ने दार्शनिक मुद्रा बनायी।

"घण्टी एक चपरासी बजाता है और व्याख्यान आचार्य देते हैं। परम्परा के अनुसार आचार्य महत्वपूर्ण हैं, आधुनिकता के अनुसार चपरासी। परम्परा के अनुसार व्याख्यान सत्य है, आधुनिकता के अनुसार घण्टी का बजना....। रामलुभाया रुक गये। उन्होंने ध्यान से कन्या को देखा, "पुत्री? तुम यहां व्याख्यान सुनने आती हो या घण्टी सुनने?"

"निश्चित रूप से घण्टी सुनने के लिए आचार्य!" छात्रा अत्यन्त स्पष्ट चिन्तन तथा सरल अभिव्यक्ति की विश्वासिनी थी।

रामलुभाया का मन देश की आर्थिक पतन से दुःखी हो उठा। कितनी दुर्भाग्यापूर्ण अवस्था है। वे जानते थे कि वह छात्रा विश्वविद्यालय से चौदह मील दूर रहती थी। सुबह बहुत जल्दी घर से चलकर, नौ बजे विश्वविद्यालय पहुंच जाती थी। डेढ़ बजे तक उसे यूनिवर्सिटी कैफे में अपनी इच्छा के विरुद्ध पराये लड़कों के साथ बैठना पड़ता था, और तब कहीं वह गरीब पहली घण्टी सुन पाती थी। इसी प्रकार इस पवित्र भारत-भूमि के लाखों युवक-युवतियों को अपने जीवन के बीस-बाईस वर्ष इन घण्टियों के चक्कर में नष्ट कर देने पड़ते हैं यह ईश्वर की दी हुई पवित्र थाती

का सरासर अपव्यय है–'हीरा जनम अमोल था, कौड़ी बदले जाई।''–रामलुभाया के मन में आप्त-वचन उद्‌धृत किये–क्या हमारी सरकार अपने देश के इन अभिशप्त युवक-युवतियों के लिए कुछ नहीं कर सकती? लगता है सारा पीतल चोर बाजार में चला जाता है और पर्याप्त संख्या में घण्टियां बन नहीं पातीं। देश के भावी कर्णधारों को घटियां मिल नहीं पातीं और वे लोग अपनी आत्मा की, घंण्टियां सुनने की शाश्वत प्यास को बुझाने के लिए विश्वविद्यालय की ओर दौड़े चले आते हैं और प्रत्येक आचार्य इस गलतफहमी में उलझा पड़ा है कि छात्र उनका व्याख्यान सुनने के लिए दौड़े चले आ रहे हैं। हाय रे भ्रांति!

रामलुभाया का मन एक और जिज्ञासा लेकर उठ खड़ा हुआ–हमारे युवा-वर्ग में घण्टियों का इतना मोह क्यों है? क्या घण्टियों की ध्वनि में भी सन्तों के अनहद नाद की तरह कोई संगीतात्मकता होती है, जिसे आज तक उनका मन सुन नहीं पाया? नहीं! घण्टियों में ऐसा कोई संगीत नहीं होता, नहीं तो कम-से-कम सन्त लोग सहज समाधि न लगाकर, विश्वविद्यालय में क्लासों में आ बैठते।

रामलुभाया का मन देश की राजनीतिक और सामाजिक परिस्थितियों को उलटने-पलटने लगा। शीघ्र ही उन्हें लगा कि इसके लिए हमारा शासन और समाज दोनों ही समान रूप से दोषी हैं। आखिर शासन को ही क्या सूझी है कि उसने नियम बना लिया है कि दिन में छः-सात घण्टियों की औसत से ग्यारह वर्षों तक घण्टियां सुननेवाले किशोर-किशोरी को हायर सैकेण्डरी, चौदह वर्षों तक घण्टियां सुनने वाले को बी.ए., बी.एस-सी., बी. कॉम. तथा सोलह वर्षों तक सुनने वाले को एम.ए., एम. एस-सी., एम. कॉम की डिग्री मिलेगी। और वे घण्टियां भी शिक्षा-विभाग के सरकारी मान्यता प्राप्त केन्दों की होनी चाहिए। मन्दिरों या वैसे अन्य गैर-सरकारी संस्थानों की घण्टियों को कोई सार्थकता नहीं है, नहीं तो चूरन बेचनेवाला घण्टियां बजा-बजाकर अपना चूरन भी बेचता जायेगा और डिग्रियां भी प्राप्त करता जायेगा।

उन्हें लगा, सारा दोष सरकार का ही नहीं है। समाज भी इस प्रकार के घण्टी-जंजाल में फंसा है। विवाह से पूर्व प्रत्येक लड़के-लड़की से पूछा जाता है कि उसने कितने वर्षों तक विद्या-मन्दिरों की घण्टियां सुनी हैं। उनके अपने सगे भाई के घर में यही चक्कर चल रहा है। उन्हें आज तक जितने लड़के मिले हैं वे चौदह-वर्ष-घण्टी-श्रोता हैं; पर उनके भाई सोलह-वर्ष-घण्टी-श्रोता को खोज रहे हैं। वैसा कोई लड़का उन्हें मिल नहीं रहा। प्रत्येक लड़का दो वर्ष कम घण्टियां सुनने के कारण अस्वीकृत हो रहा है और उनकी भतीजी कुंआरी ही बैठी है। उनकी भाभी एक रोज कोसती है, ''बड़े आचार्य बने बैठे हो। बिट्टो के लिए एक लड़का ऐसा नहीं खोज पाते, जिसने परमात्मा की कृपा से सोलह वर्षों तक घण्टियां सुनी हों।'' पर रामलुभाया अपने आचार्यत्व के हाथों बाध्य हैं। वे किसी को दो वर्ष भाषण तो

पिला सकते हैं, घण्टियां नहीं सुना सकते। इससे तो अच्छा होता कि चपरासी होते। उनके भाई साहब जिस किसी लड़के को चुनते, वे घण्टियां बजाकर उनकी दो वर्षों की कमी पूरी कर देते। कम-से-कम उनकी भतीजी तो कुंआरी न रहती।

लाला गोकुलचन्द ने समय रहते ही खतरे की घण्टी सुन ली थी। उन्हें सदा यही आशंका रही थी कि अब डाक-तार-घरों के बहिष्कार की बारी है। लोग बहुत बदल गये हैं। जब लोग बसों, दूध और राशन के बिना अपना काम चला रहे हैं, तो डाकघरों में ही ऐसा क्या रखा है, जिसका अभाव जनता को खटकेगा।

रात भर ये विचार सैबरों और मिराजों के समान उन्हे तंग करते रहे थे और उनका शरीर विमान-भेदी तापों के समान कोण बदलता रहा था; और जब उन्होंने एक निर्णय ले लिया तो मानो शत्रु की वायुसेना समाप्त करके शान्ति से सो गये! आज सवेरे से डाकघर में एक भी आदमी नहीं आया था, जैसे वह डाकघर न हो 'नो मैंस लैंड' हो गया हो। अन्त में, वे अपने निर्णय को पूरा करने के लिए डाकघर का सामान साइकिल पर लादकर, सरकार की आय बढ़ाने के लिए चल पड़े थे।

पर जैसे प्रेमी अपनी प्रेमिका के घर जाते हुए यह नहीं सोचता कि प्रेमिका के मां-बाप भी घर पर होंगे, उसी तरह साइकिल लादते हुए लाला गोकुलचन्द ने यह नहीं सोचा था कि लोग उन्हें इस प्रकार अविश्वास की दृष्टि से देखेंगे और चोर तथा उठाईगीरा समझेंगे। उन्होंने नहीं सोचा था कि दुनिया में ईश्वर को पहचानने वाले नास्तिक या मुहल्ले में उन्हें न पहचानने वाले अज्ञों का भी अस्तित्व हो सकता है। डाकघर मे अपनी मेज पर बैठे, डाकियों से रौबपूर्वक बातें करते किसने उन्हें नहीं देखा होगा। पर मेज पर बैठे अपने विषय में सोचना और बात है और मुहल्ले में आकर वास्तविकता का सामना करना और बात है। ईश्वर भी जिस दिन उसी प्रकार वास्तविकता का सामना करने के लिए संसार में उतर आयेगा, उसी दिन यह समझ पायेगा कि उसकी औकात क्या है।

उन्होंने फिर से अपना डाकपालत्व याद कर आत्मविश्वास और साहस बटोरा और अगली कोठी में घुस गये। चुपचाप घण्टी बजाई और दरवाजा खुलने की प्रतीक्षा में अपने चेहरे पर शराफत और रौब की दूब बिछाने का प्रयत्न करने लगे, ताकि उस दूब को देखकर अविश्वास के चमरौधे दूर ही रुक जायें और उनके उत्साह को कुचल न पायें।

अकस्मात् ही दरवाज़ा खुला और एक अधेड़ पुरुष बिना बांहों की बनियान और धारीदार पाजामे में इस शान से बाहर निकल आया, जैसे वह उस समय अपनी पूरी यूनिफार्म में हो। इससे पहले कि लाला गोकुलचन्द सम्भलते और कुछ कहते, उस व्यक्ति ने ही चार्ज कर दिया, "अरे लालाजी आप?"

गोकुलचन्द्र परम पिता परमात्मा का धन्यवाद दिया कि उसने इस व्यक्ति से उन्हें पहचनवाया, नहीं तो कौन किसको पहचानता है। गोकुलचन्द उस व्यक्ति को नहीं पहचानते थे, पर वह उन्हें अवश्य पहचानता था। लालाजी का बड़प्पन का आत्मविश्वास, जो उस तरुणी ने डुबो दिया था, आज फिर से लौट आया था। और आत्मविश्वास के लौटते ही वे ऐसे सहज हो गये थे, जैसे बिना नमक वाली जायकाहीन सब्जी में नमक पड़ते ही वह स्वादिष्ट हो जाती है।

बोले, ''जी हां! मैं ही आपकी सेवा के लिए उपस्थित हुआ हूं।''

''आज्ञा कीजिए।'' वह व्यक्ति भयंकर रूप से शालीन था।

यहां पर लालाजी को थोड़ा-सा प्रयत्न करना पड़ा, पर फिर वे किसी अन्यन्त दक्ष फेरीवाले के समान अपनी सारी चीजों की सूची गिनवा गये।

उस व्यक्ति की आंखे पहले से कुछ अधिक फैल गयीं, जैसे घटिया कागज को छूते ही स्याही फैल जाती है। वह स्तम्भित-सा लालाजी को देखता रहा, फिर धीरे से बोला, ''आप जरा भीतर आ जायें।''

लालाजी कोई किशोरी सेल्स गर्ल तो थे नहीं कि उस पुरुष के साथ घर के भीतर जाते हुए डरते। उल्टे उन्हें अपना सम्मान बढ़ता हुआ नजर आया। वे भीतर चले गये। उस व्यक्ति ने उन्हें सोफे पर बैताया, ठण्डा पानी मंगवाकर उन्हें पिलाया और फिर बोला, ''क्या बात है लालाजी! आप यह सब क्यों कर रहे हैं?''

''बड़ी सीधी-सी बात है।'' लालाजी कुछ इस प्रकार बोले, जैसे ज्यामिति की किसी समस्या का समाधान कर रह हों, ''बसवालों दूधवालों या राशनवालों के समान हमारा धन्धा भी बन्द हो जाये, इससे पहले ही मैंने कुछ करने का फैसला किया है। शत्रु आक्रमण करने आपके सिर पर पहुंच जाये, इससे अच्छा क्या यह नहीं है कि आप बढ़कर उसकी भुजा थाम लें। ऐसी स्थिति मे युद्ध सीमा के इस पार हुआ या उस पार, उससे क्या फर्क पड़ता है।.....आप मेरा विश्वास करेंगे, आज सुबह से डाकघर में एक पोस्टकार्ड तक नहीं बिका।''

''बड़ी दुःखद स्थिति है। वह व्यक्ति इतने सहानुभूतिपूर्ण स्वर में बोला, जैसे लालाजी के किसी निकट सम्बन्धी के मरने पर अफसोस कर रहा हो, ''पर लालाजी! सरकारी आज्ञा के बिना आप डाकघर का सामान अपने थैलों में लिये घूम रहे हैं. ...डाकघर न हुआ, मनियारी की दुकान हो गयी।''

''समय बदल गया है महाशय! स्थिति सदा एक-सी नहीं रहती।'' महात्मा बुद्ध के उपदेशों के पश्चात् समय की परिवर्तनशीलता तथा नश्वरता पहली बार लालाजी के स्वर में भी इतनी जोर से ध्वनित हुई थी। उनका स्वर बहुत शुष्क और व्यवसायोन्मुख था, ''आप कुछ लेंगे?''

एक ही दिन में उनका व्यवहार सरकार नौकर से बदलकर स्वतंत्र व्यापारी का-सा हो गया था।

वह व्यक्ति समझ गया कि लालाजी किसी सेमिनार में भाग लेने नहीं आये हैं, वे व्यापार के लिए आये हैं। सैद्धान्तिक बहस से उन्हें कोई प्रयोजन नहीं था। वह बोला, "नहीं! अभी तो किसी चीज की आवश्यकता नहीं है। जब चाहिए होगा स्वयं उपस्थित हो जाऊंगा।"

लाला गोकुलचन्दजी के चेहरे से तनाव एकदम गायब हो गया था, सहसा वे एकदम दीन हो गये थे। उन्होंने घिघियाते हुए ट्रंप चला, "एक पोस्टकार्ड ही ले लीजिए।"

"नहीं लालाजी! मुझे सचमुच जरूरत नहीं है।" उस व्यक्ति की मुद्रा अफरकर खाये हुए उस व्यक्ति के समान थी, जिसे एक रोटी और खाने को कहा जा रहा हो।

"देखिए! मेरी नौकरी का सवाल है।" लालाजी की आंखें गीली हो आयीं, "घर में पत्नी है, बच्चे हैं। ऐसे तो सब भूखे मर जायेंगे।"

पर उस व्यक्ति को दया नहीं आयी। अपने 'क्षत्रिय-वचन' पर अड़ गया—एक बार कह दिया सो कह दिया। वह कुछ नहीं लेगा।

'क्षत्रिय-वचन' अपने देश के इतिहास का बीहड़ वचन है। जनक ने धनुष-यज्ञ की बात कह दी, सो कह दी। अब चाहे राम जैसे 'वर' सामने खड़े हों, सीता का विवाह तो उसी के साथ होगा, जो धनुष-यज्ञ की शर्त पूरी करेगा। दशरथ ने भी इसी क्षत्रिय-वचन के पीछे राम को वन भेज दिंया। बाद का सारा इतिहास यही बताता है कि किस प्रकार 'क्षत्रिय-वचन' को आधार बनाकर हमारे राजाओं ने अपने देश का बेड़ा गर्क किया।

ऐसा ही एक क्षत्रिय एक बार रामलुभाया से टकरा गया। रामलुभाया उन दिनों जन-गणना-विभाग में थे।

"आपकी आयु क्या है?" रामलुभाया ने पूछा।

"तीस वर्ष।" क्षत्रिय ने बताया।

"पांच वर्षों के बाद अगली जन-गणना में रामलुभाया फिर आये।

"आपकी आयु क्या है?" रामलुभाया ने फिर पूछा।

"तीस वर्ष।" उत्तर मिला।

"पांच वर्ष पहले भी आपकी आयु तीस वर्ष थी?" रामलुभाया को आश्चर्य हुआ।

क्षत्रिय गर्व से मुस्कराया। बोला, "एक बार जो कह दिया, उससे हम कभी नहीं टलते। असल क्षत्रिय हम ही तो रह गये हैं, इस देश में।"

लाला गोकुलचन्द को बाध्य होकर उठना पड़ा, पर जाते-जाते भी वे 'पुनश्च-शैली' में बोले, "जब भी कभी आपको कुछ चाहिए हो, हमारे ही डाकघर से खरीदें महाशय। यह न हो कि सैर करने कनाट प्लेस जायें और वहीं के डाकघर से सामन खरीद लायें। अपने मुहल्ले के डाकघर का ध्यान रखिएगा। हमारा आप पर और डाकघरों से अधिक अधिकार है।....या फिर जरूरत पड़ने पर मुझे बुलवा लें, मैं ही उपस्थित हो जाऊंगा।

उस व्यक्ति ने 'पुनश्च' को भी कोई महत्त्व नहीं दिया।

"बहुत अच्छा।" उसने दरवाजा बन्द कर लिया।

17

पुलिस की गाड़ी भयावने दु:स्वप्न के समान गली में घुसी तो सारी गली में जैसे भय की छाया जाड़े की धुन्ध के समान उतर आयी। सारे मकानों के दरवाजे बन्द हो गये और खिड़कियां खुल गयीं, जैसे अधिक मार खाकर बच्चे का मुंह बन्द हो जाता है और आंखें खुल जाती हैं। लोग अपनी खिड़कियों की सलाखों तथा छतों की मुंडेरों से चिपक गये। गली जैसे चमगादड़ों की एक भीड़ से ढंक गयी थी।

गाड़ी बिना इधर-उधर देखे, सेठ राधाशरण के द्वार पर जाकर ऐसे रुकी, जैसे मोह-ममता से निर्लिप्त कोई भक्त अपने इष्टदेव की प्रतिमा के सामने जाकर अपनी गति के वाक्य पर फुल-स्टॉप लगा देता है। घर का दरवाजा भीतर से बन्द था और बाहर से कहीं कोई नजर नहीं आ रहा था। गली में कोई कुत्ता भी नहीं भौंक रहा था। शायद आदमी ही इतने आ बसे थे, कि कुत्तों के लिए कोई जगह ही नहीं रह गयी गयी थी।

एक सब इन्सपैक्टर गाड़ी से उतरा। उसके बाद एक हैड-कांस्टेबल और चार कांस्टेबल उतरे। सब-इन्सपैक्टर ने टीम के कप्तान के समान अपने खिलाड़ियों को मैदान में बिखेरना आरम्भ किया। हैड-कांस्टेबल और एक कांस्टेबल मकान के पिछ्वाडे में भेज दिए गये।

"कोई पीछे से निकल भागना चाहे तो धर लेना मां के यार को।" सब-इन्सपैक्टर ने पुलिस-शब्दाबली में आदेश दिया, "खड़े देखते मत रहियो। तुम्हें उनकी फोटो उतारने नहीं भेज रहा हूं।....और हां! किसी दीवार के पास मूतने भी मत बैठ जाइयो। नहीं तो तुम जनेऊ ही ठीक करते रह जाओगे और वह भाग जायेगा।–

मकान को अच्छी तरह घेर-घारकर सब-इन्स्पैक्टर ने दरवाजा खटखटाया।

"कौन है रे?" भीतर से किसी महिला की चिंघाड़ का स्वर उठा, "अरे देखियो भाई कौन आ मरा सवेरे-सवेरे। अरे किसे रात भर श्मशान में चैन नहीं मिला

रे, कि सूरज फूटते ही करमजला यहां आ गया। अरे चन्नो! देख भई। दरवाजा खोल। देख कहीं मुन्नी की मां तो नहीं आ गयी सवेरे-सवेरे जमावन मांगने। लोग न दूध खरीदें, न दही जमावें। हमारे घर से जमावन मांग-मांगकर ही लोग मोटाये जा रहे हैं। अरे कुत्ता पत्तल चाट-चाटकर भी मोटा हो जात है रे।''

इस सिंह-गर्जना से घर के भीतर और बाहर की स्तब्धता कुछ और गहरी हो गयी। किसी दिशा ने कोई उत्तर नहीं दिया। 'बच्चन' जी ने 'जड़ खण्डहर भी आवाज जवाबी देता है' तो लिख दिया, पर शायद इस पर विचार नहीं किया कि जीवित आदमी चुप भी रह जाता है। रामलुभाया ने बहुधा देखा है, जो जितना जड़ होता है, वह उतना ही जवाबी आवाजें देता है। जीवित मनुष्य सोच-समझ लेता है कि किस स्तर की जवाबी आवाज देनी है, किसी की नहीं। सेठ राधाशरण के घर में जितने लोग थे, वे सब जीवित थे, इसलिए किसी ने उत्तर नहीं दिया। बाहर खड़ा सब-इन्स्पैक्टर भी जीवित था, इसलिए कुछ नहीं कह रहा था। किसी चन्नो ने दरवाजा नहीं खोला।

सब-इन्स्पैक्टर ने अपनी छड़ी से दरवाजे को पीट दिया, जैसे झाड़ी में छुपे जन्तु को बाहर निकालने के लिए झाड़ी पर अन्धाधुन्ध छड़ियां बरसाई जाती हैं, या शत्रु को उसके ठिकाने से बाहर निकालने के लिए वायुयानों से बम बरसाये जाते हैं। और अन्त में यह सिद्ध करने के लिए कि यह कृत्य किसी अनधिकृत व्यक्ति द्वारा नहीं, स्वयं वर्दीधारी पुलिस इन्स्पैक्टर ने किया है, उसने दरवाजे पर अपने पुलिसिया बूटों की दो-तीन मुहरें लगा दीं।

''कोई बोलेगा नहीं रे।'' उसी नारी स्वर ने फिर चीत्कार किया, ''पीटे जाओ, पीटे जाओ किवाड़ को। तुम्हारे बाप ने बनवाकर दिया था। तोड़ दो, तोड़ दो। पैसे तो लगते नहीं। लकड़ी तुम्हारे खानदानी जंगल से काटकर लाये थे न हम, या हमारा किवाड़ तुम्हारे बाप की अर्थी की लकड़ी का बना है....।''

सिंह-गर्जना दरवाजे के निकट आती आ रही थी और बोले गये शब्द, जड़े नगीनों के समान स्पष्ट होते जा रहे थे। सब-इन्सपैक्टर भी उस अदृश्य स्वर से आतंकित हो उठा, जैसे वह नारी-स्वर न हो, शत्रु के तोपखाना हो जो बिना कुछ देखे-भाले गोले दागता आ रहा था। जाने दरवाजा खोलने से पहले वह अपनी अद्‌भुत प्रहार शक्ति का कौन-कौन-सा चमत्कार दिखाये और सब-इन्सपैक्टर को, स्वयं को प्रकट होने से बचाने के लिए, अपने सिपाहियों के सम्मुख यह सब चुपचाप सुनना पड़े।

''यह स्त्री व्यर्थ ही घर बैठी अपनी ईश्वरीय प्रतिभा नष्ट करती जा रही है''-सब-इंस्पैक्टर ने सोचा-''यह तो बहुत योग्य और सफल पुलिस अधिकारी बन सकती है। जिस हल्के में उसे भेज दिया जाये वहां के सारे चोर-बदमाश इसके कोसने की सुनकर ही भाग जायेंगे।''

सब-इन्स्पैक्टर ने उस आवाज की शोर में डुबोकर अश्रव्य बनाने के लिए दरवाजार और जोर से भड़भड़ा दिया।

वह नारी-स्वर ऐन दरवाजे के पास आ चुका था। इस भड़भड़ाहट से वह स्वर वैसे ही फट गया, जैसे नीबू की बूंद पड़ जाने से दूध फट जाता है, "ठैर मरे। मैंने तेरी हड्डियां ऐसे ही न तोड़ी तो मेरा नाम भी चन्नो की मां नहीं।"

और दरवाजा ऐसे खुला, जैसे भयंकर लड़ाई के बाद शत्रु का प्रतिरोध सहसा समाप्त हो गया हो। सामने सुरसा की कल्पना को मूर्त रूप देता हुआ एक विराट् नारी शरीर था। पुलिस की वर्दी देखकर उसे कुछ ज्ञान-लाभ हुआ। वर्दी का ज्ञान-लाभ से कहीं-न-कहीं कोई संबंध अवश्य है। यह कारण है कि हमारे ऋषि मुनि, साधु-महात्मा लोग ब्रह्मज्ञान के लिए भी 'लंगोटी' नामक वर्दी का सदुपयोग करते थे।

ज्ञान-प्राप्ति के पश्चात् जीव की आंखें खुल जाती हैं और वह मोह-माया से दूर भागता है। पुलिस-वर्दी से प्राप्त ज्ञान के कारण उस सुरमा-शरीर की आंखें काफी विस्तार से खुल गयीं और वह छिटककर पुलिस-रूपी मोह-माया से वैसे ही लुढ़कता-पुढ़कता दूर भागा, जैसे जंगली साही भागता है। उस भागने की प्रक्रिया में भी उसका टेप-रिकार्डर अविराम काम करता जा रहा था।

सुरसा शरीर के ज्ञान-लाभ से सब-इन्स्पैक्टर का ज्ञान लुप्त हो गया। उसकी समझ में नहीं आ रहा था कि वह क्या करे। क्या वह घर के भीतर घुसे? या बाहर ही खड़ा प्रतीक्षा करे?

तभी एक उदर-प्रधान स्थूल पुरुष शरीर, रोड इंजन के समान धीरे-धीरे सरकता हुआ, घर के भीतरी भाग से बाहर आया। उसके हाथ में गुटका रामचरितमानस था। शायद आपतकालीन स्थिति की घोषणा हो जाने के कारण वह व्यक्ति मानस-पाठ के बीच में से ही उठ आया था।

"सेठ राधाशरण?" सब-इन्स्पैक्टर ने पूछा।

"जी!" सेठ के कन्धों पर पड़ा फुटबाल कुछ डगमगाया, "कहिए दास को कैसे याद किया?"

"जी याद मैं क्या करूंगा।" सब-इन्स्पैक्टर नम्रता से दोहरा हो गया, बचपन मैं पहाड़े तक तो कभी याद हुए नहीं। इस समय तो थाने तक आपकी परेड करवाने की इच्छा से उपस्थित हुआ हूं।

"जी! किस खुशी में?" स्पष्ट था कि सेठ जो काम करते हैं, किसी-न-किसी खुशी में ही करते हैं।

"आपके ऊपर यह आरोप है कि आगने राशन के अभिकृत व्यापारी होकर भी, अन्न राशनकार्ड के स्वामियों को न देकर काले बाजार में बेचा है।"

''मैंने?'' सेठ राधाशरण का चेहरा भद्दे गोभी के फूल के समान हंस पड़ा, ''इन्स्पैक्टर साहब! यही एक काम मैं नहीं करता। आपको जिसने भी सूचना दी है, काफी गलत सूचना दी है।''

''सब यही कहते हैं।'' सब-इन्स्पैक्टर ने पूर्ण आत्मविश्वास के साथ कहा।

''सब यही कहते हैं'' के साथ जुड़ी हुई एक बड़ी प्रसिद्ध घटना रामलुभाया को याद है। कहते हैं कि इंग्लैण्ड के एक प्रधानमंत्री अपनी कार को स्वयं ड्राइवर करते हुए जा रहे थे। रास्ते में कार खराब हो गयी। उन्होंने उतरकर उसे स्वयं ठीक करने का बहुत प्रयत्न किया, पर कार ठीक नहीं हुई। उन्होंने देखा, स्थान सुनसान था। आस-पास कोई आबादी नहीं थी। रात घिर आयी थी, अंधेरा और जाड़ा बढ़ते जा रहे थे। उन्होंने कार को वहीं छोड़ा और सड़क पर आगे की ओर चलने लगे। काफी दूर जाकर उन्हें एक भवन दिखाई पड़ा। वे भवन के फाटक पर पहुंचे। वहां एक बन्दूक-धारी सन्तरी खड़ा था। प्रधानमंत्री समझ गये कि वह सरकारी भवन था।

वे बोले, ''मैं इंग्लैण्ड का प्रधानमंत्री हूं। मेरी कार खराब हो गयी है। मुझे रात बिताने के लिए स्थान चाहिए।''

सन्तरी ने आगे बढ़ उन्हें बांह से पकड़ा और भीतर ले जाते हुए बोला, ''हम भी बहुत देर से तुम्हें खोज रहे थे, अच्छा हुआ कि तुम स्वयं ही आ गये।''

प्रधानमंत्री उसकी अशिष्टता के कारण पर विचार कर रहे थे कि उसने ले जाकर उन्हें एक कमरे में धकिया दिया और दरवाजा बाहर से बन्द कर दिया।

प्रधानमंत्री ने खिड़की की सलाखों को अपनी मुट्ठियों में भींच लिया और चीखकर बोले, ''तुम यह क्या कर रहे हो। जो कुछ तुम कर रहे हो, तुम्हें इसका दण्ड भुगतना पड़ेगा, मैंने पहले ही कहा है, मैं इंग्लैण्ड का प्रधानमंत्री हूं।''

सन्तरी मुड़कर हंसा, ''यहां जितने लोग आते हैं, सब यही कहते हैं। प्रधानमंत्री से कम तो कोई आता ही नहीं।''

यह भवन इंग्लैण्ड का प्रसिद्ध पागलखाना था।

पर यह सब-इन्स्पैक्टर इस घटना के विषय में कुछ नहीं जानता था। वह इतिहास में भी सदा, पहाड़ों को याद करने के ही समान काफी कमजोर रहा था। इसलिए उसका 'सब यही कहते हैं' वाक्य, किसी का अनुकरण न होकर, सर्वथा मौलिक वाक्य था। यदि वह अनुकरण होता तो अरस्तू के अनुसार 'कला' होता, पर मौलिक होने के कारण, वह किसी भी सिद्धान्त के अनुसार कला के अन्तर्गत नहीं आयेगा।

''आपके पास क्या प्रमाण है?''

''हमारे पास प्रमाण है।'' सब-इन्स्पैक्टर का स्वर आरी के समान तोखा हो गया, ''तुम्हारी दुकान से राशन पाने के अधिकारी भूखे मर रहे हैं। तुम्हारी दुकान

है या अकाल-पीड़ित क्षेत्र? और भूख से पीड़ित रोगियों की इतनी अधिक संख्या है कि सरकार अस्पताल में अलग से आपतकालीन वार्ड खोलना पड़ा है। तुम समझते हो यह सारा प्रबन्ध तुम्हारे ससुर की बारात को ठहराने के लिए किया जा रहा है? उन रोगियों में कोई भी बच नहीं रहा है—लोग धड़ाधड़ मर रहे हैं। तुम्हें पता भी है, अस्पताल में मैडिकल सुप्रिटेंडेंट ने घबराकर आत्महत्या कर ली है।''

''होगा। पर मेरा उससे क्या सम्बन्ध?'' सेठ राधाशरण के स्वर में साहित्य के उन आचार्यों का भाव था, जो पूछते हैं, ''राजनीति से हमारा क्या सम्बन्ध?'' मैं तो सुबह से शाम तक दुकान पर बैठा रहता हूं, पर कोई आता ही नहीं। बहुत पहले गणपत कालिया नाम के एक व्यक्ति ने पगलाकर अपना राशनकार्ड मेरी दुकान पर फाड़ दिया था। तब से ग्राहक कम होने लगे; और अब तो कोई आता ही नहीं है।''

सब-इन्स्पैक्टर का क्रोध बिजली के हीटर के समान सहसा जल उठा, ''तुम्हें राशन की दुकान का लाइसेन्स लोगों को राशन बेचने के लिए दिया गया है या सुबह से शाम तक दुकान पर बैठे रहकर सन्तरी-ड्यूटी करने के लिए? जब लोगों ने अपने हिस्से का राशन नहीं लिया, तो तुम्हारे पास अन्न बचा या नहीं?''

''हां! बचा हुआ पड़ा तो है।'' सेठ राधाशरण ने स्वीकार किया।

''तो जमाखोरी का अपराध तो सिद्ध हुआ।'' इन्स्पैक्टर अपनी आवाज का वाल्युम ऊंचा कर सिपाहियों को कहा, ''बैठाओ ससुर को गाड़ी में।''

''ठहरो इन्स्पैक्टर साहब!'' सेठ राधाशरण कबीर-विरोधी स्वर में धैर्यपूर्वक बोले, ''इतनी जल्दी क्या है?''

''अबे अनपढ़!'' सब-इन्स्पैक्टर का ज्ञान चलते-चलते अंगूठे में चोट खाकर क्रुद्ध हो उठा, ''तूने कभी पढ़ा नहीं—'जो कल करना सो आज कर, जो आज करना सो अब।''' फिर पूछता है क्या जल्दी है। हमें और भी कोई काम है कि तेरा ही स्यापा करते रहेंगे। तेरे जैसा अनपढ़ों ने ही देश का बेड़ा गर्क कर दिया है।''

सेठ ने अपनी कछुए की चाल नहीं छोड़ी। उसी प्रकार धैर्य से बोला, ''इन्स्पैक्टर साहब! पहले यह तो बताओ कि लोग यदि राशन लेने नहीं आते, तो जमाखोरी से बचने के लिए मैं अन्न को फेंक देता या सदाव्रत खोलता?''

इस बार सब-इन्स्पैक्टर का गुस्सा, अपने पिछले गुस्सों का रिकार्ड तोड़ गया। उसने सेठ जैसे कोढ़ मग्ज पहले कभी नहीं देखा था। अब तक तो सब-इन्सपैक्टर अपने-आपको ही बड़ी चीज समझता था, पर आज उसने अपने से भी बड़ा गधा अपने सामने पाया था। वह पुलिस-जगत् पर पड़े बाहरी जगत् की शिष्टता के सारे कुप्रभावों को धूल के समान झाड़कर, वास्तविक पुलिस-रंग से जगमगा उठा, ''साले! तुम्हारी गोबर से भरी खोपड़ी में इतनी-सी बात नहीं आती कि तुम्हारे ऊपर

सरकार को फेल कराने के अपराध का आरोप है। हरामी कहीं के। तुम अपनी दुकान पर लाइन लगवाते हो। उल्ले के पट्ठे! वह राशन की दुकान है या वेश्या का कोठा।''

अब सेठ राधाशरण के आत्मविश्वास की कंकरीट की दीवार में भी दरारें पड़ने लगीं। सचमुच इस अपराध की ओर उसका ध्यान ही नहीं गया था। आत्मविश्वास की दीवार की दरारों में से उसके आंसुओं की बूंदें टपकने लगीं। वर्षा के साथ पार्श्व-संगीत के रूप में गड़गड़ाने वाले बादलों के समान उसके आंसुओं के साथ उसका गला गिड़गिड़ाया। बिजली के चमक के समान, कड़कर उसके हाथ जुड़ गये। 'बन्दौं चरण-कमल हरि राई।' शैली में उसका कण्ठ फूटा, ''इन्स्पैक्टर साहब! अब आगे से यह भूल कभी नहीं होगी। और चाहे मैं हजारों भूलें करूं, पर यह भूल मेरे वंश में अब कोई नहीं करेगा। अब मेरी दुकान पर लाइन कभी नहीं लगेगी। पर कृपा करके यह बताइये कि लोग राशन लेने के लिए, दुकान पर कब से आनेवाले हैं?''

''लोग दुकान पर नहीं आयेंगे।'' सब-इन्स्पैक्टर ने राजनीति के आदि-पिता कौटिल्य के अर्थशास्त्र की व्याख्या की, ''तुम लोगों के घर-घर जाकर अन्न पहुंचाओगे। अपनी दुकान पर तुम गेहूं पीसनेवाली चक्की भी लगवा लो और उचित समय पर गेहूं साफ करवाकर, पिसवाकर, आटा लोगों के घर भिजवा दिया करो।''

''बहुत अच्छा सरकार!'' सेठ ने पुष्टिमार्गी रंग में पूर्ण आत्मसमर्पण कर, सब इन्स्पैक्टर के पांव पकड़ लिये, ''एक कृपा और कर दो भगवन्!''

''क्या? सब-इन्स्पैक्टर शरणागत-वत्सल मुद्रा में खड़ा हो गया।

''राशन की दुकान के लाइसेन्स के साथ, सरकार से यह अनुमति भी दिलवा दीजिए कि मैं कम-से-कम सौ, दौ सौ शादियां कर सकूं।

''क्या मतलब?'' इन्स्पैक्टर का जाता हुआ क्रोध वापस लौटते देखकर सेठ समझ गया कि इन्स्पैक्टर बहुत अच्छा शास्त्रीय नर्तक है, जो क्षण-क्षण सरलता से अपनी इच्छानुसार मुद्रायें बदलने में दक्ष है।

''मतलब यह कि,'' सेठ ने इन्स्पैक्टर की रौद्र मूर्ति को चरणामृत के छींटे दिये, ''आज आटा पिसवाकर लोगों के घर पहुंचवाने की बात है। क्या पता है कल लोग कहें कि रोटियां पकवाकर भेजो। तो मेरी इतनी पत्नियां तो हों कि वे सारे शहर की रोटियां पका सकें।''

''साले, तुम्हें राशन की दुकान छोड़कर योजना-मंत्रालय में भरती हो जाना चाहिए।'' इन्स्पैक्टर की सूखे खेत जैसी गम्भीर मुदा पर प्रशंसा और प्रसन्नता की कीचड़ चमकी, ''अच्छा एक एप्लिकेशन लिख दो। जरूरी कारवाई में मैं तुम्हारी मदद करूंगा।''

18

प्रधानमंत्री ने अपने घर पर मंत्रिमण्डल की एक विशेष आपतकालीन बैठक बुलायी थी।

सिवाय विदेश-मंत्री के शेष सभी मंत्री ठीक समय पर आ गये थे। विदेशमंत्री एक मित्र देश के निमंत्रण पर वहां गये हुए थे। अपने यहां शिष्टाचार का एक साधारण नियम यह है कि हम कहीं जाते अपनी इच्छा से और लौटते अतिथेय की इच्छा से है। इसी नियम के विस्तृत प्रपंच में एक धारा यह भी है कि हम जब किसी के निमंत्रण पर उसकी इच्छा उसके घर जाते हैं, तो लौटते अपनी इच्छा से हैं। इसी नियम के अधीन विदेशमंत्री मित्र देश के निमंत्रण पर वहां गये थे और अपनी इच्छा से लौटनेवाले थे; पर उनकी इच्छा अभी लौटने की नहीं थी। वैसे भी वर्तमान समस्या अपने देश से सम्बद्ध थी, इसलिए विभाग की दृष्टि से उनका यहां होना बहुत आवश्यक नहीं था। उनका काम विदेशों में अपने देश के लिए समस्याएं उत्पन्न करना था, जिसे वे बड़ी दक्षता से पूरा कर रहे थे।

सभी मंत्रियों के आ जाने पर प्रधानमंत्री ने अपनी विशेष देखभाल के कमरे के सारे दरवाज बन्द करवा दिये; ओर बाहर अपने निजी और विश्वसनीय सेवकों को बैठा दिया। रात को हम दरवाजे इसलिए बन्द करते हैं कि बाहर से कोई भीतर न आये। और दिन को दरवाजे इसलिए बंद करते हैं कि भीतर से कोई बाहर न जाये। जब हमारा दृष्टिकोण यह होता है कि न कोई बाहर से आकर हम में मिले और न कोई हम में से बाहर जाकर दूसरों से मिले, तो उसे हम शुद्धतावादिता कहते हैं। रक्त और धर्म की शुद्धता के लिए बहुधा इस प्रकार के काम किये जाते हैं। पर प्रधानमंत्री का यह काम शुद्धता के लिए नहीं, भेद के लिए था। ऐसा बहुत ही असाधारण स्थिति में होता था। आज प्रधानमंत्री बहुत ही सावधान, गम्भीर और चिन्तित थे।

प्रधानमंत्री की गम्भीरता को देखते हुए शेष मंत्री भी उन स्कूली बच्चों के समान चोंचबाजी छोड़कर चुपचाप बैठ गये थे, जो मास्टर को नाराज़ देखकर चुप हो जाते हैं। वे कारवाई के आरम्भ किये जाने की प्रतीक्षा उस बारात के सामन कर रहे थे, जो दूल्हे द्वारा खाना आरम्भ करने की राह देख रही होती है, ताकि वे भी खा सकें।

प्रधानमंत्री सब ओर से आश्वस्त होकर मंत्रियों के साथ आ बैठे। उन्होंने स्वराष्ट्रमंत्री की ओर देखा और बोले, "अब क्या स्थिति है?"

प्रधानमंत्री के स्वर में किसी गम्भीर रोगी के स्वास्थ्य के विषय में पूछने की सी चिन्ता थी।

स्वराष्ट्रमंत्री इस प्रकार की अनौपचारिक बातचीत के लिए तैयार नहीं थे। वस्तुत: वे प्रधानमंत्री की किसी भी बात के लिए तैयार नहीं थे। तैयार नहीं होना,

जीवन का एक बड़ा स्वस्थ्य सिद्धान्त है। भारत सन् 1962 में चीन का करारा तमाचा यह कहकर हजम कर गया था कि हम तैयार नहीं थे। इजराइल से बार-बार पिटते रहकर भी अरब देश यह कहकर संतुष्ट रहते थे कि वे तैयार नहीं थे। किसी भी कार्यक्रम में आप यह कहकर पीछे हट सके हैं कि आप तैयार नहीं है। स्वराष्ट्रमंत्री आज तक अपनी सारी अयोग्यता 'मैं तैयार नहीं हूं' के बोर्ड के नीचे ही छिपाये बैठे थे।

इस समय इस उत्तर से काम नहीं चलता, इसलिए सम्भलने के लिए थोड़ा-सा समय लेकर बोले, "स्थिति में कोई विशेष परिवर्तन नहीं आया है। दार्शनिक धरातल पर मेरी बात गलत हो सकती है, कोई भी स्थिति अधिक समय तक समान नहीं रह सकती। पर मैं दर्शन की बात नहीं कर रहा, मैं राजनीति की बात कर रहा हूं। जो परिवर्तन आया है, वह हमारे लिए शुभ नहीं है, इसलिए हम उसे परिवर्तन नहीं मानते–जैसे पाकिस्तान वाले बांग्ला देश के अस्तित्व में आने के परिवर्तन को परिवर्तन नहीं मानते।"

वे फिर बोले, "बसों का बहिष्कार अब पुरानी बात हो गयी है। एक बार बहिष्कार करने के बाद कभी भी कोई सवारी बस में नहीं बैठी। रघुकुल के विषय में कहा जाता है कि 'प्राण जाए पर वचन न जाई।' हमारी जनता के व्यवहार से पता लगता है कि यह सारी जनता रघुकुल की ही सन्तान हैं, या यदि ऐसा नहीं है तो यह जनता भी वहीं पढ़ी है, जहां रघुकुल वाले पढ़ा करते थे।

"दूसरा बहिष्कार राशन का हुआ है और वह छूत की बीमारी के समान फैल गया है। (मैं पहले ही कहता था कि अपने देश के लोगों में छूत का प्रतिवाद करने की क्षमता नहीं है–पर तब तो किसी ने मेरी सुनी नहीं)। लोग और कुछ भी खा लेते हैं, पर राशन की दुकान के पास नहीं फटकते, जैसे वैष्णव लोग मांसाहारी भोजनालय में अन्दर प्रवेश नहीं करते। यदि लोगों को कुछ भी खाने को न मिले तो वे भूखे मर जाते हैं, पर राशन का अन्न नहीं खते। अब तक राजधानी में ही ढाई सौ व्यक्ति मर चुके हैं। सबसे दुःखद स्थिति यह है कि इन मृतकों में सरकारी अस्पताल के मैडिकल सुप्रिंटेंडेंट भी हैं। कहते हैं न, शेर भूखा मर जाता है, पर घास नहीं खाता। तो अपने देश के ये शेर घास खाने से इन्कार कर भूखे मरते जा रहे हैं। मैंने वन-पशु-रक्षा मंत्रालय से कहा है कि किसी प्रकार वह इन शेरों की रक्षा करे। पर लगता है कि अब तक वह असमर्थ ही रहा है।

"तीसरा बहिष्कार दिल्ली-दुग्ध योजना का है। सारा का सारा दूध या तो कर्मचारियों के घर जाता है या नालियों में बहाना पड़ता है। कर्मचारियों के घर जाना भी नालियों में बहाने के ही समान है, क्योंकि उस दूध का मूल्य हमें नहीं मिलता। मुझे लगता है कि दुग्ध-योजना के कर्मचारी स्वयं यह चाहते हैं कि यह बहिष्कार चलता रहे और उनके घर खीर पकती रहे। मैं अपने सहयोगियों को बता देना चाहता

हूं कि दुग्ध-योजना के कर्मचारियों का यह दृष्टिकोण विश्व-शक्तियों के समान है, जो यह चाहती है कि छोटे-छोटे देश लड़ते रहें और उनके घर सोना बरसाता रहे। मैं विश्व-शक्तियों से अपील करता हूं कि वे दुग्ध-योजना के कर्मचारियों का सा अपना यह रवैया बदल लें। नहीं तो हम भी उनसे दूध लेना बन्द कर देंगे।

''चौथा बहिष्कार डाक-तार-विभाग का है। डाक-तार घर खाली पड़े हैं। मुझे इस बात से शिकायत नहीं है कि डाक-तार घर खाली क्यों पड़े हैं शिकायत मुझे यह है कि उन डाक-तार घरों में निठल्ले कर्मचारी पड़े सोते रहते हैं और हम उन भवनों को किराये पर भी नहीं उठा सकते। हम किसी अनावश्यक कर्मचारी को नौकरी से निकाल भी नहीं सकते, क्योंकि तब स्थिति के और भी बिगड़ जाने का भय है। स्थिति के बिगड़ने से मेरा तात्पर्य यही है कि जो कर्मचारी पड़े सो रहे हैं, वे उठकर भौंकने लगेंगे। उनको जगाने से हमें मीर ने यह कहकर रोक दिया था, 'सिरहाने मीर के आहिस्ता बोले, अभी टुक रोते-रोते सो गया है।'

''वैसे सामान्य जीवन एकदम सहज है। लोग मशीनों के समान एक निर्णय ले लेते हैं और उनसे चिपके रहते हैं, इसके लिए चाहें उन्हें कितना ही कष्ट क्यों न सहना पड़े। वे उन मकौड़ों के समान हो गये हैं जो आदमी के शरीर को डंक मारने के लिए उनके साथ चिपक जाते हैं तो फिर चाहे उनके टुकड़े हो जाएं, वे आदमी के शरीर को नहीं छोड़ते।''

प्रधानमंत्री ने अपनी नजरों की तोप शिक्षा, जन-कल्याण तथा संस्कृति विभाग के मंत्री पर टिका दी, ''आपका क्या विचार है, ऐसा क्यों हुआ?''

शिक्षामंत्री तनिक कसमसाये, जैसे मच्छर के काटने पर सोचा हुआ आदमी कसमसाता है और बोले, ''यह हमारी संस्कृति की विशेषता कहिए या शिक्षा का प्रचार कि हमारी जनता एक नयी चेतना की मशाल लेकर आगे बढ़ रही है। पर मैं आपको विश्वास दिलाता हूं कि वह मशाल उजाला करने के लिए है, आग लगाने के लिए नहीं। महात्मा बुद्ध की बात जनता ने ढाई हजार साल बाद मानी है, पर मान ली है। देर आयद, दुरुस्त आयद। महात्मा बुद्ध ने कहा था कि अपना दीपक आप बनो। जनता अपना दीपक आप बन रही है। जनता ने इस बात का संकल्प किया है कि वह आत्मनिर्भर बनेंगी और अपने सम्मान का मूल्य चुकाकर वह सुविधाएं स्वीकार नहीं करेगी। अपने सम्मान का मूल्य देना एक महंगा सौदा है। वस्तुतः यह आन्दोलन बढ़ती हुई कीमतों और महंगाई के विरुद्ध है। यह एक जागृत राष्ट्र का चिह्न है...!''

''मंत्री महोदय!'' प्रधानमंत्री की तीखी आवाज ने उनकी बात बीच में ही इस प्रकार रोक दी, जैसे रेफरी की सीटी तेजी से चलते हुए खेल को रोक देती है, ''आप क्या इतनी-सी बात भी नहीं समझते कि कटड़े को भैस की आवश्कता तभी तक होती है, जब तक वह दूध के लिए उस पर आश्रित होता है। सरकार की सत्ता तभी तक

है, जब तक जनता आश्रित है। जिस घर के लोग अपने हाथ से पानी तक नहीं पी सकेंगे, वहां नौकर बहुत जरूरी होता है। जिस देश की जनता जितनी आराम-पसन्द, सुविधा-प्रिय और आश्रित होगी, वहां की सरकार उतनी ही सत्ता-सम्पन्न होगी। यदि घर के लोग स्वयं अपने हाथों खाना पकाकर खा लेंगे, बर्तन साफ कर लेंगे, घर की सफाई कर लेंगे, कपड़े धो लेंगे तो नौकर की उसी दिन छुट्टी कर देंगे। ऐसी स्थिति में आश्रितों का आत्मनिर्भर होना राजद्रोह है। यह सरकार का तख्ता पलट देने की दुरभि-सन्धि है। और आप गधों के से स्वर में बेताल, बेसुरा, जनता की जागृति की गीत गा रहे हैं। सरकार की सुरक्षा के लिए आवश्यक है कि जनता अधिक-से-अधिक आलसी और आरामपसन्द हो। कष्ट सहने को तैयार लोग क्रान्ति की बाढ़ ले आते हैं, जिसमें हमारी सरकार जैसी पचासों सरकारें डूब जाती है; और उनका कोई अवशेष तक शेष नहीं बचता, जो उनके बाद उनकी मूखर्ता का परिचय दे सके। मैंने आपको शिक्षामंत्री इसलिए बनाया था कि आप लोगों को अधिक-से-अधिक सभ्य बनाएं सभ्यता का अर्थ जागृति नहीं, आश्रयप्रियता है। उन्हें चाहिए कि बस-स्टॉपों, रेलवे स्टेशनों, राशन की दुकानों तथा डाकघरों में ही नहीं, अस्पतालों, दफ्तरों तथा अन्य स्थानों पर लम्बी-लम्बी पंक्तियों में धैर्य से, बिना किसी प्रतिरोध के खड़े रहें, और अपनी इसी आश्रित पंक्ति-प्रियता पर गर्व करें तथा स्वयं को आत्मनिर्भर लोगों से अधिक सभ्य एवं उन्नत मानकर उनसे घृणा करें। उनके जीवन में जब तक यह कृत्रिमता नहीं आती, हमारी सरकार स्थायी नहीं हो सकती। सहज और अकृत्रिम लोग हुत खतरनाक होते हैं।

"पर आपने यह सब तो नहीं ही किया, बल्कि जब जनता मे आत्मनिर्भरता तथा कष्ट सहने की तत्परता-जैसी भयंकर प्रवृत्तियां जन्मीं और फैलीं तो आपने उनकी रोकथाम का भी कोई प्रयत्न नहीं किया। आप क्या समझते हैं कि यह जनता कल रेलों, पुलिस, सेना तथा अन्य सरकारी संस्थानों का बहिष्कार नहीं कर देगी। इस प्रकार तो एक ऐसे समाज का निर्माण होगा जिसमें शासन की आवश्यकता नहीं होगी। क्या आपके कोढ़-मग्ज को नहीं सूझ रहा कि यह बहुत ही भयंकर स्थिति है?"

प्रधानमंत्री चुप तो हो गये थे, पर उनकी नजरों की सुइयां अब भी शिक्षामंत्री को चुभ रही थीं। शिक्षामंत्री को कुछ सूझ भी नहीं रहा था कि वे क्या कहें वे पाठ घर से याद करके चलने वाले जन्तु थे। समय पर उनहें तुरन्त कुछ नहीं सूझता था। सामान्य अवसरों पर बोलने के लिए उन्होंने अपने विभाग से सम्बद्ध 'शिक्षा और समाज', 'शिक्षा और राजनीति', 'छात्रों का कर्त्तव्य' तथा ऐसे ही दो-चार और निबन्ध याद कर रखे थे। यदि इन निबन्धों से भी काम न चले तो उनक पास एक अमोघ अस्त्र था, जिसके प्रयोग से वे अपनी पत्नी से छुटकारा पाया करते थे। उन्होंने उसी का प्रयोग किया।

बोले, "सदा के समान एक और भूल हो गयी श्रीमन्! आगे से नीति-निर्धारण आपकी देख-रेख में ही होगा।"

"आप इस आशय के निबन्ध प्राइमरी स्कूलों के पाठ्यक्रम में निर्धारित करवा दें," प्रधानमंत्री ने अपनी देख-रेख में नीति-निर्धारण आरम्भ किया, "मि. आत्मनिर्भरता सामाजिक दृष्टि से पिछड़ेपन का सर्वप्रधान गुण है। केवल आदिम मनुष्य ही आत्मनिर्भर था, इसलिए वह मनुष्य नहीं, पशु था। कष्ट सहने की प्रवृत्ति जंगली प्रवृत्ति है। सभ्य केवल वे लोग हैं, जो सरकारी सेवाओं पर आश्रित रहते हैं, क्योंकि सरकारी सेवाएं केवल सभ्य देशों में ही उपलब्ध होती हैं।"

"बहुत अच्छा श्रीमन्!" शिक्षामंत्री ने कुछ इस ढंग से सिर झुका दिया जैसे किसी बड़े आदमी की मृत्यु पर उसके सम्मान में भवनों पर लगे राष्ट्रीय झण्डे झुका दिये जाते हैं।

"और आप," प्रधानमंत्री, स्वराष्ट्रमंत्री की ओर घूमे, "इस विद्रोह और विप्लव को दृष्टि में रखते हुए राष्ट्रपति जी के द्वारा देश में आपतकालीन स्थिति घोषित करवाइये। आप संसद में इस आशय के विधेयक उपस्थित कीजिये, जिनमें एक फर्लांग से अधिक पैदल चलने को अपराध घोषित किया जाये, निजी सवारी में परिवार के बाहर के लोगों को लिफ्ट देना अपराध है। प्रत्येक व्यक्ति के लिए दिन में तीन बार भोजन करना अनिवार्य हो, जिसका प्रमाण उसे डाक्टरी परीक्षण द्वारा देना होगा। सप्ताह में कम-से-कम एक पत्र लिखना प्रत्येक व्यक्ति के लिए अनिवार्य घोषित किया जाये। लोगों को अधिक-से-अधिक आश्रित और पंगु बनाइये; और जब वे लोग पंगु, आश्रित, आलसी और आरामपसन्द बन जायें तो उन सुविधाओं को धीरे-धीरे कम करते जाइये, जैसे व्यापारी लोग किसी चीज के पहले मुफ्त नमूने बांटते हैं, घर-घर चीजें पहुंचाते हैं, बाजार को उस वस्तु से भर देते हैं; और जब लोगों को उस चीज की आदत पड़ जाती है तो वह चीज धीरे-धीरे बाजार से गायब कर लोगों को लूटते हैं। इन सारे कामों के लिए यदि आप आवश्यक समझते तो प्रतिरक्षा मंत्री से भी पूरी सहायता लीजिये। यदि यह सब नहीं किया गया तो यह सरकार नहीं रहेगी और आप मंत्री भी नहीं रहेंगे।

"जी बहुत अच्छा!" स्वराष्ट्रमंत्री ने साष्टांग दंडवत् किया।

"ओम जय जगदीश हरे......।"

प्रधानमंत्री ने बैठक समाप्त कर दी!

□□□